普通高等教育物流类专业系列教材

物流三维动画设计教程

主　编　李汝仙　杜　斌
参　编　李锡蓉　钱德荣　聂　炜

机械工业出版社

本书以物流三维动画制作过程为主线,以 3ds Max 2017 为工具,在循序渐进介绍软件基本操作的基础上,全面、系统地阐述了物流三维动画制作的操作流程及实践应用。本书既注重理论体系,又注重实践应用:体系完整,涵盖了"建模—材质与贴图—灯光与摄影机—动画设计—图片渲染—视频制作"等物流三维动画制作中的关键流程;实际操作部分着墨较多,所涉及案例均来源于实际项目,步骤清晰,有利于零基础读者快速入门。

本书既可以作为高等院校物流工程、物流管理等相关专业的教材,也可以作为物流三维动画爱好者的自学参考书。

图书在版编目(CIP)数据

物流三维动画设计教程/李汝仙,杜斌主编. —北京:机械工业出版社,2020.10

普通高等教育物流类专业系列教材

ISBN 978-7-111-66755-1

Ⅰ.①物… Ⅱ.①李…②杜… Ⅲ.①物流-计算机辅助设计-三维动画软件-高等学校-教材 Ⅳ.①F25-39

中国版本图书馆 CIP 数据核字(2020)第 190189 号

机械工业出版社(北京市百万庄大街 22 号 邮政编码 100037)
策划编辑:易 敏 责任编辑:易 敏 陈文龙
责任校对:梁 倩 封面设计:马精明
责任印制:常天培
北京虎彩文化传播有限公司印刷
2021 年 1 月第 1 版第 1 次印刷
185mm×260mm・19 印张・469 千字
标准书号:ISBN 978-7-111-66755-1
定价:59.00 元

电话服务	网络服务
客服电话:010-88361066	机 工 官 网:www.cmpbook.com
010-88379833	机 工 官 博:weibo.com/cmp1952
010-68326294	金 书 网:www.golden-book.com
封底无防伪标均为盗版	机工教育服务网:www.cmpedu.com

前　　言

随着计算机技术及物流自动化的飞速发展，物流三维动画设计在物流自动化领域中起着越来越重要的作用，能让人们比较直观地了解物流自动化系统的整体布局及业务流程。将物流三维动画设计引入现代物流的研究中，能够帮助我们科学地规划物流系统、控制物流运行过程、调配物流资源，实现物流系统的整体优化。

本书是一本全面介绍 3ds Max 2017 在物流领域应用的教材。书中全面介绍了 3ds Max 2017 的基本功能及实际应用，全面阐述了 3ds Max 2017 在物流自动化场景建模、材质、灯光、渲染、动画制作、视频后期处理等方面的基础知识、操作及实际应用。本书针对零基础读者编写，能帮助 3ds Max 2017 的入门级使用者快速掌握制作物流三维动画的必要技能。本书既介绍系统理论，又介绍实际操作，具有较强的实用性及技术性。

通过本书的学习，学生能将现实物流系统进行动画设计，初步掌握动画设计的步骤、基本方法和常用工具等知识，养成良好的学习、建模习惯，适应实际专业的建模和动画制作要求。

由于纸质书特别是黑白印刷，对图片显示有较大限制，为了提升阅读体验，本书部分图片可通过扫描二维码读取彩色图片。另外，本书中介绍了许多制作实例，其模型文件汇总成配套电子资源，读者可在机械工业出版社教育服务网（www.cmpedu.com）上搜索本书下载。

本书由昆明理工大学城市学院物流工程教研室教师及企业工程师合作编写。全书共有 10 章，每章有针对性地介绍一个技术板块的内容，在基础操作知识讲解的基础上，结合大量操作实例，帮助读者学习具体操作步骤。本书由李汝仙、杜斌主编，负责全书统筹规划及相关章节的编写、校对；李锡蓉、钱德荣、聂炜参编，负责相关章节的编写和校对；特别感谢云南三耳科技有限公司总经理聂炜参与编写并提供技术指导和支持。在本书编写过程中，物流三维动画工作室的同学在文字整理方面给予了大量帮助，在此一并表示衷心的感谢。本书在编写过程中参阅了相关文献，谨向这些文献作者致以诚挚的感谢。

由于时间仓促，加之编者水平有限，许多内容未能进一步完善和深入，书中难免会有错漏和不足之处，恳请读者批评指正。

编　者

目　　录

前　言
第 1 章　认识 3ds Max 2017 ·· 1
　1.1　3ds Max 2017 的工作流程 ·· 1
　1.2　3ds Max 2017 的工作界面 ·· 2
　1.3　3ds Max 2017 的常规设置 ·· 8
　复习思考题 ·· 12
第 2 章　3ds Max 2017 场景对象基本操作 ··· 13
　2.1　对象的创建及参数 ··· 13
　2.2　对象的选择 ·· 14
　2.3　对象的基本操作 ·· 21
　2.4　对象的复制 ·· 28
　2.5　对象的对齐及捕捉 ··· 40
　复习思考题 ·· 50
第 3 章　创建几何体模型 ·· 51
　3.1　二维图形建模 ··· 51
　3.2　三维几何体建模 ·· 65
　3.3　复合对象建模 ··· 67
　3.4　几何体建模综合应用——心形果盘创建 ···································· 73
　复习思考题 ·· 78
第 4 章　修改器建模 ·· 79
　4.1　修改器基本知识 ·· 79
　4.2　常用修改器 ·· 84
　复习思考题 ·· 101
第 5 章　多边形建模 ·· 102
　5.1　可编辑多边形的转换方法 ··· 102
　5.2　可编辑多边形 ··· 104
　5.3　编辑多边形子对象的常用命令 ··· 109
　5.4　多边形建模综合应用 ·· 129
　复习思考题 ·· 144
第 6 章　材质与贴图 ·· 145
　6.1　材质与贴图概述 ·· 145

6.2　材质编辑器 …………………………………………………… 146
　　6.3　常用材质 ……………………………………………………… 154
　　6.4　常用贴图 ……………………………………………………… 166
　　6.5　关于材质的补充知识 ………………………………………… 174
　　6.6　常用物流设备材质制作实例 ………………………………… 177
　　复习思考题 …………………………………………………………… 186

第 7 章　灯光与摄影机 …………………………………………………… 187
　　7.1　3ds Max 2017 中的灯光技术 ………………………………… 187
　　7.2　3ds Max 2017 中的摄影机 …………………………………… 198
　　7.3　灯光与摄影机综合实例 ……………………………………… 206
　　复习思考题 …………………………………………………………… 207

第 8 章　渲染设置 ………………………………………………………… 208
　　8.1　渲染基础知识 ………………………………………………… 208
　　8.2　VRay 渲染器 ………………………………………………… 210
　　8.3　物流场景常用渲染参数设置及实战 ………………………… 218
　　复习思考题 …………………………………………………………… 221

第 9 章　物流三维动画制作 ……………………………………………… 222
　　9.1　动画基础知识 ………………………………………………… 222
　　9.2　某仓库物流系统描述 ………………………………………… 235
　　9.3　某仓库物流三维动画制作 …………………………………… 242
　　复习思考题 …………………………………………………………… 286

第 10 章　视频后期制作 …………………………………………………… 287
　　10.1　Adobe Premiere Pro 简介 …………………………………… 287
　　10.2　使用 Adobe Premiere Pro 合成视频的步骤 ………………… 287
　　复习思考题 …………………………………………………………… 297

参考文献 …………………………………………………………………… 298

第 1 章　认识 3ds Max 2017

本章概述

本章主要介绍 3ds Max 2017 的基础知识，目的在于帮助读者了解软件的工作界面及基本操作，为后续的学习奠定基础。

本章核心知识点

1）掌握 3ds Max 2017 的工作界面。
2）掌握 3ds Max 2017 的基本操作。
3）掌握 3ds Max 2017 的常规设置。

1.1　3ds Max 2017 的工作流程

3ds Max 是一款三维动画制作软件，应用广泛。不同行业在动画制作方面的要求、侧重点有所不同，但在通常情况下制作一个完整的三维动画作品需要遵循建模、材质与贴图、灯光与摄影机、特效设计、动画制作、渲染输出、视频合成等基本流程。在整个工作流程中，前序流程的制作效果对后续流程有直接的影响。

1. 建模

在三维动画设计过程中，场景中所需要体现的内容需要通过建模来实现，建模质量直接影响三维动画表达效果。在建模过程中，用户可以使用 3ds Max 2017 内置的建模工具来创建模型，也可以合并其他已经创建好的 3ds Max 模型或是导入其他外部模型。

2. 材质与贴图

模型体现的是对象的外观形状，不能体现对象的纹理及质感等表面效果。不具备颜色、不透明度等特征的对象是不真实的，因此需要给对象添加材质效果，使其能够体现出物体的表面特征。贴图可以用来表达物体表面的纹理图像，使之呈现出更真实的外观形象。

3. 灯光与摄影机

灯光是表达良好场景基调的重要手段，合理使用灯光能够使场景更具有表现力，效果更加真实。摄影机能够灵活地更改模型的观察视角，从而能够将模型的全局及部分进行合理展示，在静态图像渲染和动态动画合成时都能够多角度体现所设计的场景。

4. 特效设计

特效设计即设计环境特效。3ds Max 2017 提供了体积雾、体积光等特效以使场景视觉效果更具有冲击力，同时也使场景更加真实。

5. 动画制作

动画制作是使场景中的模型从静态转换为动态的手段。相比其他表达手段，物流三维动画设计的优越性在于能够动态地向观众表达如入库、出库、拣选等流程。

动画的本质是创建运动图像,当让观看者在一定时间内连续快速观看一系列相关联的静止画面时,人眼会将其感知成连续动作,并认为自己看到的是运动画面,即动画。

在动画中,每一个单幅画面被称为一帧。在物流场景中,一般选择的时间单位为 25 帧/秒,即 1 秒钟的动画由 25 张图片构成。

此外,动画制作过程需要配合摄影机动画以从不同视角全面展现各个流程。

6. 渲染输出

在动画制作完毕之后,需要将动画渲染输出为图片。以一个 100 帧的动画为例,进行渲染输出后会得到 101 张图片(从第 0 帧~第 100 帧),这些图片构成了 4 秒钟的动画。当然,要将这些图片转换为 4 秒钟的视频,还需要将图片导入相应的视频合成工具中进行后期处理。

在此环节中,核心工作为选择合适的渲染器并设置相应的渲染参数,目的是在保证输出的图片质量符合要求的前提下,尽量减少渲染时间以缩短整体工作流程。

7. 视频合成

视频合成是物流三维动画设计过程中的最后一个环节,此环节使用相应视频合成软件将之前渲染输出的图片合成为视频。在此基础上还需要对合成的视频进行进一步处理,如添加字幕、背景音乐等。目前较为常用的视频合成软件为 Adobe Premiere。使用该软件进行视频合成的具体操作步骤将会在后续相关章节中阐述。

1.2　3ds Max 2017 的工作界面

安装 3ds Max 2017 后,启动该程序。3ds Max 2017 界面为四视图显示,分别为顶视图、前视图、左视图及透视图。其中,黄色高亮视图为当前活动视图,用户可以按需求选取合适的视图作为活动视图进行编辑(单击相应视图即可)。如图 1-1 所示,当前活动视图为透视图。

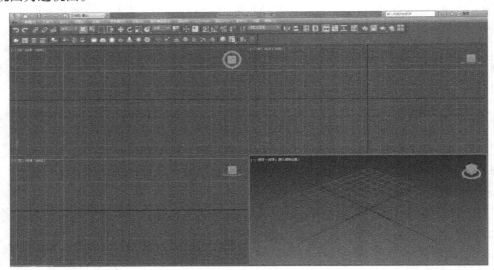

图 1-1　3ds Max 2017 视图

第 1 章 认识 3ds Max 2017

如果需要切换到单一视图，可在四视图中选取相应视图作为高亮视图，之后单击软件界面右下角的"最大化视口切换"按钮■（快捷键：〈Alt + W〉），如图 1-2 所示。

图 1-2　3ds Max 2017 最大化视口切换

最大化视口切换操作可将当前视图最大化显示，此时整个视口区域只显示单一视口，如图 1-3 所示。

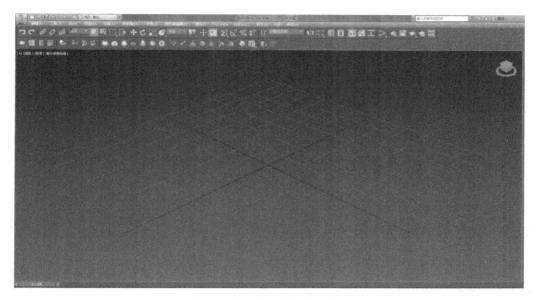

图 1-3　3ds Max 2017 单一视口

3ds Max 2017 的工作界面主要包括标题栏、菜单栏、主工具栏、视口区域、命令面板、时间尺、状态栏、时间控制按钮、视图导航控制工具 9 部分。下面将对每部分进行简要介绍。

1.2.1　标题栏

3ds Max 2017 的标题栏位于界面最上方，显示当前正在编辑的文件名称及软件版本信息，若当前文件尚未命名，则显示"无标题"，如图 1-4 所示。

图 1-4　标题栏

标题栏的左侧为快速访问工具栏，如图 1-5 所示。
标题栏的右侧为信息中心，如图 1-6 所示，用户可以从这里了解产品信息。

物流三维动画设计教程

图 1-5　快速访问工具栏

图 1-6　信息中心

1.2.2　菜单栏

3ds Max 2017 的菜单栏位于标题栏之下，涵盖了几乎所有操作命令，如图 1-7 所示。

图 1-7　3ds Max 2017 的菜单栏

菜单的子菜单中，字母（或字母组合）为该菜单快捷键，如图 1-8 所示。子菜单后面的三角标志▶表明该菜单有下级子菜单，如图 1-9 所示。

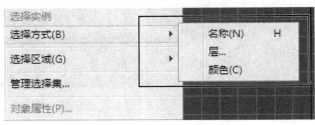

图 1-8　菜单快捷键　　　　　　　　　　图 1-9　子菜单

子菜单后面有"…"标志的，表明单击该子菜单可以激活对话框，单击"编辑→变换输入（T）"命令，弹出"变换输入"对话框，如图 1-10 和图 1-11 所示。

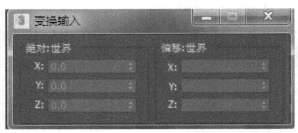

图 1-10　变换输入命令　　　　　　　　图 1-11　"变换输入"对话框

1.2.3 主工具栏

3ds Max 2017 的主工具栏位于四视图上方，如图 1-12 所示。主工具栏中的某些工具右下角带有三角标志的按钮，单击相应按钮会弹出下拉列表，用户可以从中选择相应命令。

图 1-12　3ds Max 2017 的主工具栏

在计算机显示屏显示宽度超过 1280 像素时，工具栏可全部显示。当无法全部显示时，将光标放置在工具栏空白处，当光标显示为"手"形状时，按住鼠标左键左右拖动，可以移动主工具栏，将隐藏的工具按钮显示出来。

1.2.4 视口区域

视口区域占据了操作界面中的大部分区域，默认情况下为四视图（见图 1-1）。每个视图的左上角显示当前视图的视口选项工具条，如图 1-13 所示。视口选项工具条由四部分组成，第一部分"［＋］"用于禁用、最大化视口、设置活动视口以及设置视口导航器等。第二部分显示当前视口的名称，以图 1-13 为例，可知当前视图为顶视图。此外，单击当前视图名称可以打开视图切换菜单，如图 1-14 所示。

图 1-14 中，左上角框选部分显示当前视图为前视图，用户可以单击选择其他视图以实现视图的切换。每个视图后面显示的字母为相应视图的快捷键，如〈T〉为顶视图快捷键。3ds Max 2017 除了四个基本视图外，还有底视图、右视图、后视图，用户可以根据需要切换相应视图。

图 1-13　视口选项工具条

图 1-14　视图切换界面

在实际工作中，需要结合四个视图从不同的角度对场景对象进行编辑和观察。建模时，一般在顶视图、左视图及前视图中建模，透视图主要用于观察。要让每个视图都以适当的比例显示，可单击右下角区域的"所有视图最大化显示"按钮，如图 1-15 所示。

图 1-15　3ds Max 2017 所有视图最大化显示

物流三维动画设计教程

1.2.5 命令面板

命令面板位于 3ds Max 2017 界面的右侧，场景中对象的操作都可以在命令面板中完成，如图 1-16 所示。命令面板的每个子面板都涵盖了许多下级子面板及下拉列表，是用户界面最重要的组成部分之一。本部分将对每个子面板进行简要介绍，后续章节将分别对这些面板进行详细介绍。

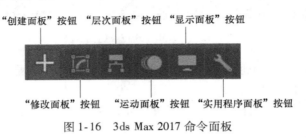

图 1-16　3ds Max 2017 命令面板

（1）创建面板

单击 ➕ 按钮进入创建面板，创建面板主要用于场景对象的创建，包含"几何体""图形""灯光""摄影机""辅助对象""空间扭曲""系统"七大子面板。

（2）修改面板

在创建对象后，需要进入修改面板对当前对象进行编辑。修改面板包含了可以对该对象进行编辑的所有参数。用户可以通过调整场景对象参数对其进行修改，此外，还可以在修改面板中为对象加载修改器，修改器相关介绍见后续章节。

（3）层次面板

层次面板主要用于调整对象间的层次链接关系，该面板中较常用的功能为"调整轴"，一般配合其他操作使用，具体内容在后续章节中介绍。

（4）运动面板

运动面板主要用于调整选定对象的运动属性。

（5）显示面板

通过显示面板用来设置场景中对象的显示方式。

（6）实用程序面板

实用程序面板主要用于访问各种工具程序。

1.2.6 时间尺、状态栏及时间控制按钮

时间尺和状态栏位于 3ds Max 2017 界面的下方，时间尺主要用于控制动画，状态栏提供了选定对象的数目、类型等信息。

（1）时间尺

时间尺和轨迹栏位于视口区域的下方。时间尺默认帧数为 100 帧，如图 1-17 所示，可以根据所制作的动画长度来设置其数值。拖动时间线滑块，可以使场景在各帧之间切换。

轨迹栏位于时间线滑块下方，主要用于显示帧数和选定对象的关键点，在这里可以移动、复制、删除关键点，以及改变关键点的属性。

第 1 章　认识 3ds Max 2017

图 1-17　3ds Max 2017 的时间尺（版面所限，省略中间段）

（2）迷你曲线编辑器

单击最左端"打开迷你曲线编辑器"按钮，打开迷你曲线编辑器，如图 1-18 所示。

图 1-18　3ds Max 2017 迷你曲线编辑器

在迷你曲线编辑器界面中，可以对场景对象的动画属性进行编辑。在该状态下，单击图 1-19 所示位于最左端的"关闭"按钮，可以使其回到最初状态。

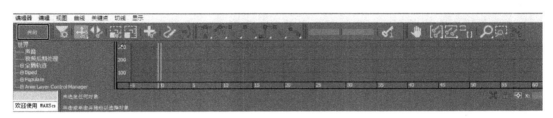

图 1-19　3ds Max 2017 迷你曲线编辑器"关闭"按钮

（3）状态栏

状态栏展示选定对象的数目、类型等信息，显示选定对象的当前状态，如图 1-20 所示。

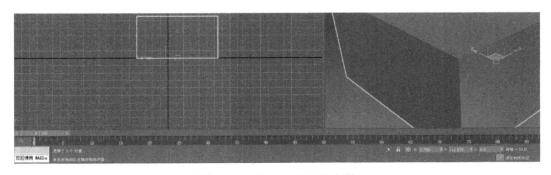

图 1-20　3ds Max 2017 状态栏

（4）时间控制按钮

时间控制按钮主要用于制作并播放动画，相应操作会在动画章节中详细阐述，其界面如图 1-21 所示。

图 1-21　3ds Max 2017 时间控制按钮

1.2.7 视图导航控制工具

如图 1-22 所示，视图导航控制区位于 3ds Max 2017 界面的右下角。

图 1-22　3ds Max 2017 视图导航控制工具

该控制区中的 8 个工具，第一行 4 个分别是缩放、缩放所有视图、最大化显示选定对象、所有视图最大化显示选定对象；第二行 4 个工具分别是视野、平移、环绕对象、最大化视口切换。

（1）缩放

该工具可以对当前活动视口进行缩放操作，其他视口不发生变化。

（2）缩放所有视图

该工具可以同时调整所有视图中对象的显示比例。

（3）最大化显示选定对象

当在场景中选定对象时，该工具可将选定对象在活动视图中居中最大化显示；当未选定特定场景对象时，该工具可将相应视图中所有对象在活动视图中居中显示。

（4）所有视图最大化显示选定对象

该工具可以将选定的场景对象在所有视图中最大化居中显示。

（5）视野

该工具可调整视口中可见的场景对象数量及透视张角量。

（6）平移

该工具可以将选定视口平移到指定的位置。

（7）环绕对象

该工具可以在使视图围绕选定的对象进行旋转的同时，使选定的对象保留在视口中相同的位置。

（8）最大化视口切换

该工具可以将活动视口在正常大小和全屏大小之间进行切换。

1.3　3ds Max 2017 的常规设置

在进行操作之前，需要对当前软件的基本参数进行简单的设置。

1.3.1　3ds Max 2017 的基本设置

1. 操作界面设置

单击菜单栏中的"自定义"菜单，在弹出的菜单中选择"加载自定义用户界面方案"命令，弹出如图 1-23 所示界面，选择想要的界面，单击"打开"按钮即可。

图 1-23 自定义加载用户界面

2. ViewCube 视口导航设置

右键单击 ViewCube 图标,在弹出的快捷菜单中选择"配置"命令,如图 1-24 所示。

此后用户可以在"视口配置"窗口的"ViewCube"选项卡中根据实际需要设置 ViewCube 属性,如图 1-25 所示。

图 1-24 ViewCube 快捷菜单

图 1-25 "ViewCube"选项卡

3. 单位设置

在开始建模之前,首先需要设置 3ds Max 的单位:建立室内场景,一般采用厘米 (cm)或毫米(mm)为单位;建立室外场景,一般采用米(m)为单位。这里以毫米 (mm)为例演示单位设置,在菜单栏上选择"自定义"→"单位设置"命令,如图 1-26 所示。在弹出的"单位设置"对话框中单击"系统单位设置"按钮,在弹出的"系统单位设置"对话框中设置"系统单位比例"为"1 单位=1.0 毫米",单击"确定"按钮,如图 1-27 所示。

之后,在"单位设置"对话框中设置"显示单位比例"为"公制"→"毫米",如图 1-28 所示,单击"确定"按钮完成设置。

物流三维动画设计教程

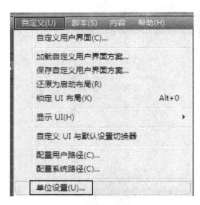
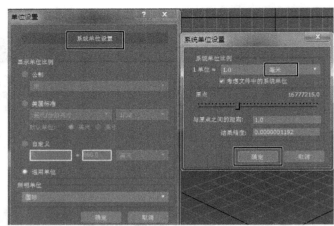

图1-26 "单位设置"命令　　　　　　图1-27 系统单位设置

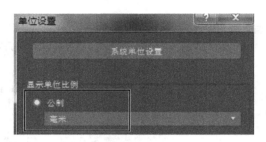

图1-28 单位设置

1.3.2　3ds Max 2017 的首选项设置

在菜单栏上选择"自定义"→"首选项"命令，打开图1-29所示界面。用户可以在不同选项卡之间切换以对相应属性进行设置。

在菜单栏上选择"自定义"→"首选项"命令，在弹出的界面中选择"文件"选项卡。"文件"选项卡主要用来对文件保存等方面的属性进行设置，如图1-30所示。

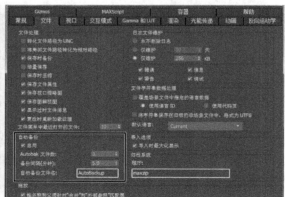

图1-29　首选项界面　　　　　　　　图1-30　自动备份设置

第 1 章 认识 3ds Max 2017

较为常规的设置为对"自动备份"属性进行设置,即设置自动备份的时间间隔及备份数量。自动备份功能默认启用,用户可以对备份的文件数量、备份间隔时间及备份文件名进行设置。

备份文件路径为:"我的文档"—"3ds Max"—"Autoback"。

1.3.3 3ds Max 2017 的常规文件操作

(1)新建

该命令可以新建场景,有四种新建方式可供用户选择,如图 1-31 所示。

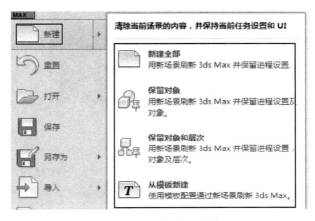

图 1-31 "新建"菜单

(2)重置

该命令可以将当前视图界面恢复到软件刚启动的界面,视图比例也会还原。单击页面左上角"MAX"按钮,单击"重置"命令,根据提示存储文件或取消操作。

(3)打开

该命令可以打开之前已经创建好的 .max 文件,方便用户对该文件继续编辑。

(4)保存

单击左上角"保存"按钮(快捷键:〈Ctrl+S〉),弹出文件保存对话框,选择保存位置并修改文件名即可,3ds Max 2017 存储文件的格式为".max"。

(5)另存为

该命令可以将当前 .max 文件另存为一个副本,用户可以根据需要修改其文件名及其保存位置。其中,"另存为"→"归档"命令在实际工作中是非常重要的功能。

一个制作到一定程度的 3ds Max 文件常常包含模型、贴图、材质等内容,使用"归档"命令可以将当前文件包含的所有资源以压缩包形式进行保存,当在其他计算机中打开该文件时不会因为资源缺失而出现问题。

(6)导入

该命令用于在制作效果图的过程中将该场景中用到的组件或模型合并到当前文件,以便提高效率。单击页面左上角"MAX"按钮,在"导入"命令中选择"合并'子命令,选择文件类型为".max",单击"打开"按钮,选择要导入的模型,单击"确定"按钮,完成合并,如图 1-32 所示。

图 1-32　模型合并

（7）导出

该命令用于导出供其他软件识别和使用的文件格式。单击界面最左上角的"MAX"按钮，从"导出"命令中选择"导出"子命令，在保存类型下拉列表中选择需要导出的文件格式。

复习思考题

1. 创作一个完整的三维动画作品需要遵循哪些步骤？
2. 在使用 3ds Max 2017 之前，一般需要先进行哪些参数设置？
3. 如何进行外部 3ds Max 文件的合并？

第 2 章　3ds Max 2017 场景对象基本操作

本章概述

本章介绍 3ds Max 2017 场景对象的基本操作，熟练掌握本章内容可提高建模速度。

本章核心知识点

1）掌握场景对象的创建方法，初步了解对象参数。
2）掌握场景中选择对象的多种方法及其特点。
3）掌握场景对象的移动、旋转和缩放等基本操作。
4）掌握场景对象的多种复制方式。
5）掌握场景对象的对齐和捕捉操作。

2.1　对象的创建及参数

本部分仅简要介绍创建场景对象的基本操作，详细建模过程在后续相关章节中呈现。

2.1.1　对象的创建

（1）对象类型

打开 3ds Max 2017，在"创建"面板中可以看到，对象的创建类型有几何体、图形、灯光、摄影机、辅助对象、空间扭曲和系统七个大类，每个大类下又细分为多个子类，每个子类下又包含多个对象类型。建模过程中最常用的是几何体和图形两大类，两者最大的区别是：几何体是三维对象，涵盖长方体、球体、圆柱体等；图形是二维对象，主要是线、矩形、圆等。

（2）对象创建

本部分以茶壶的创建为例，展示对象的创建过程，操作步骤如下：

在"创建"面板中单击"几何体"按钮，在下拉列表中选择"标准基本体"，在"对象类型"中单击"茶壶"按钮，在相应视图中按住鼠标左键拖动，创建茶壶，如图 2-1 和图 2-2 所示。

图 2-1　创建茶壶　　　　图 2-2　茶壶效果图

物流三维动画设计教程

2.1.2 对象的参数

场景对象创建完成后，可以根据实际需要对其参数进行修改，本节将选取标准基本体为读者展示对象的创建及其参数修改过程。

单击"创建"按钮→"几何体"按钮→"标准基本体"按钮→"长方体"按钮，在视图中按住鼠标左键拖动，放开鼠标左键，对象创建完成，如图2-3所示。

选中已经创建的对象，在修改面板中可对当前创建对象的名称、颜色、长、宽、高及分段等参数进行修改，如图2-4所示。

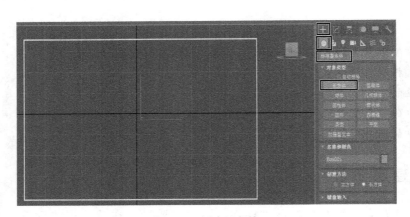

图2-3 创建长方体

图2-4 参数

其余对象的创建及参数修改皆可参照本例在相应面板中完成。

2.2 对象的选择

在创建场景对象后，需要对其进行操作，而这些操作建立在选中相应对象的基础上。

本部分简要介绍对场景对象进行选择的几种方法，每种方法各有其特点。熟练掌握各种对象的选择方法，可以提升建模效率，缩短工作流程。

2.2.1 使用主工具栏选择工具

1. 单击选择

单击选择简单快捷，是最常用的一种选择方式。将光标移到场景对象上，单击鼠标左键即可选中对象，如图2-5所示。

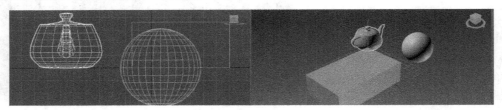

图2-5 单击选择场景对象

第 2 章　3ds Max 2017 场景对象基本操作

当需要选中多个场景对象时，按住〈Ctrl〉键，在场景中使用鼠标单击相应对象即可。

2. 按名称选择

单击工具栏中的"按名称选择"按钮，弹出"从场景选择"对话框，如图 2-6 所示。

图 2-6　"从场景选择"对话框

"从场景选择"对话框中包含当前场景中所有对象的名称，单击相应对象的名称即可选中该对象；按住〈Ctrl〉键，单击对象名称，可以选中多个不连续的对象；按住〈Shift〉键，单击首尾对象名称，可以选中多个连续对象，如图 2-7 所示。

图 2-7　选中多个连续对象

单击"确定"按钮，返回场景，可以看到场景中所有对象均为选中状态，如图 2-8 所示。

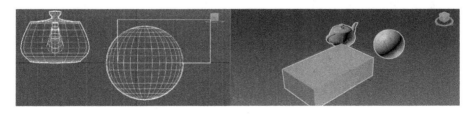

图 2-8　场景选择效果

3. 使用矩形选择区域工具选择

长按工具栏中"矩形选择区域"按钮，可弹出不同选择区域的下拉列表，包括矩形、圆形、围栏、套索、绘制选择区域五种类型，如图 2-9 所示。

在下拉列表中选中相应类型（此处选矩形）在相应视图中按住鼠标左键并拖动，拉出对应工具形状区域（如圆形、矩形等）作为选择框，如图 2-10 所示。

当所需要选定的对象都包含在选择区域内时，放开鼠标，处于选择区域内的对象都被选中。根据场景的具体情况，合理选用相应形状的选择工具可以提高操作效率。

例如，在图 2-11 所示的场景中，使用圆形选择区域能够快速选中所有长方体，如图 2-12 所示。若使用默认的矩形选择区域，则很容易选中其他对象。

物流三维动画设计教程

图 2-9　选择区域工具

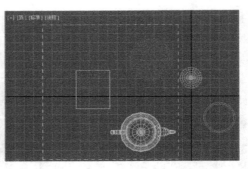
图 2-10　场景选择效果

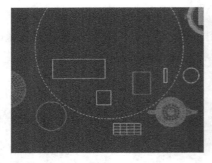
图 2-11　圆形选择区域工具

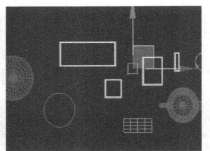
图 2-12　场景选择效果

4. 窗口/交叉

在使用选择区域工具选择场景对象时，常常需要配合"窗口/交叉"工具。默认情况下，"窗口/交叉"工具没有被激活，处在关闭状态，如图 2-13 所示。

图 2-13　"窗口/交叉"工具

此时只要某个对象的某部分处在选择区域内，该对象即被选中。

在图 2-14 中，场景中的几何球体及茶壶都只有部分处在选择区域内，由于此时"窗口/交叉"工具处于关闭状态，所以几何球体及茶壶也被选中，如图 2-15 所示。

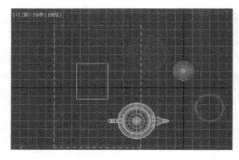
图 2-14　设置选择区域

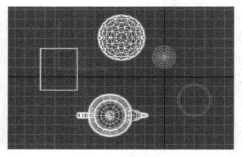
图 2-15　选择效果

第 2 章　3ds Max 2017 场景对象基本操作

单击工具栏中的"窗口/交叉"按钮,则"窗口/交叉"工具被激活,图标变成图 2-16 所示样式。

图 2-16　激活窗口/交叉工具

此时,只有将目标对象全部包含在选择区域中,该对象才能被选中。

在图 2-17 的选择中,如果激活了"窗口/交叉"工具,在几何球体及茶壶只有部分被涵盖在选择区域的情况下,该几何球体及茶壶不会被选中,如图 2-18 所示。

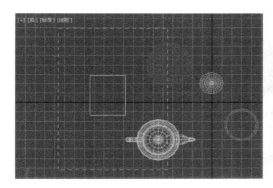
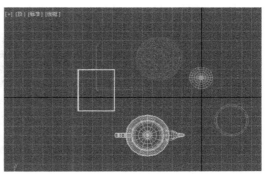

图 2-17　设置选择区域　　　　　　　　图 2-18　场景选择效果

2.2.2　使用场景资源管理器选择

如图 2-19 所示,在菜单栏中选择"工具"→"场景资源管理器"命令,弹出图 2-20 所示对话框。

图 2-19　"场景资源管理器"命令　　　　图 2-20　场景资源管理器

场景资源管理器中涵盖了当前场景中的所有对象,方便用户对场景对象进行管理:
① 单击要选择对象的名称,即可选中目标对象。
② 按住〈Ctrl〉键,单击对象名称,可以选中多个不连续的对象。
③ 按住〈Shift〉键,单击首尾对象名称,可以选中多个连续对象。
④ 按住〈Ctrl + A〉键,可以选中场景中的全部对象。

场景资源管理器中的"选择"菜单可提供多种选择方式，如图 2-21 所示。

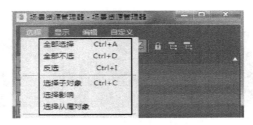

图 2-21　"选择"菜单

2.2.3　对象的筛选

当场景比较大，场景中涵盖了几何体、图形、灯光等多种类型的对象时，配合选择过滤器（见图 2-22），可以避免对不需要修改的对象误操作。

图 2-22　选择过滤器

1. 全部

在默认状态下，选择过滤器的选择类型为"全部"，如图 2-22 所示。场景中的所有对象不分类型，只要在相应的选择区域内即被选中，如图 2-23 和图 2-24 所示。

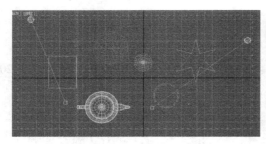

图 2-23　选择过滤器为"全部"

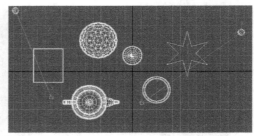

图 2-24　场景选择效果

2. 几何体

当在选择过滤器中将筛选对象设置为"几何体"时，在场景中使用选择工具只能选中"几何体"类别中处于选择范围之内的对象；其他类别下的对象，如灯光、图形等，即使处在选择范围内，也不会被选中，如图 2-25 及图 2-26 所示。

同理，当在选择过滤器中将筛选的对象设置为"图形"时，在场景中使用选择工具只能选中"图形"类别中处于选择范围之内的对象。其他类别依此类推。

例如，在后期建模过程中需要创建灯光并设置其参数，此时可以在选择过滤器中将筛选的对象设置为"灯光"，之后使用相应选择工具选择目标灯光，其他类型的对象即使处在选择区域内，也不会被选中。

第 2 章　3ds Max 2017 场景对象基本操作

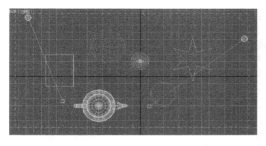
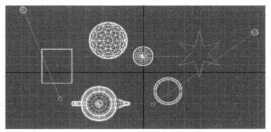

图 2-25　选择过滤器为"几何体"　　　　图 2-26　场景选择效果

3. 组合

如图 2-27 所示，当在选择过滤器中将筛选的对象设置为"组合"时，可以在"过滤器组合"对话框中进行多个类别的选择组合，单击"确定"按钮，设置生效。

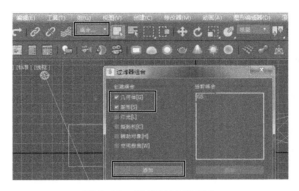

图 2-27　设置过滤器组合

经过如图 2-27 所示的设置，选择区域内的几何体及图形可以被选中。

2.2.4　对象的冻结、隐藏与孤立

在实际操作中，冻结、隐藏与孤立是非常实用的功能，尤其是在大型场景中，熟练使用这几个功能，可以快速锁定目标对象。

1. 对象的冻结

对象的冻结主要涉及以下几种操作：

（1）冻结当前选择

当场景中的对象太多不便于操作时，可以将用不到的对象暂时冻结起来，被冻结后的对象在场景中会变成灰色，此时不能对其做任何操作。选中场景中要冻结的对象，右键单击，在弹出的快捷菜单中选择"冻结当前选择"命令，冻结选中对象，如图 2-28、图 2-29 所示。

图 2-29 中，茶壶被冻结后，不能执行选中、移动和修改等任何操作。

（2）全部解冻

在完成相应操作后，需要解冻已经冻结对象。在任意视图中右键单击，在弹出的快捷菜单中选择"全部解冻"命令，可以将场景中被冻结的对象解冻，解冻之后的对象可以执行相应操作。

物流三维动画设计教程

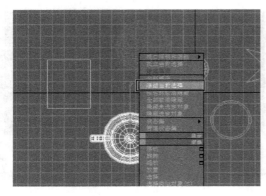
图 2-28　冻结对象

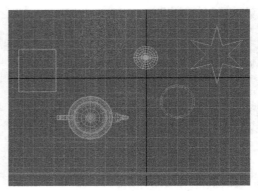
图 2-29　冻结效果

2. 对象的隐藏

当场景中对象过多时，可以使用隐藏功能将不需要的对象进行隐藏，从而减少它们对操作的干扰。

（1）隐藏选定对象

选中不需要编辑的对象，单击右键，在弹出的快捷菜单中选择"隐藏选定对象"命令，如图 2-30 所示，选定的两个对象即可被隐藏，如图 2-31 所示。

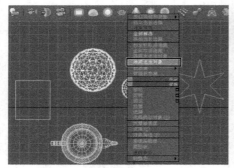
图 2-30　隐藏选定对象

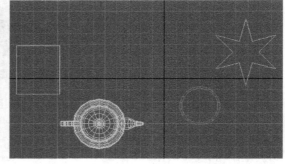
图 2-31　隐藏后的效果

（2）隐藏未选定对象

当需要隐藏的对象过多时，为了提高效率，可以选中不想隐藏的对象，单击右键，在弹出的快捷菜单中选择"隐藏未选定对象"命令，没有被选定的对象就被隐藏了。

（3）全部取消隐藏

当需要编辑被隐藏的对象时，单击右键，在弹出的快捷菜单中选择"全部取消隐藏"命令，则当前所有被隐藏对象都被还原到场景中。

注意：在编辑过程中，若选择的是点或线等二维图形，则要结合透视图选择，避免误选。

（4）按名称取消隐藏

"全部取消隐藏"命令会将场景中所有被冻结的对象一次性取消隐藏。

若只有部分对象需要取消隐藏，而其他对象还需要继续隐藏，可以单击右键，在弹出的快捷菜单中选择"按名称取消隐藏"命令，再在弹出的对话框中选择需要取消隐

第 2 章　3ds Max 2017 场景对象基本操作

藏的对象名称并单击"确定"按钮，被选中对象即恢复到场景中。

3. 对象的孤立

当需要对场景中的某个对象执行进一步操作时，可以将其从场景中孤立出来。

（1）孤立当前选择

选中需要孤立的对象，单击右键，在弹出的快捷菜单中选择"孤立当前选择"命令，如图 2-32 所示，当前选择对象即被孤立。孤立后，场景中只剩下该对象，如图 2-33 所示。

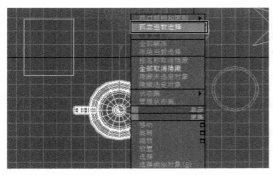

图 2-32　孤立对象　　　　　　　　图 2-33　孤立后的效果

（2）结束隔离

当完成对被孤立对象的操作时，需要结束孤立，恢复场景。选中被孤立的对象，单击右键，在弹出的快捷菜单中选择"结束隔离"命令，当前被孤立对象即结束隔离，场景恢复。

2.3　对象的基本操作

在选择场景对象之后，需要对场景对象进行变换操作，最基本的操作有移动、旋转、缩放和成组。

在 3ds Max 2017 中，移动、旋转和缩放三个基本操作所对应的工具分别是工具栏中的"选择并移动"命令、"选择并旋转"命令、"选择并缩放"命令。成组操作需要使用菜单栏中的"组"菜单。在实际建模过程中，以上工具使用的频率比较高，本节将详细介绍这些工具的具体操作。

2.3.1　对象的移动

1. 基本操作

如图 2-34 所示，在工具栏中单击"选择并移动"按钮 ✥ 可以将其激活，使用该工具可以将选定对象移动到目标位置。

操作步骤如下：

① 选择要移动的对象，单击工具栏中的"选择并移动"按钮，选中 X/Y 任意一个轴（被选中的轴会变为黄色）。

物流三维动画设计教程

图 2-34 "选择并移动"工具

② 按住鼠标左键拖动鼠标，将物体沿着选定的轴向移动。若选中中间的黄色矩形区域，物体可在两个轴向上同时移动。

以图 2-35 场景中的长方体为例，执行选择并移动操作：

① 在视图中单击对象的 Y 轴将其激活，使用"选择并移动"工具即可将对象沿 Y 轴移动，如图 2-35 所示。

② 在视图中单击对象的 X 轴将其激活，使用"选择并移动"工具即可将对象沿 X 轴移动，如图 2-36 所示。

③ 选中中间区域，同时激活对象的 X 轴和 Y 轴，此时对象可以同时沿 X 轴和 Y 轴方向移动，如图 2-37 所示。

注意：只有透视图中会显示 X、Y、Z 三个轴，其余顶视图、前视图、左视图中都只显示对象在当前视图中的 X、Y 两个轴向。

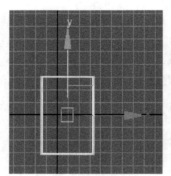
图 2-35 沿 y 轴移动

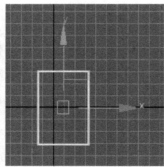
图 2-36 沿 x 轴移动

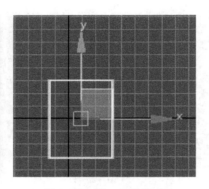
图 2-37 沿 x/y 轴移动

2. 精确移动

若需要精确移动目标对象的位置，则可以通过以下两种方式实现：

（1）更改对象绝对坐标值

选中对象，单击工具栏中的"选择并移动"按钮，此时界面下方的状态栏中显示了选中对象的坐标值，如图 2-38 所示，此坐标为所选对象的绝对坐标值。如果要把对象沿着 X 轴正方向移动两个单位，则在 X 坐标值原有的基础上加两个单位即可，如图 2-39 所示。其他坐标轴的精确移动以此类推。

（2）使用"选择并移动"工具右键菜单

选中对象，右键单击工具栏的"选择并移动"按钮，弹出"移动变换输入"对话框，对话框中包含两种坐标系：

① 绝对：世界：所选对象的绝对坐标值，等同于状态栏中的绝对坐标值，代表对象在世界中的真实位置。

第 2 章　3ds Max 2017 场景对象基本操作

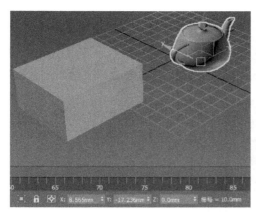
图 2-38　场景对象坐标值

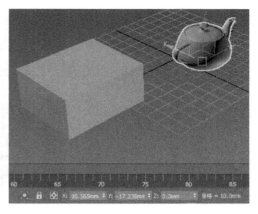
图 2-39　更改对象坐标值

② 偏移：屏幕：所选对象移动的相对值，初始值均为零。在 X/Y/Z 相应坐标轴上填入相应数据，即代表对象在该轴上移动相应位置。数值的正负代表方向，如在"X"后填入"2"，则代表对象在 X 轴正方向上移动 2 个单位；填入"-2"，则代表场景对象在 X 轴负方向上移动 2 个单位，如图 2-40 所示。

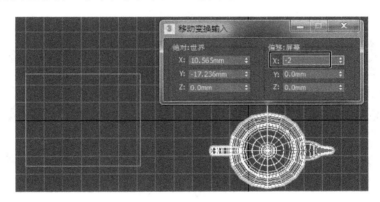
图 2-40　移动变换输入

图 2-40 中，将对象在顶视图中 X 轴负方向上移动 2 个单位，由于该软件设置的系统单位为 mm，所以移动距离为 2mm，其 X 轴绝对坐标变为 8.565mm。Y/Z 坐标没有移动，保持不变，读者可自行操作验证。

注意：①在不同视图中，将场景对象在同一轴向上进行移动，所得效果是不同的。如将对象在顶视图中沿 X 轴正方向移动 100 单位和将其在左视图中沿 X 轴正方向移动 100 单位，两种操作所得效果截然不同。读者在执行移动操作时一定要选准视图，这需要读者有一定的三维空间想象能力。零基础学习者经过一段时间的学习和实操也可区分不同视图操作的区别。②在前视图、顶视图、左视图三个二维视图中选中对象，在工具栏的"选择并移动"工具上单击右键，弹出的对话框中偏移命令显示为"偏移：屏幕"。而当在透视图中执行同样操作时，弹出对话框中的偏移命令显示为"偏移：世界"。两者无本质差别，在需要移动的轴向上填写数值即可。

2.3.2 对象的旋转

1. 基本操作

图 2-41 所示为"选择并旋转"工具,该工具可将选定的对象沿相应轴向进行旋转。

图 2-41 "选择并旋转"工具

选择要旋转的对象,单击"选择并旋转"按钮 ,对象上出现 3 个轴向,选中任意一个坐标轴(选中的轴向会变为黄色),如图 2-42 所示。

按住鼠标左键移动鼠标,对象会沿着相应轴向旋转。

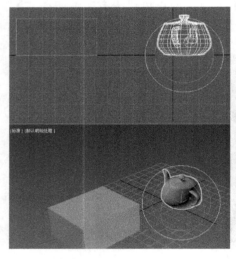

图 2-42 对象旋转轴

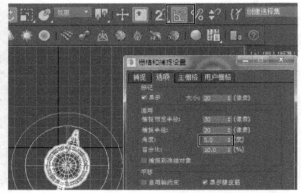

图 2-43 栅格和捕捉设置对话框

在实际建模过程中,有时目标对象旋转的角度需要是 5°的整数倍(如 15°/30°/45°/90°/180°等),因此在使用该命令时,一般配合"角度捕捉切换"工具,步骤如下:

① 单击"角度捕捉切换"按钮将其激活。

② 右键单击"角度捕捉切换"按钮,在弹出的"栅格和捕捉设置"对话框中设置角度(默认设置为 5°,可以按实际需求设置需要的角度),如图 2-43 所示。关闭"栅格和捕捉设置"对话框。

③ 单击"选择并旋转"按钮,在相应视图上旋转所选对象,如图 2-44 所示,可以看到场景中的茶壶在相应轴向上所旋转的角度为 5°的整数倍。

2. 精确旋转

若需要精确旋转目标对象,则可以通过如下步骤实现:

① 选中对象,右键单击"选择并旋转"按钮,弹出"旋转变换输入"对话框,如图 2-45 所示。

第 2 章　3ds Max 2017 场景对象基本操作

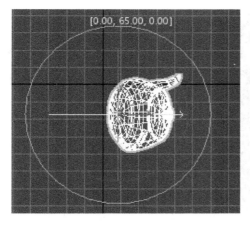

图 2-44　场景对象旋转

图 2-45　"旋转变换输入"对话框

② 在"偏移：屏幕"坐标系的相应坐标上输入旋转角度，即可实现场景对象的精确旋转。若以 X 轴为旋转轴向正方向旋转 90°，则将"偏移：屏幕"坐标系中"X"值设为 90°即可，其余以此类推。

2.3.3　对象的缩放

1. 基本操作

选择需要缩放的对象，长按"选择并缩放"按钮，可以看到有三种缩放模式，如图 2-46 所示，从上到下依次是"选择并均匀缩放""选择并非均匀缩放""选择并挤压"。

图 2-46　选择并缩放的三种模式

1）"选择并均匀缩放"模式。该模式为"选择并缩放"工具的默认模式，使用该模式可以将目标对象沿三个轴向同时缩放，在缩放时能够保持对象的原始比例，如图 2-47 所示。

2）"选择并非均匀缩放"模式。该模式可以依据用户选定的活动轴向，以非均匀的方式缩放选定对象，如图 2-48 所示。

3）"选择并挤压"模式。该模式可以做出拉伸和挤压的效果，如图 2-49 所示。

2. 精确缩放

选中进行缩放的对象，右键单击"选择并均匀缩放"按钮，在弹出的对话框中使用"偏移：屏幕"来实现对象的精确缩放。

例如，将图 2-50 中的茶壶在 X 轴上缩小为原尺寸的 20%，则在"偏移：屏幕"中将"X"值设为"20"（意为 20%）即可，效果如图 2-51 所示。其他轴向的缩放以此类推。

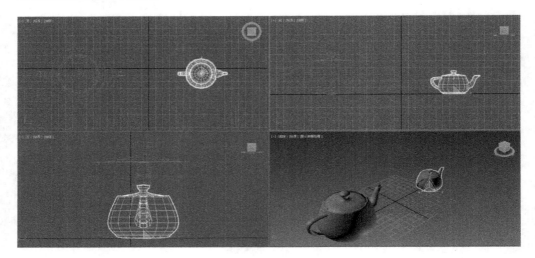

图 2-47　选择并均匀缩放的效果

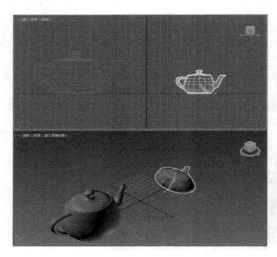

图 2-48　选择并非均匀缩放的效果

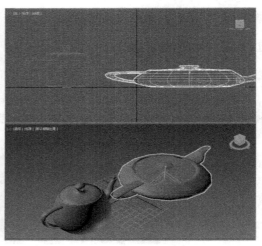

图 2-49　选择并挤压的效果

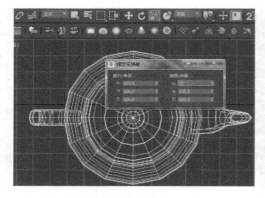

图 2-50　茶壶缩放设置

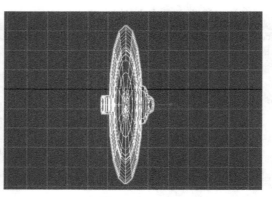

图 2-51　茶壶缩放效果

2.3.4 "组"对象的基本操作

1. 成组

如图 2-52 所示,在场景中选择两个或两个以上的对象后,在菜单栏中选择"组"→"组"命令,在弹出的对话框中设置组名称,然后,单击"确定"按钮,即可将选定对象组成一个组。

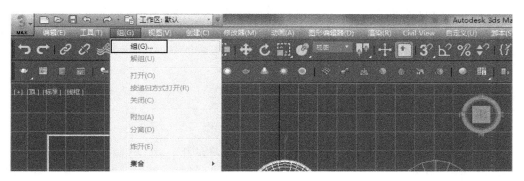

图 2-52 组菜单

成组之后,单击其中一个对象,即可选中整个组中的所有对象。另外,一个组可以和另一个组或者对象再次组成一个新的组。同时选中"组 001"(由场景中长方体与球体组成)与管状体后,在菜单栏中选择"组"→"组"命令,在弹出的对话框中输入组名称并单击"确定"按钮,即可组成一个新组。本例中使用默认的名称"组 002",如图 2-53 所示。

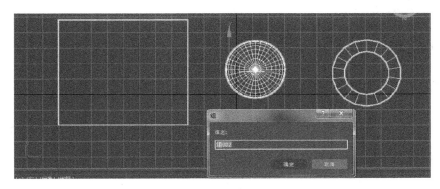

图 2-53 场景对象成组操作

2. 解组

选中要解组的对象,在菜单栏中选择"组"→"解组"命令,可以将选定的组解散为单个对象或单个组。

解组操作一次只能解开一个组,多层组的解组应逐层操作,即选中"组 002",对其执行解组操作,"组 002"被分解为"组 001"以及管状体。

3. 打开

该命令可以打开选定的组,从而可以对组中的特定对象实施相应的操作。

4. 按递归方式打开

该命令可以按递归方式打开选定的组,从而编辑组内的对象。

5. 关闭

使用执行"打开"命令打开组并完成相应对象的编辑后,使用"关闭"命令将打开的组关闭,恢复其原始的成组状态。

6. 附加

选中要附加的对象,然后选择要附加进去的组,可以把对象添加到组里面。具体操作如下:

① 在场景中选中要附加到组中的场景对象。
② 单击工具栏中的"组"→"附加"命令。
③ 在场景中单击目标组。

经过以上操作,即可将对象附加到目标组中。

7. 分离

分离是与附加相反的操作。选中要分离对象所在的组,用"打开"命令将组打开,然后选择要分离的子对象,选择"组"菜单中的"分离"命令,之后单击原来的组,再单击"关闭"命令,便可将对象分离出原来的组。

8. 炸开

"炸开"命令可以将选定的组炸开为单个对象。"炸开"命令可以一次性解开当前组中所有的组。以图 2-53 的"组 002"为例,当对"组 002"执行"炸开"操作后,"组 001"也将不再存在,"组 002"被炸开为一个长方体、一个球体及一个管状体。

2.4 对象的复制

在实际工作中,对象的复制是十分常用的操作。例如在建立一个自动化立体仓库场景时,多组货架、多台同型号输送机的制作,就可以先制作出货架的一个单元或一个输送机后,使用对象的复制功能将其他货架单元及输送机复制出来,以快速创建场景。

3ds Max 2017 中有多种复制方法,本节将详细介绍每种复制方法的操作方法。

2.4.1 变换复制

在 3ds Max 2017 中,可以在使用选择并移动、选择并旋转、选择并缩放三个命令中任意一个时,配合〈Shift〉键的使用,实现目标对象的变换复制。

1. 变换复制的基本操作

① 单击工具栏中的"选择并移动"按钮,激活"选择并移动"工具。
② 单击要复制的目标物体,将光标移动至相应轴向上,此时相应轴向为黄色高亮显示。
③ 按住〈Shift〉键,同时按住鼠标左键,拖动鼠标沿相应轴向移动,至目标位置后松开鼠标,即可实现目标对象的变换复制。

图 2-54 所示为沿原始茶壶 Y 轴负方向执行复制操作。

第 2 章 3ds Max 2017 场景对象基本操作

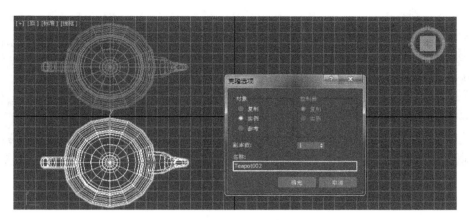

图 2-54 变换复制

除了沿单一轴向复制对象外，还可以将光标移至 X 轴向与 Y 轴向之间的区域，如图 2-55 所示。按住〈Shift〉键，同时按住鼠标左键拖动至目标位置，松开鼠标，单击"确定"按钮即可完成变换复制，如图 2-56 所示。

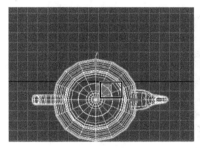

图 2-55 复制轴向选择

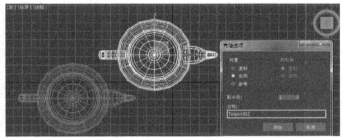

图 2-56 茶壶双轴向复制效果

2. 克隆选项参数说明

在复制过程中，出现的"克隆选项"对话框可提供复制、实例和参考三种复制方式。

现以被复制的对象为母对象、复制出来的对象为子对象来说明三种复制方式的区别。

1）复制：复制完成后，改变母对象或者子对象任一方后均不影响对方，双方无关联。

2）实例：更改母对象或者子对象中任意一个的参数，另一方会同时变化。

3）参考：更改母对象时，子对象会跟着改变；更改子对象时，对母对象无影响。

3. 变换复制实例——简易月牙形糖果盘制作

本部分将演示使用旋转复制功能制作简易月牙形糖果盘。

① 打开本章配套电子资源"场景文件"中的"01 单个月牙.max"。

② 选中场景中的月牙，在层次面板下单击"仅影响轴"按钮，如图 2-57 所示。

③ 使用"选择并移动"工具，在顶视图中将月牙的轴点调整到图 2-58 所示位置。

物流三维动画设计教程

图 2-57 仅影响轴

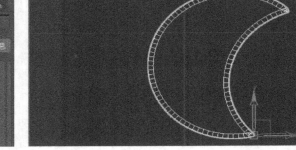

图 2-58 月牙轴点调节

④ 再次单击"仅影响轴"按钮,退出"调整轴"模式,如图 2-59 所示。
⑤ 在工具栏上单击"角度捕捉切换",将其激活。
⑥ 右键单击"角度捕捉切换"按钮,在弹出的"栅格和捕捉设置"对话框中设置"角度"为 72°,如图 2-60 所示。

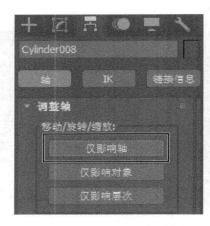

图 2-59 退出"调整轴"模式

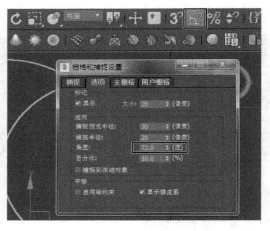

图 2-60 旋转角度设置

⑦ 单击工具栏中"选择并旋转"按钮将其激活。按住〈Shift〉键,同时在顶视图中旋转复制月牙,参数设置如图 2-61 所示,制作效果如图 2-62 所示。

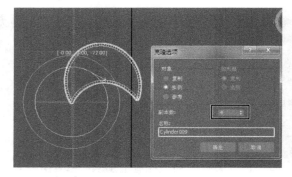

图 2-61 旋转复制参数设置

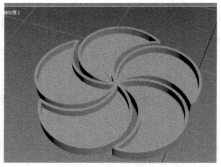

图 2-62 月牙果盘制作效果

第 2 章　3ds Max 2017 场景对象基本操作

果盘的完整模型请查看本章配套电子资源"实例文件"中的"01 月牙形糖果盘.max"。

2.4.2　阵列复制

在变换复制过程中，通过按住鼠标左键在相应轴向移动，同时配合副本数量的调整，可以将原对象以一定间距实现快速复制，然而使用变换复制在复制过程中无法精确控制对象之间的距离。

在物流三维动画模型的制作过程中，以货架的制作为例，在制作好一根立柱后，需要将其复制以制作出其他立柱。由于立柱之间的距离是固定的，故在复制过程中需要精确控制立柱之间的距离。而这样的效果通过变换复制是无法得到的，需要借助阵列复制实现。阵列复制在大批量复制的同时，还能够精确控制副本之间的距离。

1. 阵列复制的基本操作

在顶视图中创建一个茶壶，半径为 30mm，分段为 4，坐标值为（0，0，0）。现演示如何将其沿 X 轴正方向复制出包括原有茶壶在内的 10 个茶壶。

注意：在视图中任意位置创建一个茶壶，选中该茶壶，单击"选择并移动"按钮，则可以在软件界面下方的状态栏中看到该茶壶的当前坐标值。

将光标悬停在图 2-63 所示位置，右键单击，则可将该茶壶 X 轴坐标值归零，使用同样的方法可将 Y 轴、Z 轴坐标值归零。通过此方法，将茶壶坐标值设为（0，0，0）。

图 2-63　茶壶初始坐标轴

当然，用户也可以直接在相应坐标处填写 0，以实现同样的效果。

① 在顶视图中选中茶壶，单击菜单栏中的"工具"→"阵列"命令，弹出"阵列"对话框，如图 2-64a 所示。

② 按图 2-64b 所示设置参数。

③ 单击"确定"按钮，完成阵列复制。

此时单击第二个茶壶，即可发现其坐标值为（100，0，0）。相比第一个茶壶（0，0，0），第二个茶壶沿 X 轴正方向移动了 100 单位，两个茶壶的轴心点相距 100 单位。

2. 阵列复制的参数说明

（1）增量

增量即阵列复制对象时，两个对象轴点中心之间的距离。用户可以根据实际情况选

物流三维动画设计教程

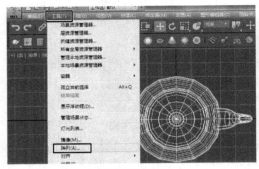
a)"阵列"命令

b)阵列复制参数

图 2-64 阵列复制

择合适的轴向对原对象进行阵列复制。正值表示沿相应轴正方向复制；负值表示沿相应轴负方向复制。

（2）总计

单击图 2-65 中的"＞"按钮，激活"总计"复制方式，此时"增量"复制方式不可用。

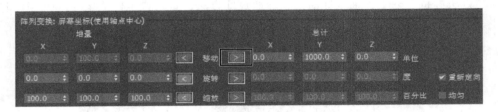

图 2-65 "总计"复制方式

创建一个茶壶，半径为 30，坐标值为 (0, 0, 0)。选中茶壶，激活阵列复制工具，使用"总计"复制方式，参数设置如图 2-66 所示。

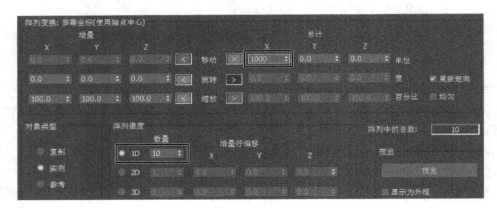

图 2-66 阵列参数设置

复制效果如图 2-67 所示。

此时选中离原始茶壶最近的茶壶，可以看到其坐标值为 (100, 0, 0)。

第 2 章　3ds Max 2017 场景对象基本操作

图 2-67　茶壶复制效果

（3）对象类型

阵列复制对象类型分为复制、实例和参考三种，这三种复制方式的区别在前文已经阐述过，在此不再赘述。默认类型为"实例"，用户可以根据实际情况进行选择。

（4）阵列维度

阵列维度的 1D、2D、3D 代表的是阵列轴向的选择。默认为"1D"，即进行阵列时可以在 X/Y/Z 中任选一个轴向上填写间距。若选择"3D"，则表示可以同时在 X/Y/Z 三个轴向上移动对象进行阵列。

注意：在进行阵列复制之前，务必要注意当前激活的是哪个视图，根据激活的视图确定最佳阵列轴向应该是哪个。例如，同样是阵列 Y 轴，在顶视图中阵列和在前视图中阵列的实际效果完全不一样。

3. 阵列复制实例——简易托盘货架制作

本部分将演示使用阵列复制方式制作简易托盘货架。

① 在顶视图中创建长方体作为立柱，长 100mm、宽 100mm、高 10500mm。

② 在前视图中创建图 2-68 所示长方体作为拉杆，长 100mm、宽 100mm、高 800mm。拉杆的上表面和立柱下表面重合，拉杆的左右两面和立柱的左右两面对齐。

③ 在右视图（默认视图中没有右视图，只有左视图，读者可以参照第 1 章相关内容将默认左视图更改为右视图，方便建模。在大部分建模过程中，使用原始视图设置即可，不需要特意更改）中创建图 2-69 所示长方体作为横梁，长 100mm、宽 100mm、高 2400mm。横梁的上表面和立柱下表面重合，横梁的左右两面和立柱的左右两面对齐。

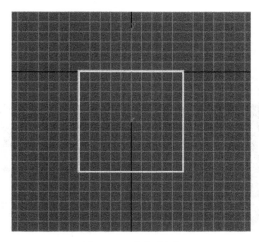
图 2-68　拉杆创建

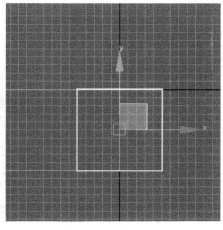
图 2-69　横梁创建

④ 选中立柱和横梁，单击菜单栏中的"工具"→"阵列"命令，在弹出的"阵列"对话框中设置 Y 值为"-800"，1D（数量）为"2"，所得模型如图 2-70 所示。

物流三维动画设计教程

⑤ 选中两根横梁和拉杆，右键单击"选择并移动"按钮，在弹出的"移动变换输入"对话框中设置参数，如图 2-71 所示，所得模型如图 2-72 所示。

图 2-70　立柱横梁阵列

图 2-71　移动横梁立柱位置

⑥ 选中两根横梁和拉杆，使用"阵列"工具，按照图 2-73 设置参数，所得模型如图 2-74 所示。

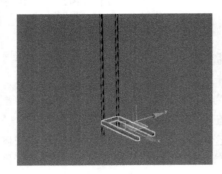

图 2-72　移动效果

图 2-73　横梁、拉杆阵列参数设置

⑦ 选中所有立柱、横梁和拉杆，使用"阵列"工具，按照图 2-75 设置参数，所得模型如图 2-76 所示。

图 2-74　阵列效果

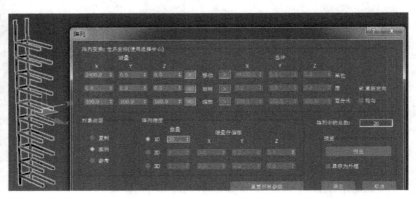

图 2-75　阵列参数

第 2 章　3ds Max 2017 场景对象基本操作

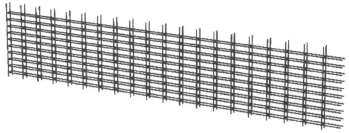

图 2-76　货架初始效果

⑧ 将右侧多余的横梁删除，选中所有立柱、横梁和拉杆，使用"阵列"工具，按照图 2-77 设置参数，所得模型如图 2-78 所示。

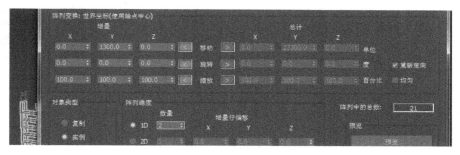

图 2-77　货架阵列设置

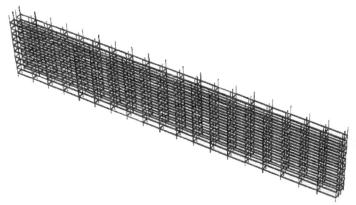

图 2-78　货架阵列效果

⑨ 选中所有立柱、横梁和拉杆，使用"阵列"工具，按照图 2-79 设置参数，最终制作的货架效果如图 2-80 所示。

货架模型参见本章配套资源"实例文件"→"02 简易托盘货架.max"文件。

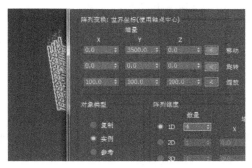

图 2-79　阵列参数设置

物流三维动画设计教程

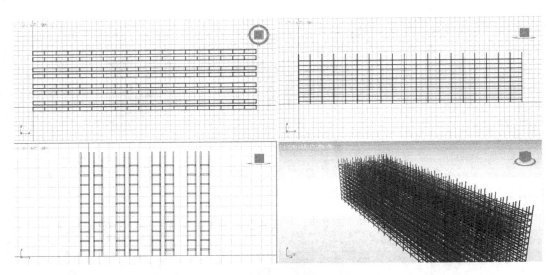

图 2-80　货架制作最终效果

2.4.3　间隔工具复制

使用"阵列"工具进行复制时，可以在特定轴向上实现大批量的精确复制，这对于像制作货架这样规格规整的模型来说有很强的优越性。

但是，阵列复制只能在 X/Y/Z 轴向上实现复制，对于一些需要在特定路径上对对象进行复制的场景则不适用。

间隔工具又称为路径阵列，与阵列复制不同，它可以在特定的路径上以一定的间距对对象进行复制。

1. 使用间隔工具进行复制的基本操作

① 创建一个长方体和一个螺旋线，在透视图中的位置如图 2-81 所示。

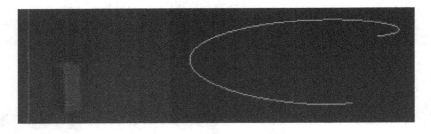

图 2-81　长方体和螺旋线位置

② 选中长方体，选择菜单栏中的"工具"→"对齐"→"间隔工具"命令，弹出"间隔工具"对话框，如图 2-82 所示。

单击对话框中"拾取路径"按钮，选中绘制的螺旋线，选中"计数"复选框且设置计数值为 3，单击"应用"按钮，效果如图 2-83 所示。

由图 2-83 可以看出，相对于阵列复制，间隔工具复制在路径形状方面更加灵活。

第 2 章　3ds Max 2017 场景对象基本操作

 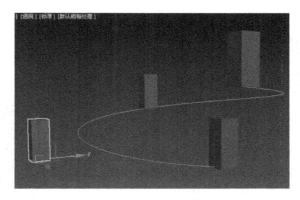

图 2-82　间隔工具对话框　　　　　图 2-83　间隔工具效果

2. 间隔工具参数说明

计数：在路径上分布的对象个数。
间距：分布对象之间的间距。
始端偏移：设定始端偏移值。
末端偏移：设定末端偏移值。
前后关系：对象之间间距的计算基准。
对象类型：复制对象与原对象的关系。

2.4.4　镜像工具复制

使用镜像工具可以对目标对象在特定的轴向上进行镜像复制。相比其他复制工具，镜像工具在制作对称模型时具有无可比拟的优越性。

在物流场景中，大部分物流设备（如输送机等）的主体结构是对称的，因此在建模过程中可以先创建出其中一半，然后使用镜像工具复制出另外一半。

1. 使用镜像工具进行复制的基本操作

① 在前视图中创建一个半径为 30mm 的茶壶。
② 选中茶壶，单击"镜像"按钮，弹出"镜像：屏幕坐标"对话框，如图 2-84 所示。

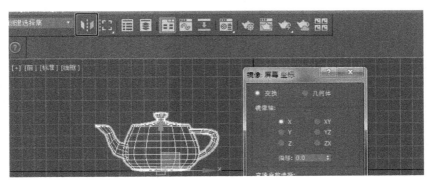

图 2-84　"镜像：屏幕坐标"对话框

③ 按照图2-85设置镜像参数，效果如图2-86所示。

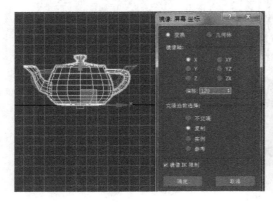
图2-85　镜像参数

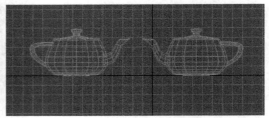
图2-86　镜像效果

2. 镜像工具参数说明

（1）变换与几何体

"变换"与"几何体"为镜像复制的两种方式，下面以茶壶的镜像为例来说明这两种方式的区别。在顶视图中创建一个半径为30mm的茶壶，采用"变换"方式，沿X轴偏移100个单位对其进行镜像复制，此时复制出的茶壶如图2-87所示，其参数面板如图2-88所示。

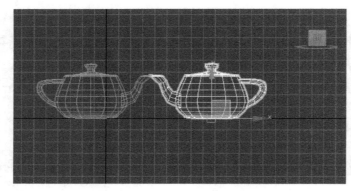
图2-87　茶壶镜像效果1

图2-88　参数面板1

对同样的茶壶采用"几何体"方式，沿X轴偏移100个单位对其进行镜像复制，此时复制出的茶壶如图2-89所示，其参数面板如图2-90所示。

通过对比参数面板可知，当采用"几何体"方式进行镜像复制时，相当于给复制出来的茶壶增加了一个"镜像"修改器。如图2-90所示，该茶壶处在"镜像"修改器层级，此时用户可以更改镜像轴、偏移值等参数以修改镜像效果。单击"teapot"项可以返回茶壶参数面板界面。

（2）镜像轴

该部分参数用于设置在哪个轴向上对目标对象进行镜像复制操作。用户需要根据当前激活的视图，选择合适的镜像轴。同时，也要注意选择合适的视图，因为在不同的视图中，即使在相同轴向上操作，效果也不同。

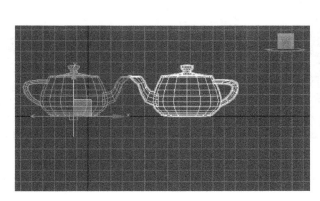

图2-89 茶壶镜像效果2　　　　　　　图2-90 参数面板2

例如，同样是对处于相同坐标中的茶壶进行Y轴镜像复制，在顶视图中进行镜像操作和在前视图中操作得出的效果是完全不同的。

在顶视图中创建半径为30mm的茶壶，并在顶视图中对其进行Y轴镜像复制，参数如图2-91所示，复制出的茶壶实际位置如图2-92所示。

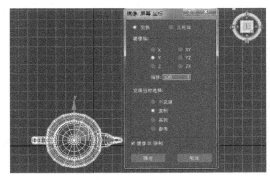

图2-91 顶视图镜像参数　　　　　　　图2-92 顶视图中的镜像效果

若针对该茶壶在前视图中进行Y轴镜像复制，参数如图2-93所示，复制出的茶壶实际位置如图2-94所示。

（3）偏移

偏移参数用于设置镜像复制出来的对象与原始对象之间的距离：正值表示沿相应轴正方向进行镜像复制；负值表示沿相应轴负方向进行镜像复制。

（4）克隆当前选择

该部分参数用于设置镜像复制出来的对象与原始对象之间的关系，包括"不克隆""复制""实例""参考"四种选择，默认参数为"不克隆"。用户需要根据实际情况进行选择。

物流三维动画设计教程

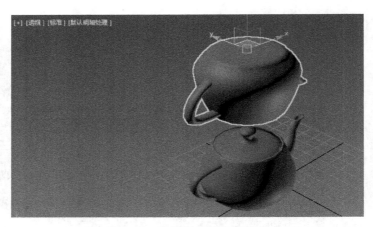

图 2-93　前视图镜像参数　　　　　　图 2-94　前视图中的镜像效果

当勾选"不克隆"单选按钮时，镜像操作的效果为将原始对象按照选定的镜像轴以一定的距离进行翻转。"复制""实例"和"参考"三种方式在前文已经阐述，在此不再赘述。

2.5　对象的对齐及捕捉

在建模过程中，常常需要移动场景中对象的位置，如需要将一本书放到桌子上。使用"选择并移动"工具很多时候并不能精确地实现这个目的，此时需要使用对齐功能。

当建模精度要求较高时，熟练使用捕捉工具能极大地提升建模精度和工作效率。

2.5.1　对象的对齐

1. 对齐的基本操作

下面以简易桌子的制作来阐述对齐的基本操作。

（1）场景创建

① 桌面制作：在顶视图中创建一个长方体 Box001 作为桌面，长 800mm，宽 1200mm，高 40mm。

② 桌腿制作：在顶视图中创建长方体 Box002 作为桌腿，位置如图 2-95 所示，参数如图 2-96 所示。

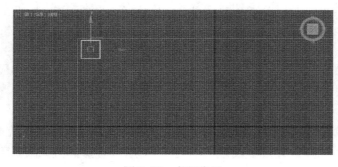
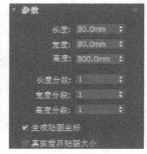

图 2-95　桌腿位置　　　　　　　　　图 2-96　桌腿参数

第 2 章　3ds Max 2017 场景对象基本操作

接下来，调整桌腿与桌面的位置关系，此时需要使用对齐工具。

（2）对齐操作

① 在顶视图中保持当前长方体 Box002 在选中状态，在工具栏中单击"对齐"按钮（见图 2-97），单击最开始创建的长方体 Box001，弹出"对齐当前选择"对话框。

图 2-97　"对齐"工具

② 按图 2-98a 所示设置参数，单击"应用"按钮，之后再按图 2-98b 所示设置参数，单击"确定"按钮。

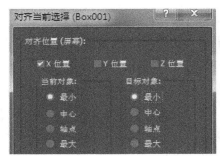

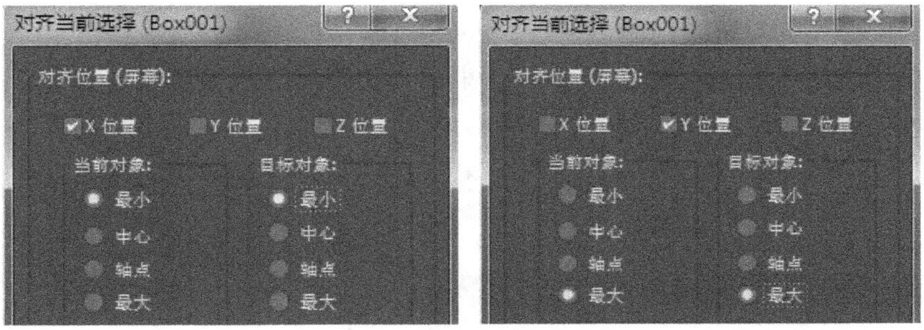

a) 对齐设置1　　　　　　　　b) 对齐设置2

图 2-98　对齐设置

经过此设置后，Box002 的 X 坐标与 Y 坐标已经与 Box001 对齐，效果如图 2-99 所示。

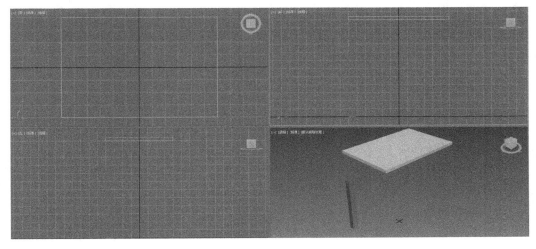

图 2-99　对齐效果

③ 接下来，将桌腿上表面与桌面下表面对齐。激活前视图，选中桌腿，使用对齐

工具，单击桌面，在弹出的"对齐当前选择"对话框中按图 2-100 设置参数，单击"确定"按钮，效果如图 2-101 所示。

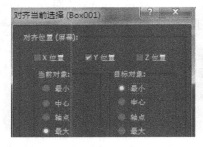
图 2-100　对齐设置 3

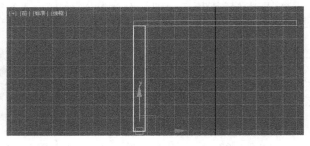
图 2-101　对齐效果

④ 在前视图中使用"选择并移动"工具选中桌腿，变换复制出另一条桌腿，使用对齐工具将复制出的桌腿移到图 2-102 所示位置。

⑤ 在左视图中框选当前创建好的两条桌腿，使用"选择并移动"工具选中变换复制出的另外两条桌腿，同样使用对齐工具调整位置，最终效果如图 2-103 所示。

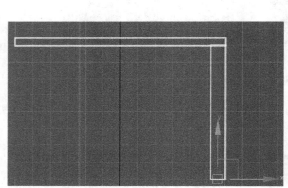
图 2-102　桌腿位置调整

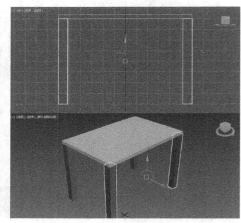
图 2-103　最终效果

2. 对齐参数说明

（1）对齐位置（屏幕）

此参数用于设置选定对象和目标对象在哪个轴向上对齐，可以根据实际需要在三个轴向中勾选需要的轴向。

在选择轴向时，务必注意当前激活的是哪个视图，否则可能会因视图与所选轴向不匹配而不能达到预期效果。

（2）当前对象

即选中对象，也就是需要和目标对象进行对齐的对象，在上文例子中指的是桌腿。当前对象在对齐操作完成后，位置发生改变。

此组参数中有"最小""中心""轴点"和"最大"四种选项，需要配合上文中的对齐位置理解。

第 2 章　3ds Max 2017 场景对象基本操作

（3）目标对象

即基准对象，需要被对齐的目标对象，在上文例子中指的是桌面。目标对象在对齐操作完成后，位置不发生改变。

此组参数中也有"最小""中心""轴点"和"最大"四种选项。

（4）对齐方向（局部）

此参数用于目标对象与当前对象方向不一致的情形。

下面用一个实例来说明这一参数的作用。如图 2-104 所示，在场景中创建两个长方体——Box001 与 Box002，其中 Box001 是倾斜的。目标为使用对齐工具将蓝色的 Box002 与绿色的 Box001 对齐，对齐方式为中心对中心。

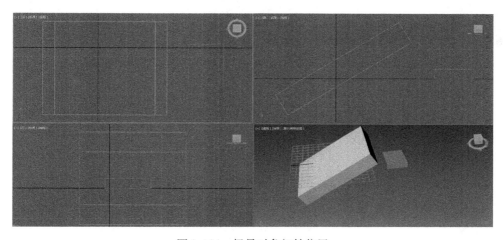

图 2-104　场景对象初始位置

按照图 2-105 进行参数设置，效果如图 2-106 所示。

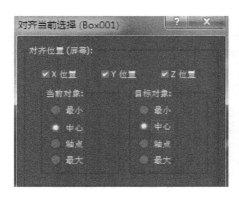

图 2-105　对齐设置

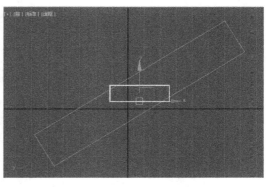

图 2-106　初始对齐效果

由图 2-106 可知，按照图 2-105 参数设置对齐，在目标对象倾斜的情况下，当前对象无法自动调整方向与目标对象对齐。

此时，需要使用"对齐方向（局部）"参数，参数设置如图 2-107 所示，效果如图 2-108 所示。

在设置"对齐方向（局部）"选项组之后，Box002 在与 Box001 对齐时能够调整当前对象的方向使之与目标对象一致。

图 2-107　对齐方向设置　　　　图 2-108　最终对齐效果

(5) 匹配比例

在上例中，如果对 Box001 执行缩放操作，将其等比例放大（如图 2-109 所示），此时对 Box002 执行对齐 Box001 的操作，勾选"匹配比例"各轴向，如图 2-110 所示，则所得效果如图 2-111 所示。

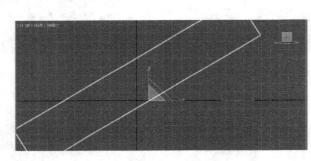 

图 2-109　Box001 缩放效果　　　　图 2-110　对齐设置

可见，Box002 在对齐 Box001 的同时，也等比放大了。

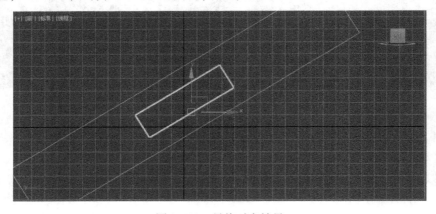

图 2-111　最终对齐效果

3. 阵列对齐工具综合应用——托盘制作

（1）创建短板

在顶视图中创建长方体，长为800mm，宽为140mm，高为20mm。

（2）创建墩子

继续在顶视图创建长方体，参数设置如图2-112所示，位置如图2-113所示。

 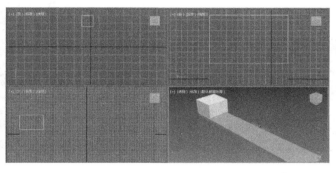

图2-112　墩子参数　　　　　　　　图2-113　墩子位置

（3）对齐墩子与短板

在左视图中选中墩子，单击工具栏"对齐"按钮，再选择短板，此时弹出"对齐当前选择"对话框。

首先对X轴和Z轴进行设置，"对齐位置（屏幕）"勾选"X位置"和"Z位置"复选框，"当前对象"选"最小"，"目标对象"选"最大"，单击"应用"按钮。

然后对Y轴进行设置，参数设置及效果如图2-114所示，单击"确定"按钮。

（4）将墩子在长板上阵列

在透视图中选中墩子，使用阵列工具，设置Y轴增量为-330、1D数量为3。

注意：①根据视图，墩子阵列方向和短板长度方向一致，因此在Y轴设置间隔量（注意此时活动视图为透视图）。②间距计算：（800 - 140 × 3）÷ 2 = 190，140 + 190 = 330。

阵列效果如图2-115所示。

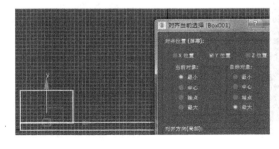 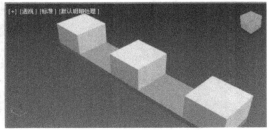

图2-114　墩子短板对齐　　　　　　图2-115　墩子阵列效果

（5）阵列短板

选中短板并将其向上（Z轴向）阵列，设置Z轴增量为110、1D数量为2，阵列效果如图 2-116 所示。

（6）组件成组

框选当前所有对象，将其成组并命名为"短板墩子组件"。

（7）创建长板

在顶视图中创建长方体，长 140mm，宽 1200mm，高 20mm，效果如图 2-117 所示。

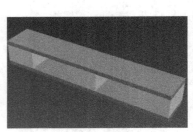

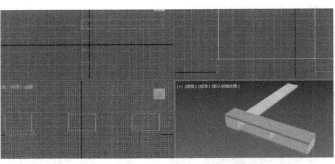

图 2-116　短板阵列效果　　　　　图 2-117　长板创建效果

（8）将长板与墩子组件对齐

在左视图中单击选中长板，单击工具栏对齐按钮，再单击墩子组件，此时弹出"对齐当前选择"对话框。"对齐位置（屏幕）"选"X 位置"和"Z 位置"，"当前对象"选"最小"，"目标对象"选"最小"。

然后对 Y 轴进行设置，"对齐位置（屏幕）"选"Y 位置"，"当前对象"选"最小"，"目标对象"选"最大"，设置好后单击"确定"按钮。

（9）将五块长板在墩子组件上阵列

选中长板，设置 Y 轴增量为 -165、1D 数量为 5。注意：

① 根据视图，长板阵列方向与墩子组件长度方向一致，因此阵列轴为 Y 轴（注意此时活动视图为透视图）。

② 间距计算：$(800 - 140 \times 5) \div 4 = 25$，$140 + 25 = 165$。阵列效果如图 2-118 所示。

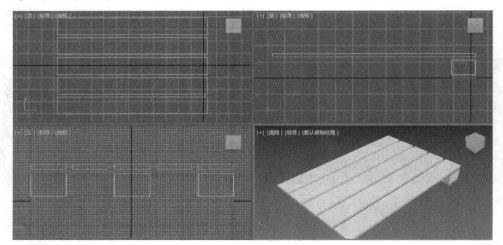

图 2-118　长板阵列效果

第 2 章　3ds Max 2017 场景对象基本操作

(10) 将三个墩子组件在长板上阵列

单击选中墩子组件，使用阵列工具，设置 X 轴增量为 –530、1D 数量为 3。注意：

① 根据视图，墩子组件阵列方向与长板长度方向一致，因此阵列方向为 X 轴（注意此时活动视图为透视图）。

② 间距计算：（1200 – 140 × 3）÷ 2 = 390，140 + 390 = 530。阵列效果如图 2-119 所示。

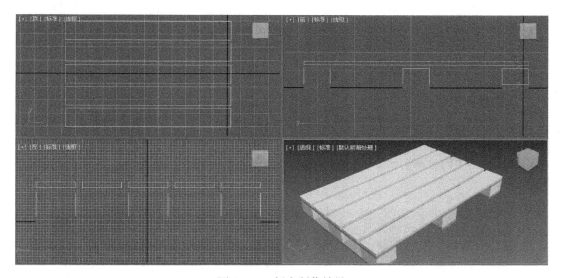

图 2-119　托盘制作效果

(11) 完成建模

框选所有对象，进行成组操作，整个托盘建模完成。

托盘模型参见本章配套资源"实例文件"→"03 托盘.max"文件。

2.5.2　捕捉工具

在 3ds Max 2017 中，捕捉方式包括对象捕捉、角度捕捉和百分比捕捉，常用的是对象捕捉和角度捕捉。

1. 对象捕捉

(1) 参数说明

用户利用捕捉工具来创建或变换对象时，可以精确地控制对象的尺寸和位置，对捕捉对象进行设置。

单击工具栏中的捕捉工具按钮即可激活捕捉工具，此时在场景中移动光标可发现已经进入捕捉模式，如图 2-120 所示。

右键单击捕捉工具按钮可以打开"栅格和捕捉设置"对话框，如图 2-121 所示。

"捕捉"选项卡：在该选项卡中可以选择捕捉对象，用于对场景中的栅格点、顶点、端点、中点进行捕捉。

"选项"选项卡：在该选项卡中可以对捕捉参数进行设置。

"主栅格"选项卡：在该选项卡中可以设置栅格尺寸的相关参数。

物流三维动画设计教程

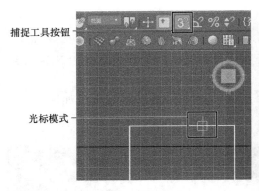
捕捉工具按钮

光标模式

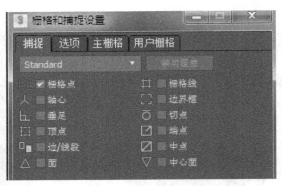

图 2-120　捕捉模式　　　　　　　图 2-121　"栅格和捕捉设置"对话框

（2）操作示例

1）创建新场景对象时使用捕捉。如图 2-122 所示,在"栅格和捕捉设置"对话框中的"捕捉"选项卡中勾选"顶点"复选框,表明捕捉操作针对顶点有效。

在顶视图中创建两个长方体,长为 100mm,宽为 20mm,高为 100mm,位置如图 2-123 所示。

 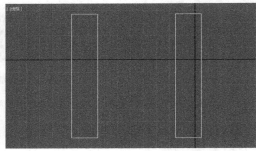

图 2-122　顶点捕捉设置　　　　　　图 2-123　长方体创建位置

启用对象捕捉工具,在顶视图中图 2-124 所示位置创建长方体,创建过程中光标自动捕捉场景中物体的顶点,使得新建长方体的顶点能够与场景中长方体自动对齐。

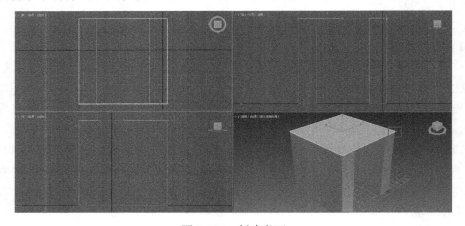

图 2-124　创建桌面

第 2 章　3ds Max 2017 场景对象基本操作

最终建好的场景如图 2-125 所示。

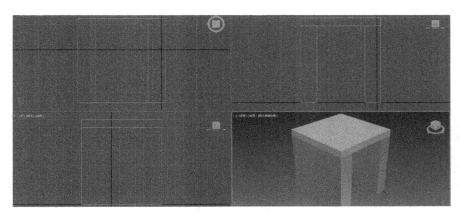

图 2-125　最终创建效果

2）对齐场景对象时使用捕捉。在建模过程中，除了使用对齐工具实现场景对象的对齐之外，还可以使用捕捉工具实现。在场景中创建如图 2-126 所示的两个长方体。

需要在前视图中将右边的长方体（Box001）左下角顶点与左边长方体（Box002）右上角顶点对齐，操作过程如下：

① 右键单击捕捉工具按钮，打开"栅格和捕捉设置"对话框，在"捕捉"选项卡中勾选"顶点"复选框。

② 关闭"栅格和捕捉设置"对话框，单击捕捉工具按钮，激活捕捉开关。

③ 如图 2-127 所示，单击 Box002 左下角顶点，此时光标处于捕捉顶点状态，该顶点被捕捉。

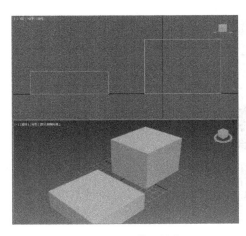

图 2-126　长方体初始位置

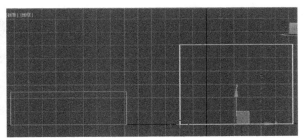

图 2-127　捕捉长方体顶点

④ 按住鼠标左键不动，拖动 Box002 向 Box001 右上角移动，如图 2-128 所示。在此过程中，已经自动捕捉 Box001 的顶点，最终效果如图 2-129 所示。

在建模过程中，灵活运用对象捕捉工具可以提高建模速度及精度。在完成对象捕捉操作后，如果不需要继续使用捕捉工具，则需要关闭捕捉工具以免误操作。

物流三维动画设计教程

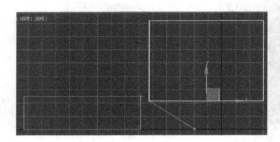
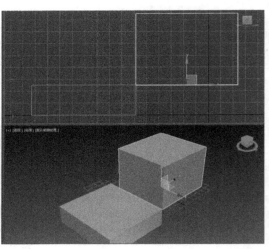

图 2-128　移动长方体　　　　　图 2-129　捕捉对齐效果

2. 角度捕捉

角度捕捉常常配合旋转工具使用，以实现对场景对象的精确旋转。首先，右键单击"角度捕捉切换"按钮，在弹出的"栅格和捕捉设置"对话框中对旋转角度进行设置，如图 2-130 所示。

图 2-130 中设置"角度"为 5°，这表示旋转角度为 5°的整数倍。

设置好之后，单击工具栏中的"选择并旋转"按钮，之后在场景中单击选中对象，在相应轴向上移动光标即可对场景对象进行旋转，旋转时注意观察旋转角度的变化，如图 2-131 所示。

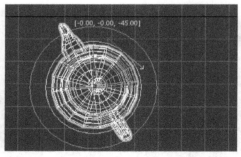

图 2-130　角度捕捉设置　　　　　图 2-131　旋转效果

若未开启"角度捕捉切换"，则对象的旋转仅可根据目测位置和旋转时角度的变化来掌控，而很难实现对对象的精确旋转。

复习思考题

1. 选择场景中的对象有哪些方法？这些方法各有何特点？
2. 如何对场景对象进行移动、旋转和缩放等操作？
3. 针对场景对象，有哪些复制方式？这些方式各有何特点？
4. 如何对场景对象进行对齐、捕捉操作？

第 3 章　创建几何体模型

本章概述

本章主要介绍运用 3ds Max 2017 创建几何体模型，包括二维图形建模、三维几何体建模及复合对象建模。

本章核心知识点

1）掌握二维图形建模方法。
2）掌握标准基本体建模方法。
3）掌握常用复合对象建模方法。

3.1　二维图形建模

本节将主要对样条线、扩展样条线和可编辑样条线建模进行介绍。

3.1.1　样条线

1. 创建样条线

（1）创建样条线

在创建面板中单击图形按钮，在下拉列表中选择"样条线"，如图 3-1 所示。3ds Max 2017 提供了 12 种样条线模式，如图 3-2 所示。

图 3-1　"样条线"创建面板

图 3-2　样条线模式

本部分以线的创建为例说明样条线的创建方法：

① 单击图 3-2 中"线"按钮，在顶视图中的目标位置单击鼠标左键，创建线的起点。

物流三维动画设计教程

② 松开鼠标左键，拖动鼠标至下一目标位置，单击鼠标左键创建线的下一顶点。
③ 样条线创建完毕后，单击鼠标右键退出样条线创建模式。
如图 3-3 所示，创建的 5 个顶点确定了样条线的形状和位置。

（2）样条线的创建方法

单击样条线创建面板中的"线"按钮，如图 3-4 所示，进入"线"创建模式后，面板下半部分出现渲染、插值、创建方法三个卷展栏，如图 3-5 所示，其中"创建方法"卷展栏定义了创建线过程中产生的顶点类型。

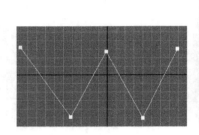  

图 3-3　样条线　　　　图 3-4　线　　　　图 3-5　创建方法

在如图 3-5 所示设置下创建的线，其初始点（即创建的第一个点）为"角点"，继续拖动鼠标创建的其他点也为"角点"。此时创建出的样条线两点之间为直线（见图 3-3）。若将"拖动类型"改为"平滑"，则在拖动鼠标过程中创建的点为平滑点，所得线的效果如图 3-6 所示。

在创建线时，按住〈shift〉键的同时拖动鼠标，可以创建水平线或垂直线，如图 3-7 所示。

创建完毕后，如图 3-8 所示，单击"修改面板"按钮，在"选择"卷展栏中有顶点、线段和样条线三个层级选项，可对所创建的线进行修改。

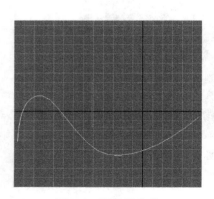 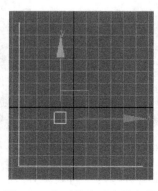 

图 3-6　平滑样条线　　　图 3-7　水平线和垂直样条线　　　图 3-8　修改面板

第 3 章　创建几何体模型

单击"顶点"层级图标,进入"顶点"修改模式,如图 3-9 所示。此时视图中的线进入顶点模式,如图 3-10 所示,可以根据需要对线的顶点进行修改。

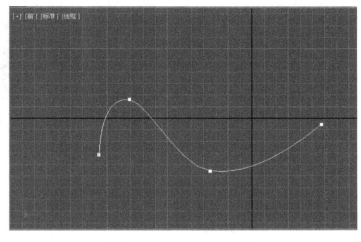

图 3-9　样条线"顶点"层级　　　　图 3-10　样条线的顶点模式

2. 样条线修改面板主要参数说明

(1)"渲染"卷展栏

勾选"在渲染中启用"复选框(见图 3-11 右侧)后,所创建的线在渲染时可以被渲染出来,否则二维图形在渲染时不可见。

勾选"在视口中启用"复选框后,配合"径向"等参数的调整,所创建的线会在视图中随径向值的调整而变化。

图 3-11 所示为勾选"在视口中启用"复选框后,径向厚度 10mm 时的样条线效果。

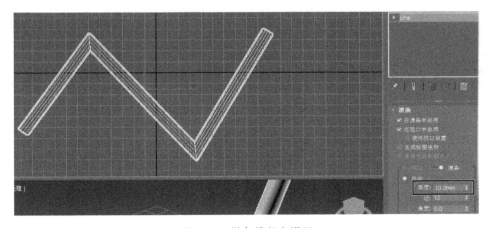

图 3-11　样条线径向设置

除了选择"径向"单选按钮外,还可以选择"矩形"单选按钮,读者可自行查看其效果。

(2)"插值"卷展栏

1)步数:通过步数数值的调整可控制样条线的平滑程度。在视图中创建一条平滑的样条线，图 3-12 与图 3-13 分别是步数为 1 和 6 时的效果。

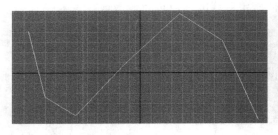

图 3-12　步数为 1　　　　　　　　图 3-13　步数为 6

2）优化：启用优化后，可以对样条线步数进行优化，删除不需要的步数，减少对系统资源的占用。

3）自适应：启用自适应后，系统会根据样条线的实际情况设置其步数。

(3)"创建方法"卷展栏

"创建方法"卷展栏在线的创建过程中已经进行过介绍，在此不再赘述。

3."线"顶点的属性

创建线后，单击"修改面板"按钮，在"选择"卷展栏下单击"顶点"层级图标，进入"顶点"编辑模式。此时可选择任意顶点，如图 3-14 所示。

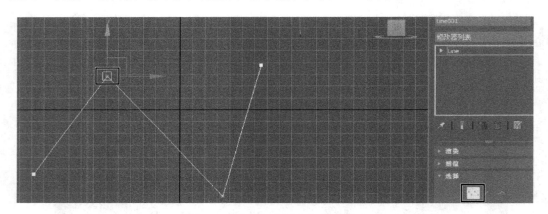

图 3-14　样条线"顶点"编辑模式

单击右键，在弹出的快捷菜单中显示四种顶点类型，其中顶点类型后标记有"√"符号的表示当前顶点的类型。图 3-15 表示当前顶点类型为"角点"类型，单击相应顶点类型可以更改顶点类型。

下面分别对几种顶点类型进行简要说明。

(1) 平滑

将图 3-14 中选中的两个顶点类型改为"平滑"后，其效果如图 3-16 所示。此时可以对点进行移动操作，但旋转和缩放等命令不起作用。

(2) 角点

图 3-14 中间两个顶点的初始类型为"角点"。与"平滑"状态类似，此时可以对点进行移动操作，但旋转和缩放等命令不起作用。

第 3 章 创建几何体模型

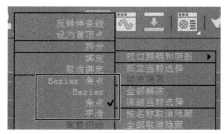
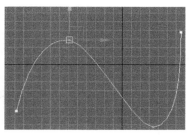

图 3-15　样条线顶点类型　　　　图 3-16　平滑样条线

（3）Bezier

当将所选顶点属性改为"Bezier"后，在点的两端会出现对称的控制手柄，如图 3-17 所示。利用对手柄实施移动、旋转和缩放等操作，可以修改线的形状。

（4）Bezier 角点

将顶点的属性改为"Bezier 角点"，该点的两端也会出现控制手柄，如图 3-18 所示。

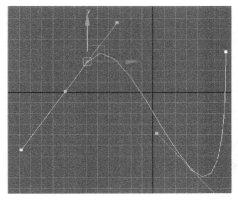
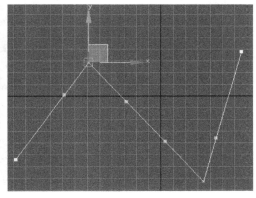

图 3-17　Bezier 样条线　　　　图 3-18　Bezier 角点样条线

与"Bezier"相比，"Bezier 角点"的控制手柄两端是独立的，可以分别对相应手柄执行移动、旋转和缩放等操作，以调整线的形状。

3.1.2　扩展样条线

在创建面板中单击"图形"按钮，然后在下拉列表中选择"扩展样条线"，如图 3-19 所示。3ds Max 2017 提供了 5 种扩展样条线模式，如图 3-20 所示。

图 3-19　扩展样条线　　　　图 3-20　扩展样条线模式

物流三维动画设计教程

灵活使用扩展样条线，可以快速获得所需要的模型。

（1）扩展样条线的创建

本部分以"墙矩形"为例，来说明扩展样条线的创建过程。

① 设置图形类型为"扩展样条线"，单击"墙矩形"按钮。

② 选定视图，在相应视图中拖动鼠标创建"墙矩形"。

创建出的图形如图3-21所示。

（2）扩展样条线的参数

此时单击"修改面板"按钮即可进入"墙矩形"的参数面板，如图3-22所示。

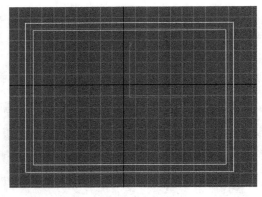 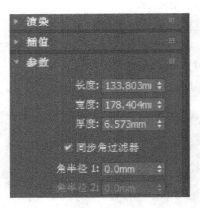

图 3-21　创建墙矩形　　　　　图 3-22　"墙矩形"的参数面板

在"参数"卷展栏中可以根据实际需要对长度、宽度、厚度及角半径进行设置。

在实际应用中，二维图形一般配合使用修改器将其转换为三维对象。在本例中，可以对上述"墙矩形"加载挤出修改器：保持当前图形在选中状态，单击"修改器列表"下拉列表（见图3-23），选中挤出修改器，如图3-24所示。

图 3-23　修改器列表　　　　　图 3-24　挤出修改器

按图3-25设置挤出修改器参数，效果如图3-26所示。

扩展样条线参数中的"渲染"卷展栏及"插值"卷展栏与样条线类似，在此不再赘述。

第 3 章　创建几何体模型

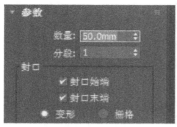

图 3-25　挤出参数　　　　　　　图 3-26　挤出效果

3.1.3　可编辑样条线

选择所创建的二维图形，在视图中单击右键，在弹出的快捷菜单中选择"转换为"→"转换为可编辑样条线"命令（见图 3-27），可将当前图形转换为可编辑样条线。

转换为可编辑样条线后，可从顶点、线段、线三个层级分别对样条线进行编辑。

1. "顶点"层级编辑

在"选择"卷展栏中单击"顶点"层级图标，或按快捷键〈1〉（大键盘），进入"顶点"层级对样条线进行编辑，如图 3-28 所示。

注意：本章中提到的顶点、线段、线三个层级切换的快捷键，均指大键盘上的数字键。

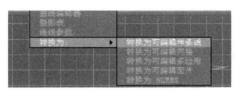

图 3-27　"转换为可编辑样条线"命令　　　图 3-28　"顶点"层级

在顶视图中创建一个矩形，将其转换为可编辑样条线，并进入"顶点"层级。本部分将以该矩形为例，来介绍"顶点"层级下的常用操作。

（1）创建线

在"顶点"层级下，单击"创建线"按钮，如图 3-29 所示，进入创建模式。单击并移动鼠标可以在视图中创建线，如图 3-30 所示。

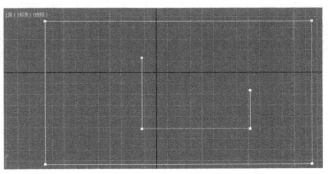

图 3-29　"创建线"模式　　　　　　图 3-30　创建线

创建完毕后，按〈Esc〉键退出创建模式。再次单击"创建线"按钮也可退出创建模式。

按快捷键〈1〉退出"顶点"编辑模式，使用"选择并移动"工具移动样条线，可以看到创建出的线与矩形一起移动，两者共同构成了该平面图形。

（2）断开

选择一个或多个顶点，单击"断开"按钮可以拆分顶点。选中图3-31所示顶点，单击"断开"按钮，此时该顶点被拆分为两个顶点，但是由于两个顶点仍然重叠在一起，所以看不出拆分效果。使用"选择并移动"工具将其中一个顶点移开，效果如图3-32所示。

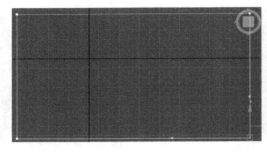　　　　　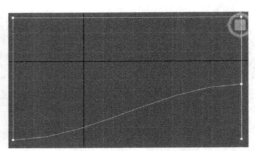

图3-31　选中顶点　　　　　　　　　图3-32　断开效果

（3）附加

使用"附加"命令可以将其他独立的样条线附加到当前样条线上。

退出"顶点"层级，在原始矩形内部再重新创建一个矩形，如图3-33所示。此时，创建的矩形独立于原始矩形，属于两个不同的图形。

选中原始矩形，在"顶点"层级下单击"附加"按钮，在光标变为附加标志后单击后创建的小矩形，将两个矩形附加在一起。按〈Esc〉键退出附加模式，退出"顶点"编辑模式。移动图形，可以看到小矩形已经和大矩形合并为一个图形，如图3-34所示。

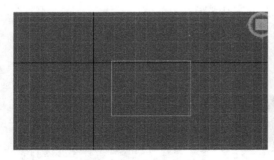　　　　　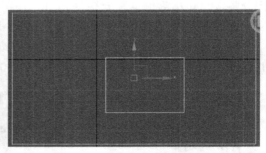

图3-33　创建新矩形　　　　　　　　图3-34　附加效果

（4）附加多个

单击"附加多个"按钮可以打开"附加多个"对话框，选择需要附加的对象并单击"确定"按钮，可将选定对象附加至当前样条线。

（5）重定向

勾选"重定向"复选框后，在附加样条线时会将样条线的局部坐标系与目标样条线的局部坐标系对齐。

如图 3-35 所示，矩形 1（大矩形）与矩形 2（小矩形）为两个独立样条线。选中矩形 1，进入"顶点"编辑模式，勾选"重定向"复选框，单击"附加"按钮，再单击矩形 2，效果如图 3-36 所示。可见，矩形 2 在与矩形 1 进行附加的同时，还依据矩形 1 的坐标重新定位了坐标。

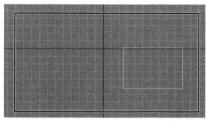 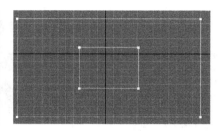

图 3-35　初始效果　　　　　　　　　图 3-36　重定向附加

(6) 优化

使用"优化"命令可以在样条线上增加顶点。如图 3-37 所示，选中矩形，进入"顶点"编辑模式，单击"优化"按钮，在图 3-38 所示位置单击可为样条线添加一个顶点。

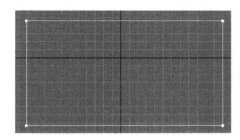 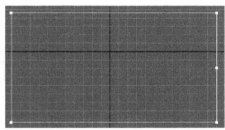

图 3-37　初始矩形　　　　　　　　　图 3-38　优化添加顶点

(7) 焊接

使用"焊接"命令可以将同一条样条线上的两个顶点焊接为一个顶点。

在顶视图中创建样条线，将其转换为可编辑样条线。进入"顶点"编辑模式，选中图 3-39 所示两个顶点，将焊接阈值改为 5mm（如图 3-40 所示），单击"焊接"按钮，即将两个顶点焊接为一个。

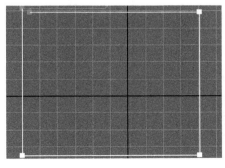 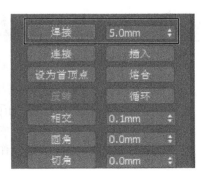

图 3-39　初始顶点　　　　　　　　　图 3-40　焊接设置

(8) 连接

使用"连接"命令可以在样条线中的两个端点之间创建一条线段，从而将它们连接起来。

在顶视图中创建图 3-41 所示的样条线，将其转换为可编辑样条线。进入"顶点"编辑模式，单击"连接"按钮，将光标悬停在顶点上，当光标变为连接模式后，按住鼠标左键不动，将其拖动至另外一个顶点，拖动过程中会出现虚线。将光标拖动至另外一个顶点后松开鼠标，此时两个顶点被连接起来，如图 3-42 所示。

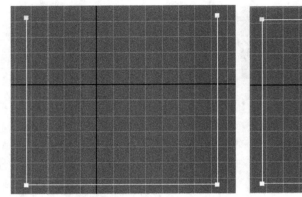

图 3-41　创建样条线　　　　　　图 3-42　连接效果

(9) 圆角

在顶视图中创建样条线，将其转换为可编辑样条线。进入"顶点"编辑模式，选择如图 3-43 所示的顶点，单击"圆角"按钮，在视图中将光标悬停在所选顶点上，当光标变为圆角模式时，按住鼠标左键，并在视图中移动光标，当得到理想的圆角效果时松开鼠标，圆角操作完成，如图 3-44 所示。

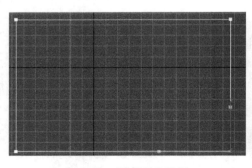 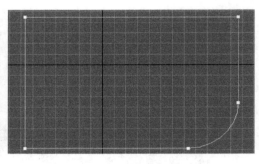

图 3-43　圆角顶点选择　　　　　　图 3-44　圆角效果

此外，还可以通过在"圆角"按钮后的设置数值来控制圆角大小，操作步骤如下：
① 在视图中选中要进行圆角操作的顶点。
② 在"圆角"按钮后的数值输入框中设置表示圆角大小的数值。
③ 单击"圆角"按钮，完成圆角操作。

(10) 切角

切角操作与圆角操作类似，在此不再赘述。

第 3 章　创建几何体模型

2. "线段"层级编辑

在"选择"卷展栏中单击"线段"层级图标，或按快捷键〈2〉，可进入"线段"层级对样条线进行编辑。部分"线段"层级下的操作命令与"顶点"层级下的命令一致，在此不再赘述。现针对"线段"层级下特有的常用操作命令进行介绍。

在顶视图中创建一个矩形，转换为可编辑样条线，单击"线段"层级图标，进入"线段"层级。

（1）删除

"删除"操作可以将选定线段删除。在顶视图中选中矩形的一条线段，如图 3-45 所示；单击"删除"按钮，效果如图 3-46 所示。

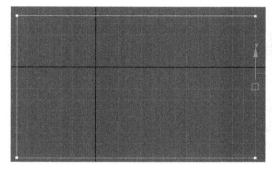

图 3-45　线段选择　　　　　　　　　图 3-46　删除效果

在 3ds Max 2017 中直接使用线工具创建定长的线时，需要在"键盘输入"卷展栏中输入 x/y/z 坐标，不够灵活方便。而借助"线段"编辑模式下的"删除"命令可以很方便地创建出固定长度的样条线。

例如：若需要创建一条长度为 200mm 的线，可在视图中创建一个边长为 200mm 的矩形，将其转换为可编辑样条线，进入"线段"层级，删除不需要的线段即可。

（2）拆分

"拆分"操作可以将选定的线段进行拆分。"拆分"按钮后的数字编辑框中的数字代表拆分选定线段要使用的顶点数量。

在原始矩形中，选中如图 3-47 所示的线段，设置拆分数量为 4，单击"拆分"按钮，则该线段被 4 个新增的顶点平均拆分为 5 段，效果如图 3-48 所示。

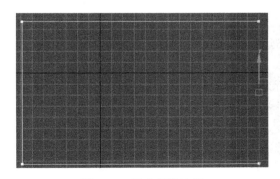 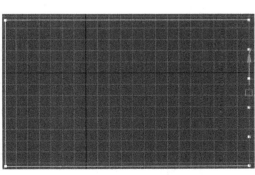

图 3-47　拆分线段选择　　　　　　　　图 3-48　拆分效果

(3) 分离

"分离"操作可以将选定的线段分离出来,分离方式有"同一图形""重定向"及"复制"。

3. "样条线"层级编辑

在"选择"卷展栏中单击"样条线"层级图标,或按快捷键〈3〉,可进入"样条线"层级对样条线进行编辑。

(1) 插入

"插入"命令可以在选定样条线的目标部分插入一个或多个顶点。

在顶视图中创建一个矩形,将其转换为可编辑样条线并进入"样条线"编辑模式。单击"插入"按钮,此时将光标悬停在样条线需要插入顶点的部分,光标变为插入模式,单击鼠标左键,在目标位置插入顶点。移动鼠标可以移动插入的顶点,同时移动与该插入顶点相连的线段,如图 3-49 所示。连续移动鼠标、单击鼠标左键,可以不断添加顶点;单击右键可退出插入模式。

(2) 反转

"反转"操作可以将选定的样条线进行反转。要理解该命令,需要结合样条线顶点编号进行观察。在顶视图中创建图 3-50 所示样条线并将其转换为可编辑样条线,进入"样条线"编辑模式。

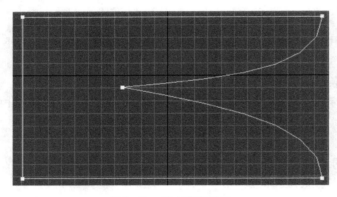
图 3-49　插入顶点效果

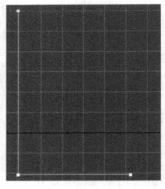
图 3-50　创建样条线

在编辑面板中勾选"显示顶点编号"复选框,如图 3-51 所示。此时可以看到样条线的 3 个顶点显示出了顶点编号,如图 3-52 所示。

单击"反转"按钮,可以看到样条线已经被反转,顶点编号顺序与之前相反。

(3) 轮廓

"轮廓"操作可以为选定的样条线添加轮廓。如图 3-53 所示,在顶视图中创建一个星形,将其转换为可编辑样条线并进入"样条线"编辑模式。

在"轮廓"按钮后面的数据编辑框中输入轮廓大小并单击"轮廓"按钮,如图 3-54 所示,可以看到已经为星形添加了轮廓,如图 3-55 所示。

当不需要精确控制轮廓大小时,添加轮廓的操作可以通过鼠标操作完成,此时不需要在"轮廓"按钮后面的数据编辑框中输入数值。具体操作步骤如下:

第 3 章　创建几何体模型

  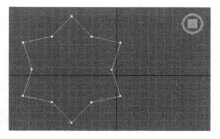

图 3-51　设置顶点编号　　　图 3-52　顶点编号　　　图 3-53　创建星形

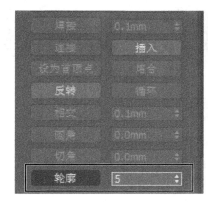 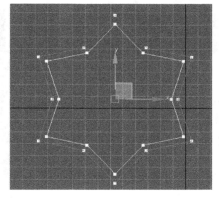

图 3-54　轮廓设置　　　　　　图 3-55　轮廓效果

① 在"样条线"编辑模式下选中要添加轮廓的样条线。
② 单击"轮廓"按钮。
③ 将光标悬停在样条线上，此时光标变为轮廓模式。
④ 按住鼠标左键，来回移动鼠标，获得理想的轮廓效果后松开鼠标，轮廓添加完成。

（4）布尔

在"样条线"编辑模式下，3ds Max 2017 能够对两个具有公共部分或部分重叠的样条线进行布尔运算，运算模式包括"并集""差集""交集"三种，如图 3-56 ~ 图 3-58 所示。

图 3-56　并集　　　　　　图 3-57　差集　　　　　　图 3-58　交集

物流三维动画设计教程

在对两条样条线执行布尔运算之前,必须先将两条样条线附加在一起。

在场景中创建两个样条线图形,如图3-59所示,将其转换为可编辑样条线。选择矩形,进入"样条线"编辑模式,单击"附加"按钮,再单击场景中的圆形,将圆形附加到矩形上。单击右键,退出附加模式。

确保当前处于"样条线"编辑模式,选择矩形,再选择"并集"运算模式,单击"布尔"按钮,再在场景中单击圆形,效果如图3-60所示。

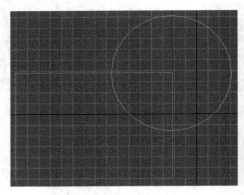

图3-59 创建初始样条线　　　　图3-60 并集效果

读者可自行验证"交集"和"差集"的效果。

(5) 镜像

"样条线"编辑模式下的"镜像"命令与工具栏中的"镜像"命令操作相似,在此不再赘述。

(6) 修剪

"修剪"操作可以删除两条样条线中重叠的部分。

在顶视图中创建图3-61所示两个圆形,将其转换为可编辑样条线并附加在一起。进入"样条线"编辑模式,选中其中一个圆形,单击"修剪"按钮,将光标悬停在两个圆形相交的部分,此时光标变为修剪模式,单击需要修剪的部分,效果如图3-62所示。

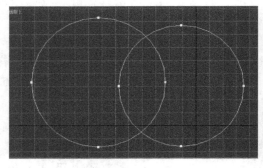
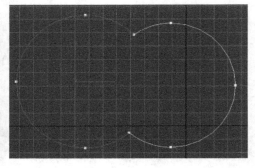

图3-61 创建圆形　　　　图3-62 修剪效果

退出"样条线"编辑模式,按快捷键〈1〉进入"顶点"编辑模式,按图3-63框选顶点,系统提示其包含两个顶点,如图3-64所示,需要将其焊接起来。

第 3 章 创建几何体模型

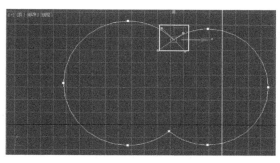 

图 3-63 选择顶点　　　　　　　　图 3-64 提示信息

保持图示两个顶点的选定状态，单击"焊接"按钮将两个顶点焊接为一个顶点，如图 3-65 所示。此时可以看到提示信息已经发生变化，如图 3-66 所示，证明焊接成功。

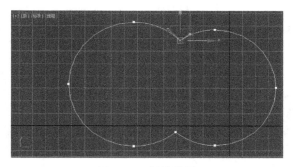 

图 3-65 焊接效果　　　　　　　　图 3-66 焊接提示信息

3.2 三维几何体建模

本节将对 3ds Max 2017 内置基本三维几何体及其建模方法进行介绍，帮助读者熟悉基本模型创建方法。

3.2.1 标准基本体建模

在创建面板中单击"几何体"按钮 ，然后在下拉列表中选择"标准基本体"，如图 3-67 所示。3ds Max 2017 提供了 11 种标准基本体，如图 3-68 所示。

图 3-67 创建标准基本体　　　　　图 3-68 标准基本体类型

物流三维动画设计教程

本部分以长方体的创建为例，说明标准基本体的创建方法。

① 单击图 3-68 中的"长方体"按钮，在相应视图中按住鼠标左键拖动，创建出长方体底面。

② 松开鼠标左键，移动鼠标开始创建长方体的高，然后单击鼠标左键退出当前长方体创建模式。

③ 此时还处在创建状态，若不需要继续创建长方体，则在视图中单击鼠标右键，退出创建模式。

创建出长方体后选中该长方体，单击"修改面板"按钮即可进入该长方体的参数面板，查看其参数并进行进一步调整，如图 3-69 所示。

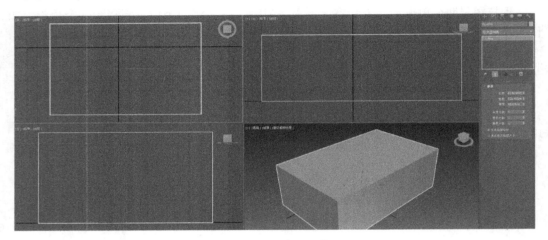

图 3-69　创建长方体

在参数面板中可以修改其"长度""宽度""高度""长度分段""宽度分段""高度分段"等参数。其他对象的创建以及参数设置和长方体大同小异。

3.2.2　扩展基本体建模

在创建面板中单击"几何体"按钮 ◯，然后在下拉列表中选择"扩展基本体"，如图 3-70 所示。3ds Max 2017 提供了 13 种扩展基本体，如图 3-71 所示。

图 3-70　创建扩展基本体

图 3-71　扩展基本体类型

第 3 章 创建几何体模型

扩展基本体的创建方法及参数设置与标准基本体类似，在此不再赘述。

3.3 复合对象建模

在创建一些复杂模型时，常常需要使用复合对象建模。3ds Max 2017 内置了很多复合对象类型，可以帮助用户创建复杂的场景对象。

3.3.1 布尔与 ProBoolean（超级布尔）

1. 布尔

"布尔"命令能够对具有公共部分的物体执行并集、交集和差集等运算。3ds Max 2017 中复合对象的布尔运算包括并集、交集、差集、合并、附加和插入几种方式。

在并集算法下，两个或者多个具有公共部分的几何体，其公共部分将被删除，然后两个或者多个几何体将被合并为一个几何体。下面将演示具体操作。

在场景中运用标准基本体创建两个或者多个几何模型，其位置关系如图 3-72 所示。选择"复合对象"，如图 3-73 所示。

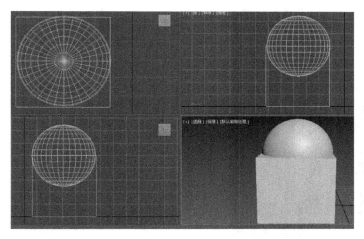

图 3-72 创建标准基本体

图 3-73 复合对象

选中图 3-72 中的球体，单击"布尔"按钮，如图 3-74a 所示。单击命令面板下"操作对象参数"卷展栏中的"并集"按钮，如图 3-74b 所示。

单击"添加操作对象"按钮，在场景中单击长方体，长方体被添加到操作对象中，如图 3-75a 所示。此时观察场景对象可发现，已经完成球体与长方体的并集运算，效果如图 3-75b 所示。

交集、差集、合并、附加、插入与并集的操作相同，在"复合对象"中，选中几何体后打开布尔命令对话框，选择相应的命令执行操作即可，读者可自行验证。

在实际建模过程中，灵活选用布尔运算的相应算法可以快速获得所需模型。

2. ProBoolean（超级布尔）

（1）布尔与超级布尔的区别

相对布尔运算而言，超级布尔运算效率更高，而且不会出现多余的结构线。

物流三维动画设计教程

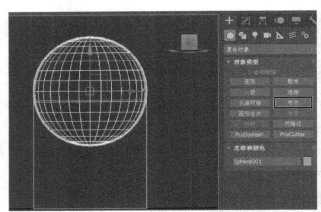

a) 布尔命令　　　　　　　　　　　　　　b) 并集命令

图 3-74　布尔及并集命令

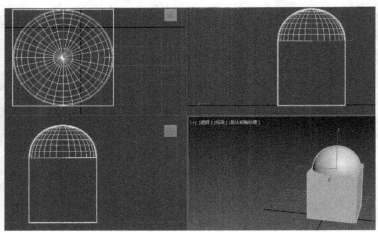

a) 并集操作　　　　　　　　　　　　　　b) 并集效果

图 3-75　并集操作及效果

此外，在执行某种布尔运算之后，还可以对运算方式进行修改，如同样的两个几何体执行差集后，可以单击"并集"按钮或其他按钮以改变运算方式，此时运算结果会随之改变。

超级布尔必须在执行运算前确定运算方式，执行运算之后不能对运算方式进行修改。

第 3 章　创建几何体模型

（2）超级布尔的主要参数

与布尔运算方式类似，超级布尔在运算中也涵盖并集、交集、差集、合并、附加、插入几种方式，在此不再赘述。超级布尔建模实例将在 3.4 节中呈现。

3.3.2　散布

"散布"命令可以将选定对象按一定规律分布到另一对象表面。在顶视图中创建一个平面，如图 3-76 所示，参数设置如图 3-77 所示。

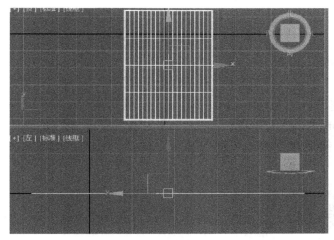
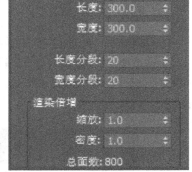

图 3-76　创建平面　　　　　　　　　图 3-77　平面参数

在视图中创建一个四棱锥，选中锥体，在"复合对象"下的"对象类型"卷展栏中单击"散布"按钮（见图 3-78a），在面板下方单击"拾取分布对象"卷展栏中的"拾取分布对象"按钮，如图 3-78b 所示。

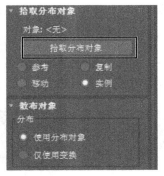

a）散布命令　　　　　　　　　　　b）拾取分布对象

图 3-78　"散布"命令及拾取分布对象

在视图中单击拾取平面，在"复合对象"对话框下调节重复数，如图 3-79a 所示，最终散布效果如图 3-79b 所示。

物流三维动画设计教程

a) 散布参数设置

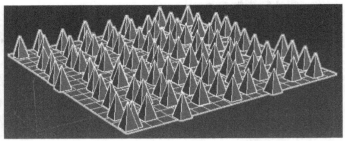
b) 散布效果

图 3-79 散布

3.3.3 图形合并

"图形合并"命令是将二维图形与三维的几何体合并在一起,具体操作如下:

在顶视图中创建长方体与星形并调节其位置,如图 3-80 所示。单击"复合对象"中的"图形合并"按钮,单击"拾取操作对象"下的"拾取图形"按钮,如图 3-81 所示。

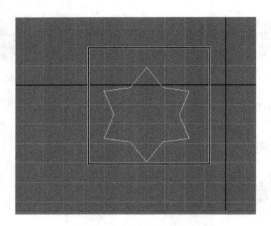

图 3-80 创建场景对象

图 3-81 图形合并

在视图中选中长方体,选择操作方式为"饼切",如图 3-82 所示。单击二维图形,完成图形合并,最终效果如图 3-83 所示。

图 3-82 饼切操作

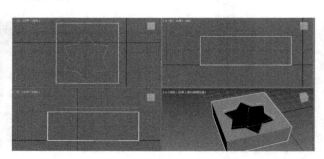

图 3-83 图形合并效果

第 3 章　创建几何体模型

3.3.4　放样

1. 普通放样

"放样"命令能够将一个二维图形沿着特定的路径生成三维对象，具体操作步骤如下：

① 在顶视图和前视图中创建星形和直线，形状位置如图 3-84 所示。

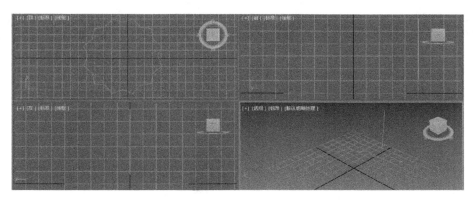

图 3-84　创建场景对象

② 选中星形，单击"复合对象"中的"放样"按钮，再单击"获取路径"按钮，如图 3-85 所示。在视图中将光标悬停在直线上，当光标变为放样图标时单击直线，效果如图 3-86 所示。

 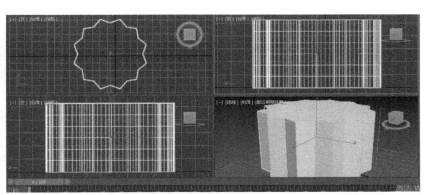

图 3-85　操作　　　　　　　　图 3-86　放样效果

2. 多截面放样

本部分以灯罩制作为例，来说明多截面放样的操作步骤：

在顶视图中绘制圆形与星形，圆形半径为 50mm，星形参数如图 3-87 所示。在前图中创建一条直线，位置如图 3-88 所示。

在视图中选中直线，单击"复合对象"中的"放样"按钮，然后再单击"获取图形"按钮，在视图中选中圆形。设置路径参数为 100，单击"获取图形"按钮，如图 3-89 所示。在视图中选中星形，效果如图 3-90 所示。

图 3-87　星形参数

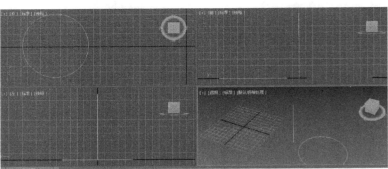

图 3-88　场景对象位置

图 3-89　放样参数

图 3-90　放样效果

保持所放样出来的物体处于选中状态下，单击"修改面板"按钮，在修改面板"变形"卷展栏中单击"缩放"按钮，如图 3-91 所示。

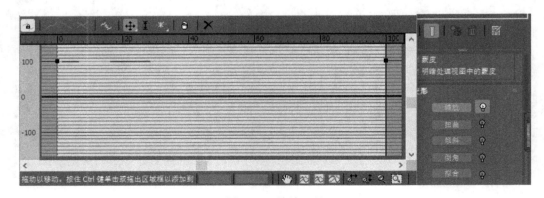

图 3-91　缩放工具

选择角点，单击右键选择"Bezier 角点"命令，如图 3-92 所示。调整曲线形态，如图 3-93 所示。最终效果如图 3-94 所示。

灯罩模型参见本章配套电子资源"实例文件"中的"灯罩.max"。

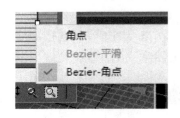

图 3-92　"Bezier 角点"命令

第3章 创建几何体模型

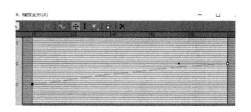

图3-93 曲线调节　　　　　　图3-94 灯罩制作效果

3.4 几何体建模综合应用——心形果盘创建

1. 果盘主体部分制作

① 在顶视图中创建半径为100mm、高度为50mm、高度分段为5、端面分段为50、边数为100的圆柱体，打开平滑（在"参数"卷展栏中勾选"平滑"复选框），如图3-95所示。

② 单击"选择并移动"按钮，选中顶视图中的圆柱体，按住〈Shift〉键将圆柱体沿着X轴复制，方式为"复制"，副本数为2。

③ 分别修改新复制的两个圆柱体参数：半径为50mm，高度分段为1。

④ 在顶视图中创建长方体，位置如图3-96a所示，参数如图3-96b所示。

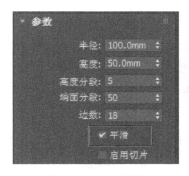

图3-95 打开平滑

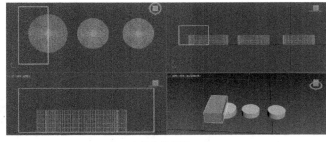

a）长方体位置　　　　　　　　　　b）长方体参数

图3-96 长方体位置及参数

⑤ 右键单击"角度捕捉切换"按钮，在弹出的对话框中设置"角度"为90°。

⑥ 单击"角度捕捉切换"和"选择并旋转"按钮（保证两个命令为启动状态）。

在顶视图中单击场景中的长方体，按住〈Shift〉键不放，使用"选择并旋转"工具将其旋转至图3-97所示位置（逆时针旋转90°），并在"克隆选项"对话框中设置参数。

⑦ 调整两个长方体与第一个圆柱体的位置。在顶视图中选中图3-98所示长方体，单击"对齐"按钮，再单击第一个圆柱体，在弹出的"对齐当前选择"对话框中设置

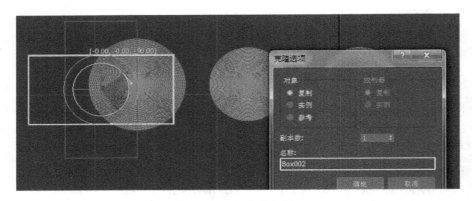

图 3-97　长方体复制

参数（见图 3-98），设置完成后单击"应用"按钮。此后勾选"Y 位置"复选框和"Z 位置"复选框，参数设置如图 3-99 所示，设置完成后单击"确定"按钮。

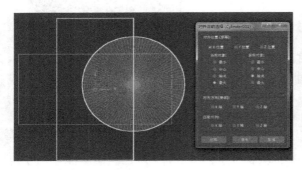
　　图 3-98　X 对齐设置

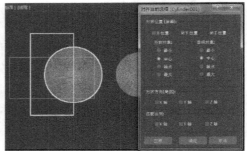
　　图 3-99　Y/Z 对齐设置

　　选中图 3-100 所示的长方体，单击"对齐"按钮，再单击第一个圆柱体，在弹出的"对齐当前选择"对话框中设置参数（见图 3-100），设置完成单击"应用"按钮。
　　此后勾选"X 位置"复选框和"Z 位置"复选框，参数设置如图 3-101 所示，设置完成单击"确定"按钮。

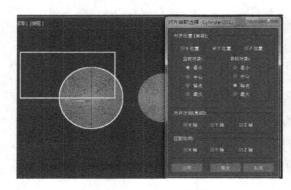
　　图 3-100　Y 对齐设置

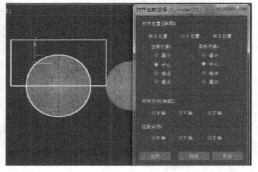
　　图 3-101　X/Z 对齐设置

⑧ 选中第一个圆柱体，单击"创建"→"复合对象"→"ProBoolean"按钮，设置参数为"差集"。单击"拾取布尔对象"卷展栏中的"开始拾取"按钮，分别拾取场景中

第 3 章　创建几何体模型

的两个长方体，单击右键结束，效果如图 3-102 所示。

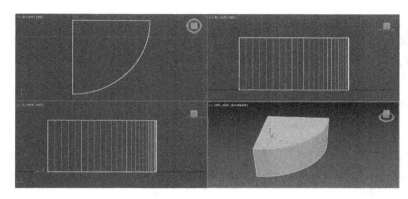

图 3-102　超级布尔效果

注意：本例的主要目的是演示 ProBoolean（超级布尔）的使用方法，因此过程略显繁琐。在实际建模过程中，如果需要得到圆柱体的四分之一，可以直接在场景中创建圆柱体，然后开启"启用切片"功能，设置切片起始位置与结束位置即可。

⑨ 在顶视图中，调整复制的两个圆柱体与扇形的位置，顶视图效果如图 3-103 所示。

⑩ 选中扇形，单击"创建"→"复合对象"→"ProBoolean"按钮，设置参数为"并集"。单击"拾取布尔对象"卷展栏中的"开始拾取"按钮，分别拾取两个圆柱体，单击右键结束，透视图效果如图 3-103 所示。

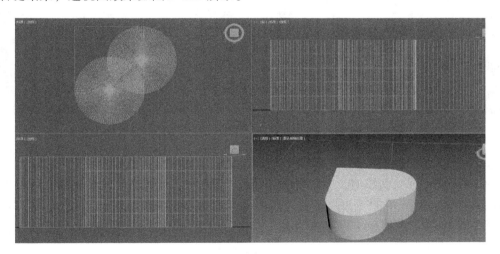

图 3-103　超级布尔并集效果

⑪ 单击选中心形，在左视图中按住〈Shift〉键沿 Y 轴复制一个。

⑫ 将复制好的心形在顶视图中均匀缩放，在各视图中调整位置，效果如图 3-104 所示。

⑬ 选中外层心形，单击"创建"→"复合对象"→"ProBoolean"按钮，设置参数为"差集"。单击"拾取布尔对象"卷展栏中的"开始拾取"按钮，拾取处于内部的心形，单击右键退出布尔命令，得到的效果如图 3-105 所示。

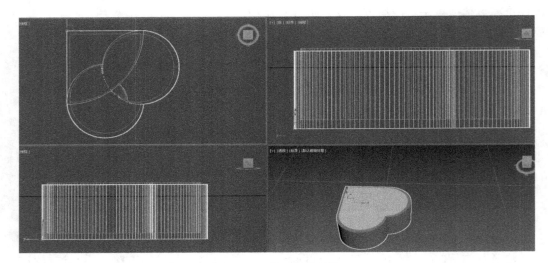

图 3-104 位置调整效果

⑭ 单击选中心形,在层次面板下单击"仅影响轴"按钮,使用"选择并移动"工具在顶视图中将心形的坐标轴调整到尖角上,如图 3-106 所示。

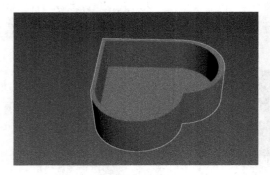

图 3-105 超级布尔差集效果

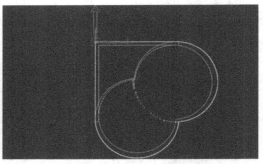

图 3-106 轴点调整

⑮ 执行"角度捕捉切换"命令和"选择并旋转"命令(保证两个命令为启动状态)。
在顶视图中选中创建的心形,按住〈Shift〉键不放,使用选择并旋转工具将心形顺时针旋转 90°,在弹出的"克隆选项"对话框中输入"副本数"为 3,如图 3-107 所示,得到的效果如图 3-108 所示。

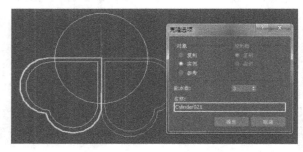

图 3-107 复制参数

图 3-108 果盘初步效果

第 3 章 创建几何体模型

2. 果盘底座制作

① 在顶视图中创建圆柱体,位置如图3-109所示,参数设置如图3-110所示。

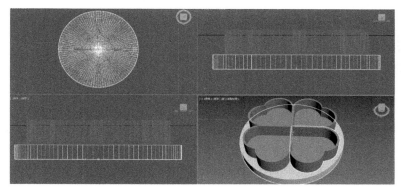 

图 3-109　底座制作　　　　　　　　　　图 3-110　参数设置

② 在左视图选中新建的圆柱体,按住〈Shift〉键沿 Y 轴复制,将复制的圆柱体半径改为160mm,其余参数不变。在视图中调整两个圆柱体的位置,如图3-111所示。再将两个圆柱进行"ProBoolean"的差集操作,效果如图3-112所示。

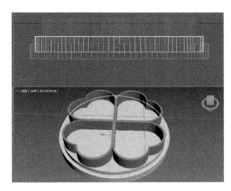 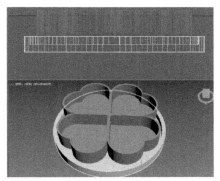

图 3-111　圆柱体位置调整　　　　　　　图 3-112　制作效果

③ 调整底座与心形果盘的位置,最终效果如图3-113所示(本书配套电子资源中提供了心形果盘的模型文件)。

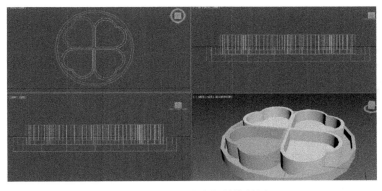

图 3-113　心形果盘制作效果

复习思考题

1. 如何进行二维图形建模？
2. 样条线顶点有哪几种类型？各有何特点？
3. 如何进行标准基本体建模？
4. 常用复合对象建模有哪些？

第 4 章 修改器建模

本章概述

在 3ds Max 2017 建模过程中，修改器起到了非常重要的作用。本章将对修改器基本知识及建模过程中的常用修改器进行介绍。

本章核心知识点

1）掌握修改器面板的设置。
2）掌握常用修改器建模方法。

4.1 修改器基本知识

本节将从添加修改器的方法、修改器面板两个方面对修改器基础知识进行介绍。

4.1.1 添加修改器的方法

1. 方法一

为场景对象添加修改器时，先在视图中选定对象，然后单击菜单栏中的"修改器"菜单，在展开的菜单中选择所需加载修改器所属的类别，然后单击选中所需修改器即可。如图 4-1 所示，为场景中的长方体加载了"转化"中的"转化为多边形"修改器。

图 4-1 "修改器"菜单

2. 方法二

给对象添加修改器的另外一种方法是在场景中选中对象，在修改面板中的下拉列表中选择"修改器列表"，如图 4-2 所示，在列表中选择所需修改器，如图 4-3 所示。

图 4-2 修改器列表

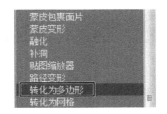

图 4-3 "转化为多边形"修改器

4.1.2 修改器面板

上述两种方法均可以为对象添加修改器，用户可以选择自己习惯的方式为对象添加修改器。在实际工作中，通过修改面板为对象添加修改器较为普遍，本节将介绍修改器面板。

1. 修改器列表

在修改面板中可以看到修改器列表，单击"修改器列表"处的下拉箭头可以展开3ds Max 2017提供的所有内置修改器。可以按照实际需要为一个对象添加多个修改器，添加的修改器将出现在修改器堆栈中。最先添加的修改器出现在修改器堆栈的最下方，最后添加的修改器出现在最上方。

修改器建模的特点之一在于为场景对象添加修改器后，其原始参数仍然得以保留。在修改器堆栈中单击场景对象，可以返回该对象的参数面板对其参数进行调整。

如图4-4所示，在修改器堆栈中单击"Rectangle"后可以返回矩形参数面板，对其参数进行调节。

此外，单击修改器堆栈中的任意修改器，都可以返回该修改器进行参数修改。如图4-5所示，单击"挤出"修改器，可以返回"挤出"修改器参数面板并按照需要对相应参数进行设置。

2. 修改器堆栈

在修改器堆栈中，可以对相应的修改器进行管理，执行复制、剪切、粘贴、删除等操作。在修改器堆栈中选中相应修改器，单击右键弹出图4-6所示快捷菜单，单击相应命令即可对修改器进行编辑。

图4-4 "长方体"修改器

图4-5 "挤出"修改器

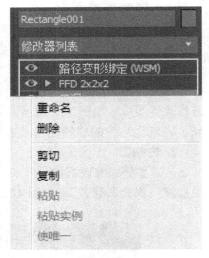

图4-6 右键快捷菜单

修改器堆栈中的每一个修改器前面都有一个眼睛图标，用以控制在场景中是否开启该修改器所产生的效果。该图标默认高亮，即启用相应修改器效果。单击该图标可以关闭修改器效果，再次单击则开启修改器效果。

图4-7和图4-8分别为开启挤出效果及关闭挤出效果的对比。

单击修改器堆栈中修改器眼睛图标右侧的图标▶，可以将该修改器展开，以便在相应层级进行操作，如图4-9所示。

第 4 章　修改器建模

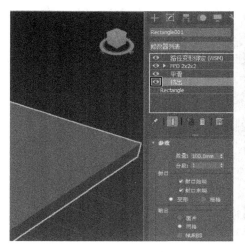 

图 4-7　开启挤出效果　　　　　　　　图 4-8　关闭挤出效果

在展开的 FFD 修改器中选择"控制点"项，场景中的对象显示出控制点，用户可以在控制点层级进行操作。

3. 修改器堆栈按钮

图 4-10 所示区域为修改器堆栈按钮区域。

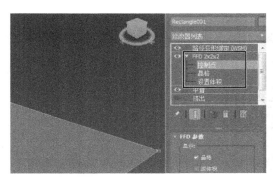 

图 4-9　展开修改器　　　　　　　　图 4-10　修改器堆栈按钮

各修改器堆栈按钮的作用如下：

(1) 锁定堆栈

单击该图标后，将修改器堆栈锁定到当前对象上，若此时在场景中选中其他对象，修改器堆栈无变化。读者可自行验证关闭锁定堆栈后再次执行同样操作的效果。该按钮默认为关闭状态。

(2) 显示最终效果

该效果默认开启，开启后可以实时查看所有修改器叠加后的最终效果。

如图 4-11 所示，在该按钮处于开启状态下，为矩形加载一系列修改器之后，返回任意一个修改器或回到场景对象层级，显示的都是最终效果。

关闭该效果后，返回对象层级仅可以看到对象本身的效果，如图 4-12 所示。

物流三维动画设计教程

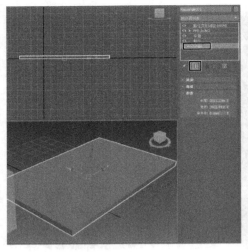

图 4-11　最终效果（开启）　　　　　图 4-12　最终效果（关闭）

（3）使唯一

当场景中所选对象是一个独立物体，与场景中其他对象不存在实例或参考关系时，该按钮不可用。

反之，当场景中所选物体与其他对象存在实例或参考关系时，单击该按钮可以确保修改器的效果只适用于当前对象，而不影响场景中其他与之有实例或参考关系的对象。

（4）从堆栈中移除修改器

使用该按钮可以将选定修改器从修改器堆栈中删除，同时，该修改器对场景对象所做的修改效果也消失。

（5）配置修改器集

使用该按钮可以按照用户使用习惯对修改器集进行个性化设置以提高工作效率，详细内容将在下文阐述。

4. 配置修改器集

在实际工作中，用户可以根据使用习惯对修改器面板进行个性化配置，以提高工作效率。

调出"配置修改器集"对话框有如下两种方式：

（1）单击配置修改器集按钮

在修改器堆栈按钮中单击配置修改器集按钮，再单击"配置修改器集"即可调出"配置修改器集"对话框，如图 4-13 和图 4-14 所示。

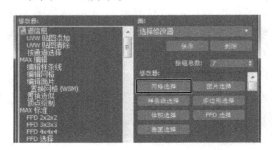

图 4-13　配置修改器集　　　　　　图 4-14　"配置修改器集"对话框

第 4 章 修改器建模

（2）右键单击修改器列表

如图 4-15 所示，将光标悬停在"修改器列表"上，单击右键并在弹出的快捷菜单中选择"配置修改器集"命令，如图 4-16 所示。

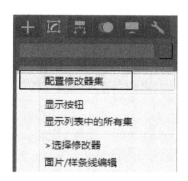

图 4-15 修改器列表　　　　　　　　图 4-16 右键快捷菜单

对修改器集进行配置的主要目的是将常用的修改器配置到修改器集中，避免在一长串修改器中来回寻找所需修改器，从而提高修改器建模的效率。

如图 4-17 所示，在"集"下拉列表中选择所需要配置的集，显示出该"集"中的修改器，如图 4-18 所示。单击按钮可以调整该"集"下的按钮总数。

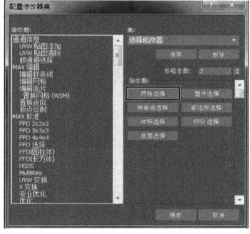

图 4-17 "选择修改器"集　　　　　　图 4-18 调节按钮数

用户可以从"配置修改器集"对话框左边拖动相应修改器到右边按钮上，若右边按钮上原来有修改器，则被新修改器覆盖。

5. 修改器塌陷命令

修改器塌陷命令可以在保留修改器效果的基础上删除修改器。执行修改器塌陷命令后，对象被转换为可编辑网格，所有修改器被删除，不能返回修改器堆栈。

修改器塌陷命令分为"塌陷到"和"塌陷全部"两种。

在场景中创建一个茶壶，为其先后加载弯曲（bend）修改器及扭曲（twist）修改器，修改器参数均保持默认。下面以该场景为例，说明两种修改器塌陷命令的区别。

(1) 塌陷到

如图4-19所示，右键单击修改器堆栈中的"Bend"，在弹出的快捷菜单中单击"塌陷到"命令，在弹出的警告对话框中单击"是"，修改器堆栈变为图4-20所示效果。可见，茶壶与弯曲命令一起被塌陷为可编辑网格，而扭曲命令不受影响。

图4-19　"塌陷到"命令　　　　　图4-20　塌陷效果

(2) 塌陷全部

在同样的场景中，在快捷菜单中单击"塌陷全部"（见图4-21），在弹出的警告对话框中单击"是"，修改器堆栈变为如图4-22所示的状态。此时，所有修改器与对象全部被塌陷为可编辑网格。

图4-21　"塌陷全部"命令　　　　图4-22　塌陷全部效果

4.2　常用修改器

本节将对建模过程中常用修改器的基本知识及其在建模中的应用进行介绍。其中UVW贴图由于与材质知识密切相关，将在材质相关章节中呈现，本章不做介绍。

第 4 章 修改器建模

4.2.1 挤出修改器

挤出修改器是常用的将二维对象转变为三维对象的修改器。挤出修改器由于操作简便、效果明显，在实际建模中使用频率较高。本部分以书架建模为例介绍该修改器。

① 使用样条线工具，在"顶视图"中创建如图 4-23 所示的线，在修改面板中单击"样条线"层级图标，进入样条线编辑层级，如图 4-24 所示。

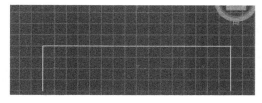 

图 4-23　创建样条线一　　　　图 4-24　"样条线"层级图标

② 设置样条线轮廓值为 5，加载挤出修改器，设置挤出值为 180。

③ 使用样条线工具，在顶视图中创建如图 4-25 所示的线，设置轮廓值为 5。为其加载挤出修改器，设置挤出值为 45。在透视图中将其移动到合适位置，效果如图 4-26 所示。

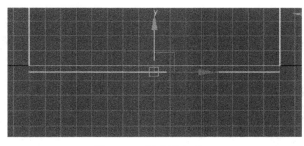 

图 4-25　创建样条线二　　　　图 4-26　样条线效果

④ 将上一步制作出的隔板复制并移动，效果如图 4-27 所示。

⑤ 在前视图中创建线，设置其轮廓值为 5，挤出值为 45，效果如图 4-28 所示。

⑥ 将上一步制作出的竖隔板进行复制并移动，效果如图 4-29 所示（模型文件见本书提供的配套电子资源）。

 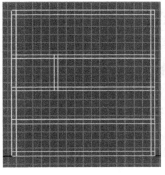 

图 4-27　隔板复制效果　　　图 4-28　竖隔板效果　　　图 4-29　书架效果

4.2.2 车削修改器

1. 车削修改器基本知识

车削修改器可以将选定的图形或曲线围绕特定坐标轴旋转以生成三维模型。对于某些具有轴对称结构的物体而言,使用车削修改器可以实现良好的建模效果。车削修改器的常用参数如下:

(1) 度数

用来设置对象围绕选定坐标轴旋转的角度,范围为 0°~360°,默认值为 360°。在前视图中创建矩形,如图 4-30 所示;为其加载车削修改器,设置方向为 X 轴,如图 4-31 所示。

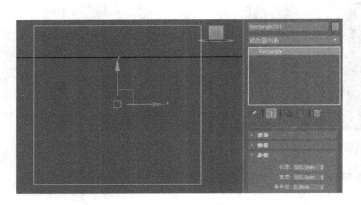

图 4-30　矩形参数　　　　　　　图 4-31　车削修改器参数

图 4-32 和图 4-33 分别为度数设置为 360°和 90°时的效果。

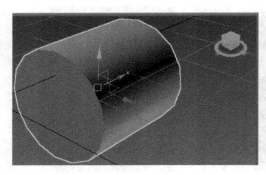
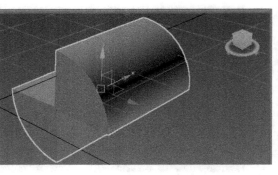

图 4-32　360°车削效果　　　　　　图 4-33　90°车削效果

第4章 修改器建模

焊接内核：勾选该复选框（见图4-31），可以去除车削时产生的乱面。

翻转法线：勾选该复选框（见图4-31），可以使对象的法线外翻。

（2）封口

当车削度数小于360°时，使用该参数可以控制是否在车削对象内部创建封口。读者可自行验证采用封口与取消封口的效果。

（3）方向

该参数用来设置选定对象沿哪个轴旋转，对同一对象选定不同的旋转轴，所得效果不一样。

图4-34～图4-36所示为在前视图中创建的矩形在角度为90°、封口的情况下，方向分别为X轴、Y轴、Z轴的效果。

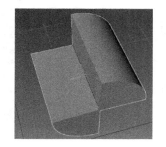 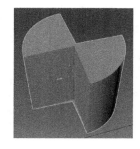 

图4-34　X轴车削　　　　图4-35　Y轴车削　　　　图4-36　Z轴车削

（4）对齐

该参数用来设置选定对象在旋转时的对齐方式，共有最大、中心和最小三个选项。选定不同的对齐方式，所得的车削效果完全不一样。

2. 车削修改器建模实例——花盆

① 在前视图中利用"样条线"命令绘制出花盆的基本轮廓，将该样条线的轮廓设置为10mm，所得效果如图4-37所示。

② 花盆口的边缘是圆滑的，在前视图中选中有轮廓的线条，在修改面板中单击"点"层级图标，给花盆的边缘插入5个点，如图4-38所示。

③ 在前视图中分别选中这5个点，使用"选择并移动"工具把花盆边缘修改得圆滑一些，修改后的线条如图4-39所示。

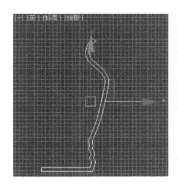 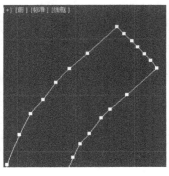 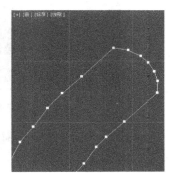

图4-37　花盆样条线效果　　　图4-38　插入顶点　　　　图4-39　调节顶点

④ 在前视图中选中图形，为其加载车削修改器，默认参数下的车削效果如图 4-40 所示。

⑤ 这个三维模型显然不是理想的花盆，需要对其参数进行修改。

修改方法一：在修改面板中，将度数改为 360°，方向参数选择"Y"轴，对齐参数选择"最小"，透视图中调节后的车削效果如图 4-41 所示。

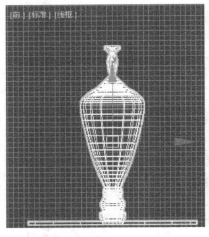

图 4-40　默认参数下的车削效果　　　图 4-41　调节后车削效果

修改方法二：在层次面板中单击"仅影响轴"按钮，在前视图中将样条线的轴移动到图 4-42 所示位置。

⑥ 关闭"仅影响轴"命令，再返回修改器堆栈中单击车削修改器查看结果。

⑦ 为所得模型加载网格平滑修改器，迭代 5 次，平滑度为 1，效果如图 4-43 所示。

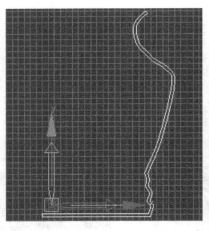

图 4-42　调节轴位置　　　图 4-43　花盆效果

花盆模型文件可在本书配套电子资源中获取。

4.2.3　平滑修改器

平滑修改器可以产生平滑效果，在实际建模过程中一般配合其他修改器使用。在应

第 4 章　修改器建模

用其他修改器之后，使用平滑修改器使模型整体产生平滑效果。

本部分以芒果建模为例，说明平滑修改器的使用。

① 使用球体工具，创建一个球体，半径为 20mm，分段为 8，关闭平滑。

② 选择球体，单击右键，转换为可编辑多边形。如图 4-44 所示，进入顶点层级。在左视图中使用"选择并移动"工具将对应顶点移动到图 4-45 所示位置。

③ 在修改器列表中选择"网络平滑"，细分量迭代次数为 2，效果如图 4-46 所示。

 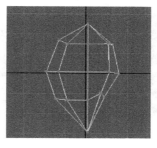 

图 4-44　可编辑多边形"顶点"层级　　　图 4-45　调节顶点位置　　　图 4-46　制作效具

4.2.4　壳修改器

1. 壳修改器基本知识

壳修改器能使对象的内外两面根据需要挤出，产生厚度。本部分以物流设备中输送机支腿的建模为例，来说明壳修改器的使用。

① 在顶视图中创建长 200mm、宽 100mm、高 650mm 的长方体。

② 将该长方体转化为可编辑多边形，进入"多边形"层级，按住〈Ctrl〉键选择如图 4-47 所示的三个面，按〈Delete〉键删除。

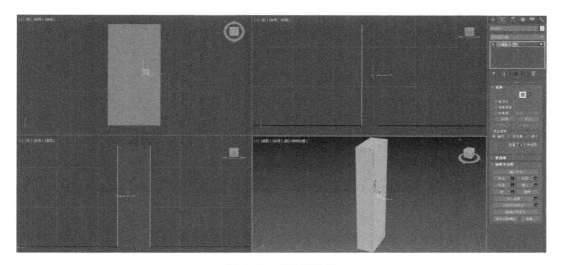

图 4-47　多边形选择

③ 取消子对象层级的选择，单击删除多边形后的对象，加载壳修改器，如图 4-48 所示，设置外部量为 20。

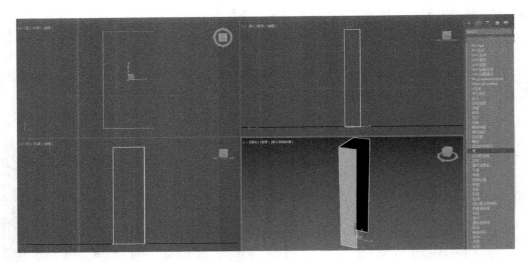

图 4-48　加载壳修改器

所得图形可以作为输送机支腿的主要组成部件。关于输送机建模过程，后续相关章节会进行详细阐述。

2. 壳修改器建模实例——创意花盆

① 在顶视图中创建半径为 500mm，分段为 12 的球体。按〈F4〉键将视图切换为"线框"模式。

② 将该球体转换为可编辑多边形。进入"顶点"层级，框选前视图中的底部顶点，使用"选择并移动"工具，将其沿 Y 轴方向向上移动到图 4-49 所示位置。

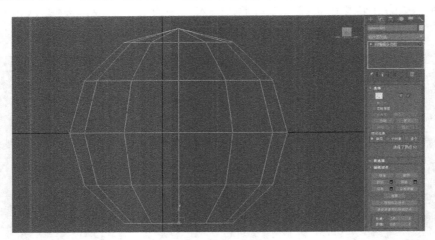

图 4-49　顶点调节效果

③ 进入"多边形"层级，选中如图 4-50 所示的多边形，按〈Delete〉键删除。

④ 进入"顶点"层级，用"选择并移动"工具对被删除的多边形附近的顶点进行移动调整，效果如图 4-51 所示。

⑤ 取消所有子层级的选择，添加壳修改器，设置外部量为 20mm，效果如图 4-52 所示。

第 4 章 修改器建模

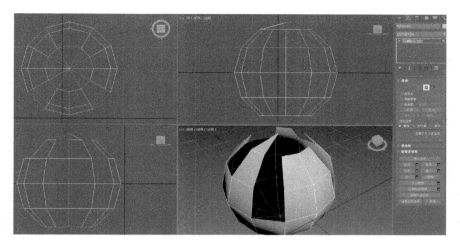

图 4-50 多边形删除效果

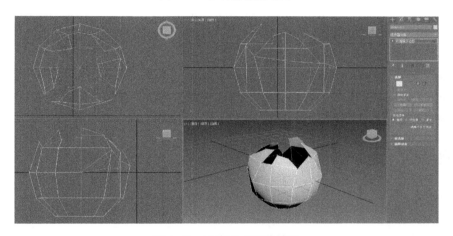

图 4-51 二次顶点调节效果

⑥ 单击"AEC 扩展"→"植物"按钮,在顶视图中创建植物,参数如图 4-53 所示。

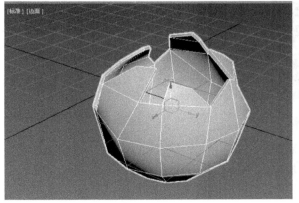 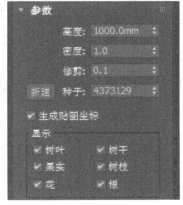

图 4-52 加载壳修改器　　　　　　　　图 4-53 植物参数

物流三维动画设计教程

⑦ 使用"选择并移动"工具调整植物与花盆的位置，最终效果如图4-54所示。使用同样的方法创建出其他花盆，效果如图4-55所示。

图4-54 制作效果一

图4-55 制作效果二

创意花盆模型文件可在本书配套电子资源中获取。

4.2.5 弯曲修改器

Bend（弯曲）修改器能够将场景对象在相应轴向上进行弯曲。

弯曲修改器的参数主要包括弯曲、弯曲轴和限制三组，其作用和意义如下：

1. 弯曲

1）角度：控制模型弯曲的度数，该度数为对象被弯曲后上下截面延伸后构成的夹角。

在顶视图中创建一个长为20mm、宽为20mm、高为800mm、高度分段为50的长方体，加载弯曲修改器。图4-56与图4-57所示为在默认参数下，弯曲角度分别为90°与180°时的效果。

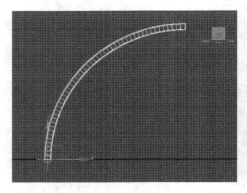

图4-56 弯曲角度90°

图4-57 弯曲角度180°

需要特别注意的是，当对象的分段为1时，不能产生弯曲效果。本例中为了产生良好的弯曲效果，设置该长方体的高度分段为50，读者可以自行验证不同分段下该长方体的弯曲效果。

2）方向：用于设置对象弯曲效果产生的方向。图4-58与图4-59所示分别为上述长方体在弯曲角度为180°时，弯曲方向分别为0°与90°的效果。

第 4 章　修改器建模

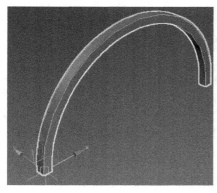
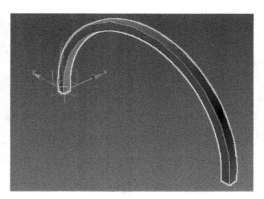

图 4-58　弯曲方向 0°　　　　　　　　图 4-59　弯曲方向 90°

2. 弯曲轴

该参数用来设置对象产生弯曲作用的轴向，图 4-60 ~ 图 4-62 所示为以上长方体在角度为 90°、方向为 90°时，弯曲轴分别为 X 轴、Y 轴、Z 轴的效果。

 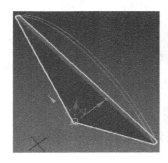 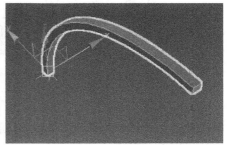

图 4-60　弯曲轴为 X 轴　　　图 4-61　弯曲轴为 Y 轴　　　图 4-62　弯曲轴为 Z 轴

3. 限制

该参数用来给弯曲效果加以限制。在限制范围内，弯曲会起作用；超出限制范围，弯曲不起作用。

1）上限：用于设置所选对象轴心点以上的部分，该部分在设置弯曲范围内受弯曲作用影响。

2）下限：用于设置所选对象轴心点以下的部分，该部分在设置弯曲范围内受弯曲作用影响。

要使用限制功能，需要勾选"限制效果"复选框。

图 4-63 和图 4-64 所示为上述长方体在上限分别为 400mm 和 800mm 时的效果。

4. 弯曲修改器的 Gizmo 与中心

在修改器堆栈中，单击弯曲修改器前的符号▶，可以展开弯曲修改器，分为"Gizmo"与"中心"两个层级。

1）"Gizmo"层级：如图 4-65 所示，单击"Gizmo"，进入弯曲修改器"Gizmo"层级。此时，视图中高亮部分即为弯曲修改器的 Gizmo，使用"选择并移动"工具移动 Gizmo，可以看到对象的弯曲效果产生了变化。

物流三维动画设计教程

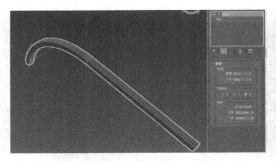
图4-63　弯曲上限设为400mm

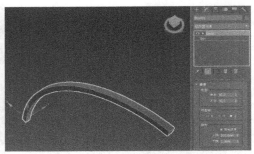
图4-64　弯曲上限设为800mm

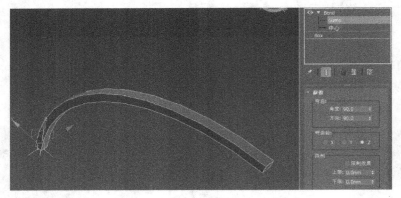

图4-65　弯曲修改器"Gizmo"层级

2)"中心"层级：如图4-66所示，单击"中心"，进入弯曲修改器的"中心"层级。此时，视图中高亮部分即为弯曲修改器的中心，使用"选择并移动"工具移动中心，可以看到对象的弯曲效果产生了变化。

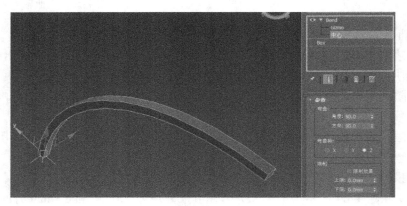

图4-66　弯曲修改器"中心"层级

4.2.6　FFD修改器

1. FFD修改器基本知识

FFD为自由变形修改器，包括FFD2x2x2、FFD3x3x3、FFD4x4x4、FFD长方体及FFD圆柱体几种。在为场景对象加载FFD修改器后，对象被晶格框包住，调整晶格控

第 4 章 修改器建模

制点的位置可以调整对象形状。

2. FFD 修改器常用参数

FFD 修改器参数面板基本相同，在此以 FFD 长方体修改器为例讲解其参数面板。

在顶视图中创建一个长宽都为 200mm、高为 50mm 的长方体，为其加载 FFD 长方体修改器，如图 4-67 所示。在修改器堆栈中展开 FFD 长方体修改器后，可看到其涵盖控制点、晶格和设置体积三个层级，如图 4-68 所示。

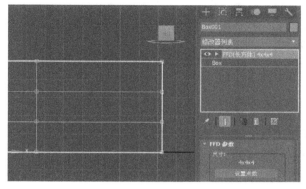

图 4-67　加载 FFD 长方体修改器

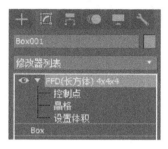

图 4-68　FFD 长方体修改器层级

下面介绍 FFD 长方体参数面板的常用参数，如图 4-69 所示。

（1）尺寸

默认尺寸为 4×4×4，单击"设置点数"，弹出"设置 FFD 尺寸"对话框，可以根据需要在"长度""宽度""高度"参数框中设置点数。

图 4-70 和图 4-71 所示为尺寸为 4×4×4 及 3×3×3 时场景中长方体晶格控制点的效果。

图 4-69　FFD 修改器参数面板

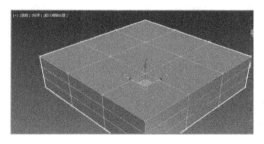

图 4-70　FFD4×4×4 修改器

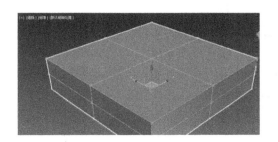

图 4-71　FFD3×3×3 修改器

(2) 显示

1) 晶格：默认"晶格"复选框勾选，此时有线条将控制点连接起来形成栅格。图 4-72 所示为勾选了"晶格"复选框及取消勾选该复选框时场景中长方体的效果。

 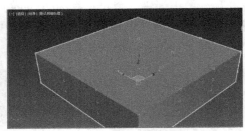

a) 晶格效果   b) 取消晶格效果

图 4-72 晶格

2) 源体积："源体积"复选框在勾选（表示源体积打开）状态下，能够显示控制点和晶格的原始未修改状态，默认为未勾选状态。

如图 4-73 所示，在前视图中框选相应控制点，使用"选择并移动"工具将其向上移动，效果如图 4-74 所示。

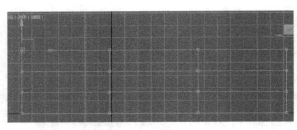 

图 4-73 选择控制点   图 4-74 调节控制点

图 4-74 所示为源体积关闭的效果；而勾选"源体积"复选框的效果如图 4-75 所示。

可以看到，在勾选"源体积"复选框后，即使对象在场景中已经发生变形，对象的晶格和控制点也还是处在原始状态。而在图 4-74 中，晶格和控制点随着对象的变化而变化。

(3) 变形

1) 仅在体内：勾选后，只有位于源体积内的顶点才会变形，其他顶点不会变形。

2) 所有顶点：勾选后，位于源体积内部和外部的所有顶点都会变形，具体取决于衰减微调器中设置的数值。

当勾选"所有顶点"时，衰减微调器可用。该微调器决定当 FFD 效果减为零时距晶格的距离。具体来说，当微调器中的数值设置为 0 时，微调器实质处于关闭状态，无衰减。所有顶点无论距离晶格多远，都会受到影响。

(4) 选择

本部分提供了快速选择多个控制点的方法，包含全部 X、全部 Y、全部 Z 三种方式，如图 4-76a 所示。

第 4 章　修改器建模

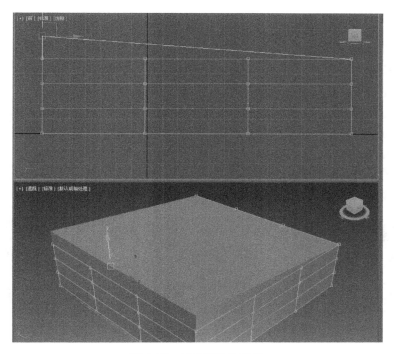

图 4-75　开启源体积效果

打开其中一个按钮并选择目标控制点时，沿着按钮指定的相应维度，所有控制点都被选中。图 4-76b 所示为在"全部 X"模式下选中目标点的效果，X 维度上所有控制点都被选中。

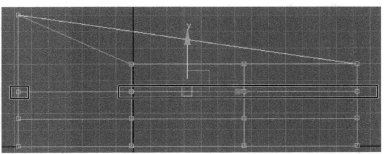

a) 控制点选择方法　　　　　　　　　　　　b) 全部X选择效果

图 4-76　选择

打开任意两个按钮，可以选中两个相应维度上的所有控制点，同理，可以打开三个按钮，以选中三个维度上的所有控制点。

（5）控制点

1) 重置：单击该按钮，所有控制点将被重置到原始状态。

2) 全部动画：单击该按钮后，可以将控制器指定给所有控制点，从而在轨迹视图中可见。

4.2.7 路径变形修改器

1. 路径变形修改器基本知识

路径变形修改器可以让场景对象根据绘制的路径进行延伸扩展。路径变形修改器有世界空间修改器下的路径变形（WSM）和对象空间修改器下的路径变形。两者功能相同，通常情况下选用世界空间修改器下的路径变形（WSM）。这是因为，该命令下系统默认目标体的中心点与绘制路径起点对齐，操作简便，而后者还需手动调整目标体的中心点与绘制路径起点。

2. 路径变形修改器操作方法

1) 创建路径：使用样条线中的"线"工具在前视图中创建图 4-77 所示图形。

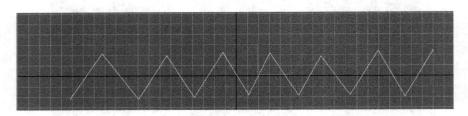

图 4-77 创建样条线

2) 路径编辑：使用"选择并移动"工具选中创建好的样条线，在修改面板"选择"展卷栏下单击"顶点"层级图标，框选整条样条线，选中所有顶点。打开平滑。

3) 路径变形对象的创建：在前视图中创建长方体，创建参数及效果如图 4-78 所示。

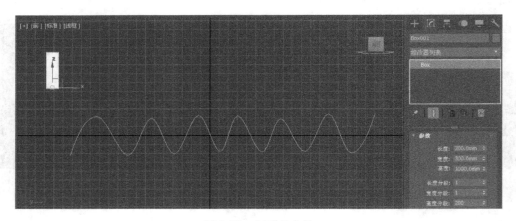

图 4-78 创建长方体

创建体的延伸方向分段数值要高，以便在弯曲的路径中拉伸出的目标体整体平滑，不出现较多突兀的分段效果。如本例中要拉伸方向为高度方向，所以高度方向分段数设置为 200。

需要注意的是：本例中长方体的创建参数可随意设置，但长方体拉伸方向的最大纵向截面尺寸不要超过创建路径的曲线半径，如图 4-79 所示。

第 4 章　修改器建模

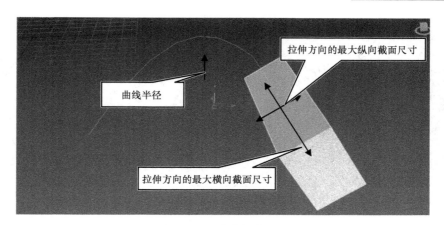

图 4-79　长方体拉伸方向

图 4-80 所示为在此方向上的路径变形效果。

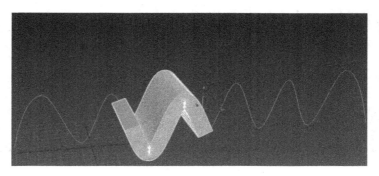

图 4-80　路径变形效果

4）加载路径变形修改器：如图 4-81 所示，在场景中选中长方体，为其加载路径变形（WSM）修改器，单击"拾取路径"按钮，单击所绘制的样条线，再单击"转到路径"按钮即可。

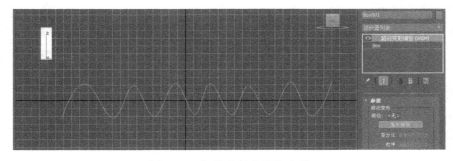

图 4-81　加载路径变形修改器

5）设置"百分比"后的数值：（按三角加减，也可直接输入数值），即可将目标放置于路径中，如图 4-82 所示。

百分比数值控制的是目标体起始位置于绘制路径的百分比，图 4-83 所示百分比为 10，表示目标体在路径中的起始位置为绘制路径 10% 的位置。

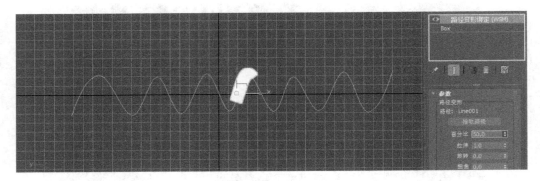

图 4-82　设置路径百分比

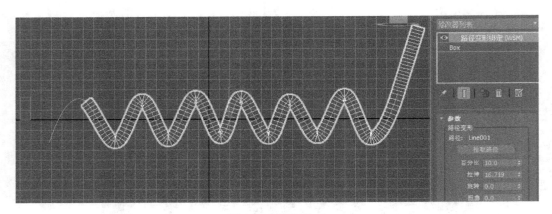

图 4-83　路径效果

6）设置拉伸后的数值：按数值框后的三角或直接输入数字，即可让目标体沿路径延伸，如图 4-84 所示。扭曲设置同此。

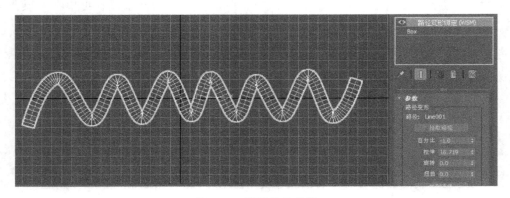

图 4-84　设置拉伸参数

拉伸的数值表示被拉伸方向上的段数被放大的倍数。拉伸数值不宜过大，否则会造成目标体变形。

在实际项目中，一般配合动画来呈现管道的伸缩过程。

第 4 章 修改器建模

复习思考题

1. 为场景对象添加修改器有哪些方法？
2. 修改器堆栈中有哪些按钮？各有什么作用？
3. 挤出修改器的作用是什么？
4. 车削修改器应用于何种建模场景？
5. 在使用弯曲修改器时，有时不能出现弯曲效果，原因是什么？如何解决？

第 5 章 多边形建模

本章概述

多边形建模以其较强的灵活性而在实际工作中应用较广，是建模环节中的核心内容和技能。本章主要从可编辑多边形对象的转换方法、可编辑多边形常用命令以及可编辑多边形建模实例综合应用等方面对多边形建模的方法及应用进行介绍。

本章核心知识点

1）掌握可编辑多边形的转换方法。
2）掌握可编辑多边形的常用命令。
3）掌握可编辑多边形的建模技巧。

5.1 可编辑多边形的转换方法

可编辑多边形常用的转换方法有四种：右键快捷转换、修改器转换、修改器堆栈转换、使用石墨工具转换。本节将对这四种转换方法进行介绍。

5.1.1 右键快捷转换

右键单击编辑对象，在弹出的快捷菜单中选择"转换为"→"转换为可编辑多边形"命令，如图 5-1 所示。

经该方法转换来的多边形，其创建参数将全部丢失。

图 5-1 右键快速转换

5.1.2 修改器转换

修改器命令可分别在菜单栏和命令面板中的修改面板中找到，因此利用修改器转换也存在两种途径：

方法一：在场景中选中对象，在菜单栏中选择"修改器"→"网格编辑（M）"→"编辑多边形"命令，如图 5-2 所示。

方法二：在场景中选中对象，在修改面板中的"修改器列表"中选择"编辑多边形"，如图 5-3 所示。

使用以上两种方法转换来的多边形，其创建参数将保存下来。在修改器堆栈中，单击场景对象名称能够返回对象层级，可对其初始创建参数进行更改。

第 5 章　多边形建模

 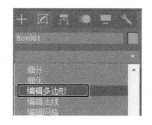

图 5-2　修改器菜单转换　　　　图 5-3　修改器控制面板转换

5.1.3　修改器堆栈转换

在场景中选中对象，在修改面板下，右键单击修改器堆栈的任意位置，在弹出的快捷菜单中选择"可编辑多边形"命令，如图 5-4 所示。经该方法转换来的多边形，其创建参数将全部丢失。

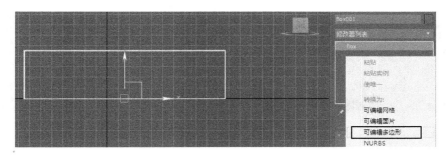

图 5-4　修改器堆栈转换

5.1.4　使用石墨工具转换

1. 调出石墨工具

在介绍如何使用石墨工具将场景对象转换为可编辑多边形之前，需要先介绍如何调出石墨工具。

（1）使用工具栏调出

单击工具栏中的"切换功能区"按钮 ，调出石墨工具，如图 5-5 所示。

图 5-5　使用工具栏调出石墨工具

（2）使用右键快捷菜单调出

右键单击工具栏空白处，在弹出的快捷菜单中选择"Ribbon"命令（如图 5-6 所示),也可以调出石墨工具。

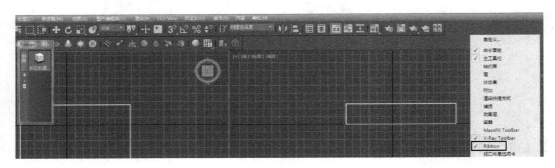

图5-6　右键快捷菜单调出石墨工具

调出石墨工具后,可以将光标悬停在视图中的"Ribbon"浮动框上,按住左键,拖动其向工具栏移动,可将石墨工具固定在视图上方,如图5-7所示。

图5-7　固定石墨工具

2. 使用石墨工具转换多边形

在场景中选中对象,在石墨工具主工具栏区域的"建模"选项卡中,单击"多边形建模"按钮,如图5-8所示,在展开的"多边形建模"选项中单击"转化为多边形"按钮,如图5-9所示。

图5-8　石墨工具多边形建模

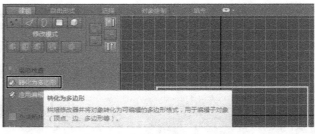

图5-9　石墨工具转换多边形

经该方法转换来的多边形,其创建参数也将全部丢失。

5.2　可编辑多边形

将场景中的对象转换为可编辑多边形后,可根据建模需求在相应的子对象层级中对该可编辑多边形进行编辑。

第 5 章 多边形建模

5.2.1 多边形子对象

1. 可编辑多边形的五种子对象

将对象转换为可编辑多边形后,命令面板将自动跳转到修改面板,此时可以看到可编辑多边形下有五种子对象(或称为层级)。从左往右的红色图标分别是"顶点"子对象/层级、"边"子对象/层级、"边界"子对象/层级、"多边形"子对象/层级和"元素"子对象/层级。

2. 编辑可编辑多边形

在场景中选中要编辑的对象,用前面四种转换方法的任意一种将其转换为可编辑多边形。单击"子对象"层级图标,此时相应"子对象"层级为黄色高亮,表明当前可编辑多边形处于该层级,图 5-10 表示当前可编辑多边形处于"多边形"层级。

图 5-10 "多边形"层级

之后再在视图中选择需要编辑的对象,再选择对应的命令进行编辑即可。如保持当前对象处于"多边形"层级下,在透视图中选中如图 5-11 所示的多边形。

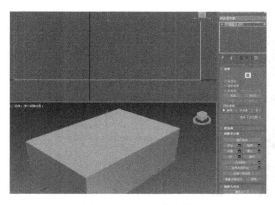

图 5-11 多边形选择

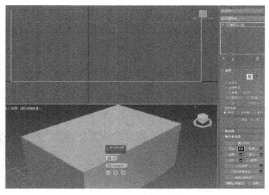

图 5-12 挤出参数设置

单击"挤出"按钮后的挤出参数设置框,将挤出参数设置为如图 5-12 所示,单击"√"按钮,则选中多边形被挤出 10mm。

当选择不同的层级进行编辑时,可编辑多边形的参数面板也会发生相应改变。在不同层级中对可编辑多边形进行编辑时,不变的卷展栏命令是"软选择""编辑几何体""绘制变形"。

5.2.2 "选择"卷展栏

在对可编辑多边形进行编辑时,首先需要选择编辑的子对象层级。由于"选择"卷展栏在每个子对象层级中都会出现,所以在此统一介绍。每个子对象层级常用的卷展栏会在后面的章节中依次介绍。

1. 按顶点

该选项在"顶点"层级下不可用,如图 5-13 所示,即当处于"顶点"层级时,该选项是灰色的。

在其余四种层级下启用该选项(勾选"按顶点"复选框)后,选中某顶点即可选中与该顶点连接的所有子对象。在"边"层级下选中一个顶点,效果为选中与该顶点相连的三条边,如图 5-14 所示。

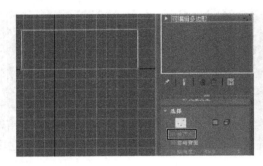 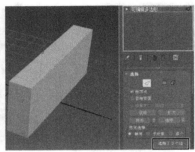

图 5-13　"按顶点"命令　　　　　图 5-14　按顶点选中边

同理,在"多边形"层级下选中一个顶点,勾选"按顶点"复选框,则与该顶点相邻的三个多边形被选中。在进行多边形建模时,根据实际情况灵活使用该工具,能够提升建模效率。

2. 忽略背面

启用该选项后,选择的子对象区域将忽略背面区域。在实际建模过程中,若不想选中背面的区域,则可勾选该复选框。

如图 5-15 所示,勾选"忽略背面"复选框,在前视图中框选所有顶点,可以看到该球体上背面的点没有被选中。

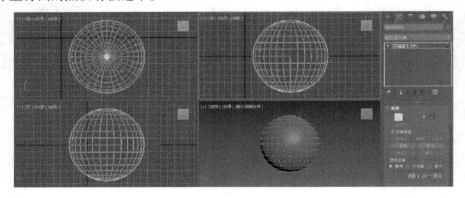

图 5-15　忽略背面效果

第 5 章 多边形建模

3. 按角度

该选项只能用在"多边形"层级中,在其他层级下,该选项为灰色(不可用)。

启用该选项后,如果选择一个多边形,则会基于设置的角度自动选择相邻的多边形。

例如,图 5-16 所示为未勾选"按角度"复选框时选中其中一个面的效果,图 5-17 所示为勾选该复选框并设置角度后,执行相同操作的效果。

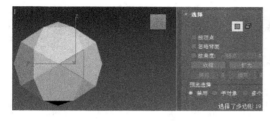 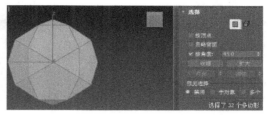

图 5-16　初始选择效果(面)　　　　图 5-17　按角度选择效果

4. 收缩

在已经建立选择区域的前提下,单击一次该按钮,选区范围向内减少一圈对象。

图 5-18 所示为在勾选"忽略背面"复选框前提下,框选顶视图中所有点的效果图可以看到,上半部分的点都选中了;图 5-19 所示为在图 5-18 的选区上连续单击 3 次"收缩"按钮的效果可以看到,被选中的点少了 3 圈。

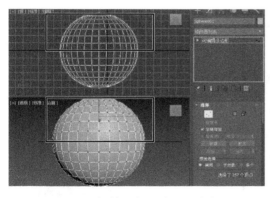 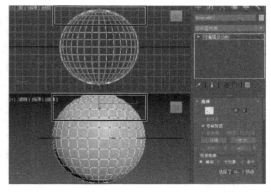

图 5-18　初始选择区域(所有点)　　　图 5-19　收缩选择效果

5. 扩大

在已经建立选择区域的前提下,单击一次该按钮,选区范围向外增加一圈对象,效果与"收缩"相反。

6. 环形

该工具只能在"边"层级和"边界"层级中使用。以选择的边为基准,平行扩展选择区域。图 5-20 所示为在"边"层级下,选中球体中一小段边;图 5-21 所示为在图 5-20 的基础上单击"环形"按钮的效果。

熟练使用"环形"功能可以在多边形中快速选中一组边并进行进一步操作,从而提高工作效率。

物流三维动画设计教程

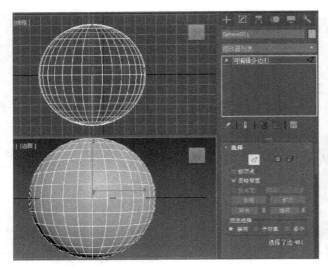

图 5-20　初始选择效果（边一）

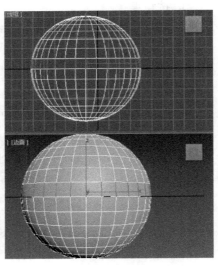

图 5-21　环形选择效果

7. 循环

该工具同样只能在"边"层级和"边界"层级中使用，效果为以选择的边为基准，向两端延伸选择区域。图 5-22 所示为在"边"层级下，选中球体中的一小段边；图 5-23 所示为在图 5-22 的基础上单击"循环"按钮的效果。

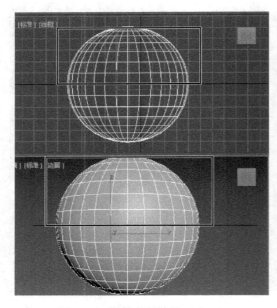

图 5-22　初始选择效果（边二）

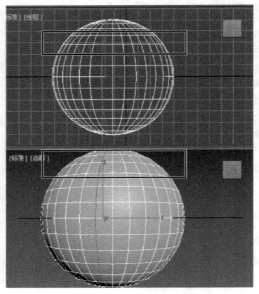

图 5-23　循环选择效果

8. 预览选择

在选择相应子对象前，开启该选项可以预览光标滑过处的子对象，有"禁用""子对象"和"多个"三个选项可供选择。

5.3 编辑多边形子对象的常用命令

在场景中将对象转换为可编辑多边形后,可以通过对象的不同子对象来对其进行编辑。每个子对象对应相应的编辑命令,这些编辑命令既有共通之处,也有其独特之处。下面依次介绍对各个子对象进行编辑时常用的命令,其中共用的命令在最常用到它的子对象下进行介绍。

5.3.1 编辑顶点

将场景对象转换为可编辑多边形后,单击"顶点"图标即可进入"顶点"层级对场景对象进行编辑,此时视图中对象的所有顶点将被显示出来,如图5-24所示。

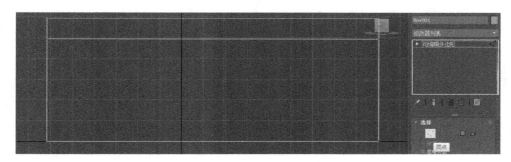

图 5-24 多边形"顶点"层级

在"顶点"层级编辑完毕后,单击"顶点"图标退出"顶点"编辑模式。

此外,大键盘上的数字〈1〉键为"顶点"模式快捷键,可以按数字〈1〉键进入"顶点"编辑模式,再按退出该模式。

1. 常用编辑命令

(1) 移除

使用该命令可将选中的顶点移除,与该顶点有连接关系的线也被移除。

在视图中创建一个球体,将其转换为可编辑多边形,进入"顶点"层级,选择图5-25所示顶点,单击"移除"按钮,效果如图5-26所示。

删除操作与移除操作不同,选中同样的点,执行删除操作(即直接按键盘上的〈Delete〉键),效果如图5-27所示。

 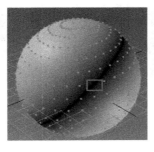 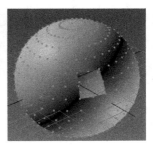

图 5-25 初始顶点选择　　图 5-26 顶点移除效果　　图 5-27 顶点删除效果

注意：读者容易混淆"删除"与"移除"的效果，具体来说，"删除"与"移除"（Delete）的区别为：删除顶点后，其顶点支撑的多边形将被一起删除；而移除顶点后，原顶点支撑的几个多边形会成为一个新的多边形。

（2）断开

一个顶点可断开成几个点，断开后获得的点的个数由原顶点连接的多边形个数来确定。

如图 5-28 所示，选择图中所示顶点，单击"断开"按钮。由于该长方体顶点位于长方体三个面的交汇处，所以执行"断开"命令后，此处将变成三个顶点，用户可以框选该点，此时右侧"选择"卷展栏下提示"选择了 3 个顶点"。

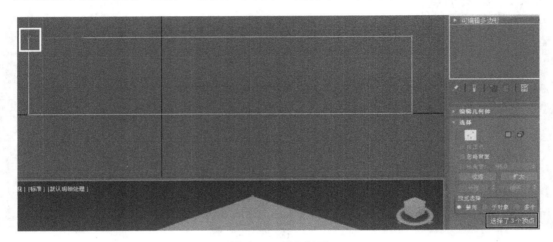

图 5-28　顶点断开

上述操作在"点"层级看不出效果，是因为这三个点重合为一点，给读者此处还是只有一个点的错觉。为了便于读者理解，我们将该顶点断开后，在"多边形"层级下对执行"断开"操作的顶点的相邻面进行移动，效果如图 5-29 所示。通过此图可以了解到，原来只有一个顶点的地方已经断开为三个顶点。

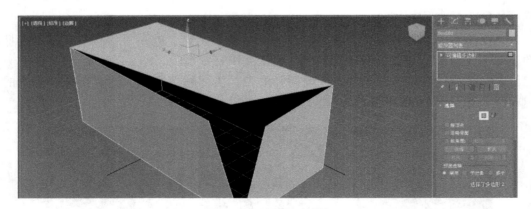

图 5-29　顶点断开效果

（3）焊接

"焊接"命令可把在一定范围（即焊接阈值）内的几个点焊接在一起。

第 5 章　多边形建模

选择需要焊接在一起的顶点，单击"焊接"按钮后的参数设置按钮，如图 5-30 所示。调节焊接阈值，单击"确定"按钮，三个选中的顶点即被焊接在一起，如图 5-31 所示。

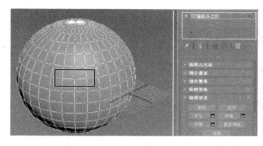 

图 5-30　选择焊接顶点　　　　　　　　图 5-31　顶点焊接效果

注意：在执行"焊接"时，要根据焊接点之间的距离设置合适的焊接阈值，若需要焊接的点之间距离超出所设置的焊接阈值，则不能成功焊接。

（4）挤出

对选定顶点执行该命令，可将该顶点挤出相应的高度与宽度。

选择需要挤出的顶点，单击"挤出"按钮后的参数设置按钮，根据需要设置挤出的高度和宽度。图 5-32 所示为选中一个顶点后执行"挤出"后的效果。

图 5-32　顶点挤出效果

（5）连接

"连接"可在两点之间创建一条线。在"点"层级下，选择图 5-33 所示两个点，单击"连接"按钮，效果如图 5-34 所示。可以看到，两个顶点之间已经新连接出一条线。

图 5-33　连接顶点选择　　　　　　　　图 5-34　顶点连接效果

(6) 切角

如图 5-35 所示，选定需要执行"切角"的点，单击"切角"按钮后的参数设置按钮，设置切角参数后即可对选定顶点执行切角操作。

图 5-35　顶点切角操作

除设置切角参数实现切角效果外，还可使用鼠标执行切角操作，步骤如下：
① 单击选择需要执行切角操作的顶点。
② 单击"切角"按钮。
③ 回到建模界面，捕捉到选中的点，此时光标变为"切角"标志。
④ 按住鼠标左键拖动即可实现切角操作。
需要注意的是，该方式无法精确确定切角的数量。

(7) 附加

"附加"命令可将多个对象附加为一个对象，附加前独立的对象都将成为附加后对象的元素。选中操作对象，单击"附加"按钮，然后选择要与之附加在一起的对象即可。

(8) 目标焊接

"目标焊接"命令可以将一个点焊接到目标点上：单击"目标焊接"按钮，选中需要焊接的点，再单击目标焊接点。图 5-36 所示为将长方体右上角的顶点通过"目标焊接"命令焊接到右下角的效果。

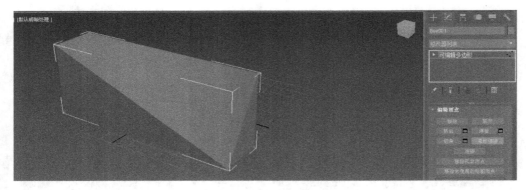

图 5-36　目标焊接效果

2. 建模实例——创意花瓶

① 在场景中创建一个茶壶，半径为 60mm，分段为 7，茶壶部件只包含壶体。

第 5 章　多边形建模

② 选中所创建的茶壶，使用"选择并均匀缩放"工具在顶视图和前视图中分别沿 X 轴和 Y 轴进行缩放，效果如图 5-37 所示。

③ 将对象转换为可编辑多边形，切换到前视图中进入"顶点"层级，按〈F4〉键切换到线框显示模式。使用"选择并移动"和"选择并均匀缩放"工具将顶点调整为图 5-38 所示效果。

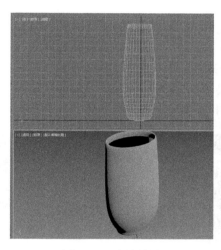
图 5-37　缩放效果

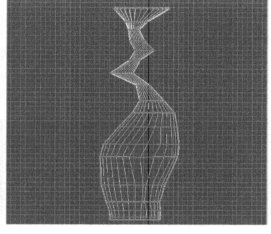
图 5-38　顶点移动效果

④ 单击"顶点"层级图标，退出"顶点"编辑模式。单击选中花瓶，为其加载一个网格平滑修改器，迭代次数为 3。

⑤ 选中花瓶，按住〈Shift〉键进行复制，使用"选择并均匀缩放"工具对部分花瓶进行缩放，调整位置，最终效果如图 5-39 所示。

图 5-39　创意花瓶

创意花瓶模型文件可在本书配套电子资源中获取。

5.3.2　编辑边

将场景对象转换为可编辑多边形后，单击"边"层级图标即可进入"边"层级对场景对象进行编辑。在"边"层级编辑完毕后，再次单击"边"层级图标即可退出"边"编辑模式。

此外，键盘上的数字〈2〉键为"边"层级快捷键，按它可进入"边"编辑模式，再按则退出。

1. 常用编辑命令

（1）插入顶点

在"边"层级下，"插入顶点"命令可以在选中的边上插入顶点。选中需要插入顶点的边，单击"插入顶点"按钮，在需要插入顶点的地方单击鼠标左键即可为边插入顶点。

（2）连接

选中两条边后使用"连接"命令，可以在两条边之间生成与之垂直的边。

把对象转换为可编辑多边形，进入"边"层级（快捷键〈2〉），选择需要连接的边，单击"连接"按钮后的参数设置按钮，对连接参数进行设置，如图5-40所示。

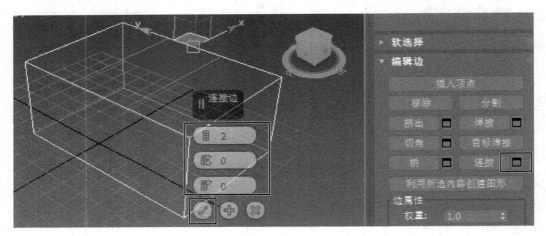

图5-40　边连接操作

注意：被连接的边一定要在同一个面上。

在"边"层级的编辑中，"连接"是使用频率较高的命令。

（3）利用所选内容创建图形

该命令能将选中对象的边分离出来，成为独立的样条线对象。样条线包括"平滑"和"线性"两种类别。具体操作及效果参见后面的建模实例。

2. 建模实例——艺术框架

① 在场景中创建一个半径为100mm的八面体。

② 将对象转换为可编辑多边形，进入"边"层级，选中所有的边。

③ 单击"编辑边"卷展栏中的"插入顶点"按钮，在每条边的不同位置单击鼠标左键插入1~2个点，效果如图5-41所示。

④ 继续在"边"层级下编辑。随意选中2~3条边，单击"编辑边"卷展栏中的"连接"按钮。重复此操作，直至得到理想的框架效果为止，效果如图5-42所示。

⑤ 在"边"层级下框选整个对象，选中所有边，单击"编辑边"卷展栏中"切角"按钮后的参数设置按钮，设置切角参数，如图5-43所示。单击"√"按钮使切角操作生效。

第 5 章　多边形建模

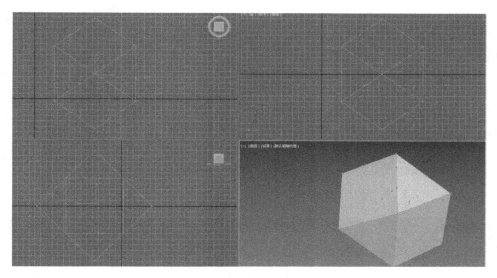

图 5-41　顶点插入效果

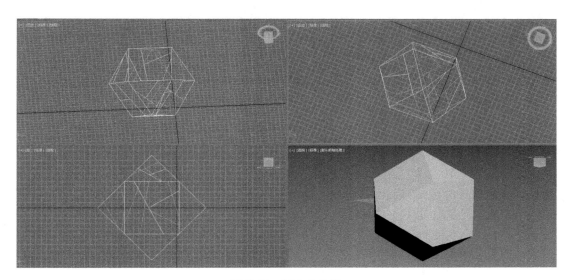

图 5-42　插入边效果

⑥ 在"边"层级下框选整个对象，选中所有的边，单击"编辑边"卷展栏下的"利用所选内容创建图形"按钮，在弹出的对话框中单击"确定"按钮。

⑦ 退出"边"层级，进入"多边形"层级（快捷键〈4〉），框选整个对象选中所有的多边形，按〈Delete〉键删除所有多边形，效果如图 5-44 所示。

⑧ 退出"多边形"层级，在场景中选中对象，在修改面板的"渲染"卷展栏中设置参数，如图 5-45 所示。

⑨ 选中对象，按住〈Shift〉键进行复制，使用"选择并均匀缩放"命令对一些对象进行缩放，调整位置，最终效果如图 5-46 所示。

艺术框架模型文件可在本书配套电子资源中获取。

物流三维动画设计教程

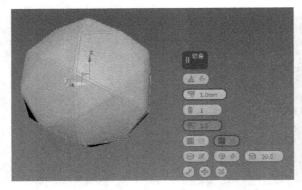
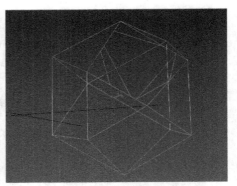

图 5-43　边切角操作　　　　　图 5-44　制作效果

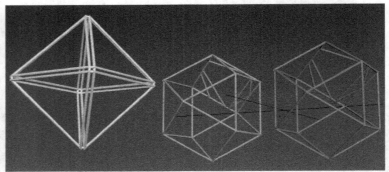

图 5-45　渲染设置　　　　　图 5-46　艺术框架制作效果

5.3.3　编辑边界

将场景对象转换为可编辑多边形后，单击"边界"层级图标，即可进入"边界"层级对场景对象进行编辑。所谓边界，指的是连续的开放边。图 5-47 所示四条选中的边即为连续开放边，也就是边界。

在"边界"层级编辑完毕后，再次单击"边界"层级图标即可退出"边界"编辑模式。此外，键盘上的数字〈3〉键为"边界"层级快捷键。

注意：一条闭合的环线才能称为边界。

1. 常用编辑命令

"边界"层级下的常用编辑命令如图 5-47 所示，下文主要介绍封口和桥。

（1）封口

"封口"命令可以为所选边界创建一个多边形，使边界封闭成平面。选择图 5-48a 所示边界，单击"封口"按钮，则原来的开放边界被封闭为多边形，如图 5-48b 所示。

图 5-47　常用编辑命令

（2）桥

对两个分离的边界执行"桥"命令，可以将两个边界连接起来。在多个对象间执行"桥"命令前，需要将所有相关对象先进行"附加"，使其成为一个对象。

第 5 章 多边形建模

a) 边界　　　　　　　　　　　　　　　　b) 封口效果

图 5-48　边界及封口

下面为应用边界常用命令进行建模的实例。

① 创建一个长宽高均为 30mm，长度、宽度、高度分段均为 3 的长方体。将其转换为可编辑多边形，进入"多边形"层级，选中图 5-49 所示的多边形，按〈Delete〉键删除。

② 退出"多边形"层级，进入"边界"层级，选择图 5-50 所示边界，单击"挤出"按钮，设置参数，如图 5-50 右侧所示。

 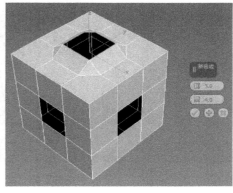

图 5-49　多边形选择　　　　　　　图 5-50　边界挤出效果

③ 将当前选中的边界执行"封口"命令，效果如图 5-51 所示。

④ 按住〈Ctrl〉键连续选中剩下的两个边界，单击"桥"按钮后的参数设置按钮，参数设置及其效果如图 5-52 所示。

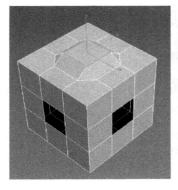 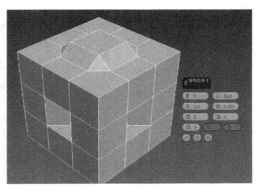

图 5-51　边界封口　　　　　　　图 5-52　边界桥

2. 建模实例——沙漏

① 在视图中创建球体，半径为 50mm，分段为 25，开启"平滑"。

② 将对象转换为可编辑多边形，进入"顶点"层级，勾选"软选择"（作用是产生较为平滑的过渡效果）卷展栏中的"使用软选择"复选框和"影响背面"复选框，设置衰减参数，在前视图中选择图 5-53 所示顶点。

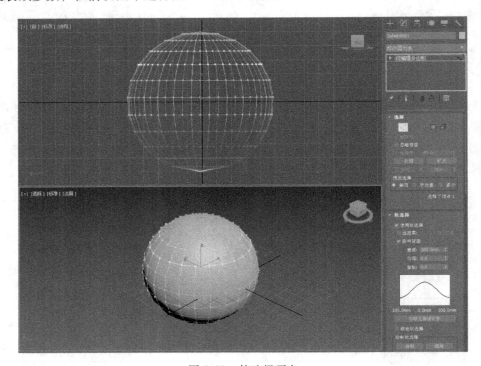

图 5-53　软选择顶点

③ 使用"选择并移动"工具，将图 5-53 中选中的顶点沿 Z 轴向下移动。操作完成后，继续在前视图中选择底部顶点，同样沿 Z 轴向下移动，最终效果如图 5-54 所示。

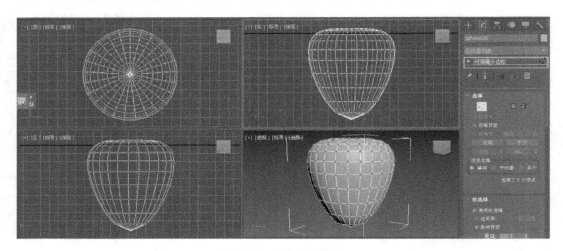

图 5-54　顶点移动效果

第 5 章　多边形建模

④ 进入"顶点"层级，在前视图中框选倒数第二排的顶点，用"选择并均匀缩放"命令对其缩放并沿 Z 轴适当向下移动，效果如图 5-55 所示（此时软选择命令仍然开启，重新设置衰减数值为 20。因为进行顶点缩放时它起到与其上下排顶点圆滑过渡的作用，若此时未开启软选择，则缩放效果与上节花瓶制作相同）。

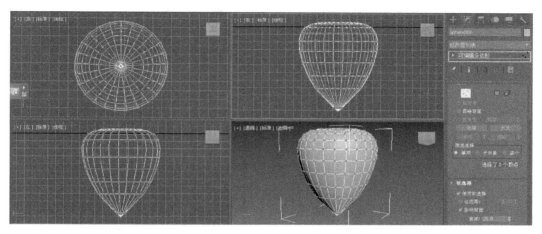

图 5-55　顶点缩放效果

⑤ 进入"顶点"层级，选中底层最后一圈顶点并将其删除。退出"顶点"层级，再用"镜像"命令对整个对象进行复制，参数设置及其效果如图 5-56 所示。

⑥ 选中其中一个对象，单击"编辑几何体"卷展栏中的"附加"按钮，再单击另外一个对象，将两个对象进行附加，效果如图 5-57 所示。

注意：执行附加操作后，选择其中一个对象，若两个对象都同时选中，则说明附加操作成功。

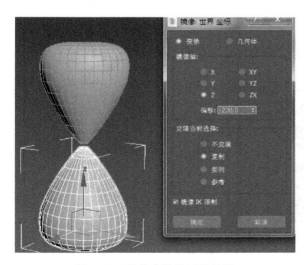

图 5-56　镜像参数设置及效果

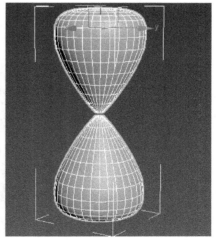

图 5-57　对象附加

⑦ 进入"边界"层级，同时选中两个对象的边界，单击"编辑边界"卷展栏中的"桥"按钮后的参数设置按钮，参数设置及效果如图 5-58 所示。

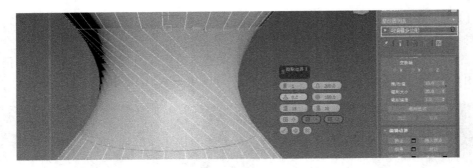

图 5-58　桥参数设置及效果

⑧ 按〈F4〉键,取消当前线框显示模式,沙漏的整体效果完成,如图 5-59 所示。
⑨ 在顶视图中创建切角长方体并复制,两者的位置及参数设置如图 5-60 所示。

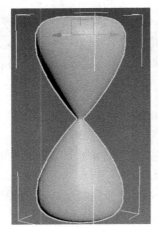 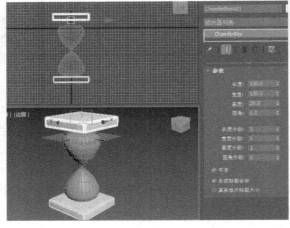

图 5-59　沙漏主体　　　　　　　图 5-60　创建切角长方体

⑩ 在顶视图中创建一个切角圆柱体并复制三个,创建参数及位置如图 5-61 所示。

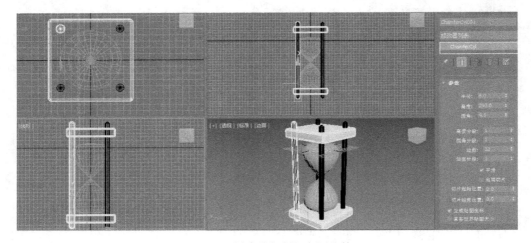

图 5-61　创建并复制切角圆柱体

第 5 章　多边形建模

⑪ 在顶视图中框选所有对象，使用菜单栏中的"组"命令将其组合成一个整体。最终效果如图 5-62 所示。

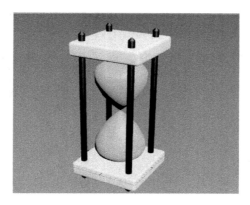

图 5-62　沙漏制作效果

沙漏模型文件可从本书配套电子资源中获取。

5.3.4　编辑多边形

将场景对象转换为可编辑多边形后，单击"多边形"层级图标即可进入"多边形"层级对场景对象进行编辑。在"多边形"层级中编辑完毕后，再次单击"多边形"层级图标即可退出"多边形"层级编辑模式。此外，大键盘上的数字〈4〉键为"多边形"快捷键。

1. 常用编辑命令

（1）挤出

在场景中选择目标多边形，单击"挤出"按钮，在视口中直接按住鼠标左键并移动，即可对多边形执行挤出操作。如果需要精确挤出量，也可以在"挤出"按钮后的挤出参数设置中进行参数设置。需要注意，设置过的参数会一直沿用，如果连续单击该命令，会叠加挤出效果。"挤出"命令下有三种不同的挤出方式：

1）组：表示沿着每一个连续的多边形组的平均法线执行挤出。挤出的形状与选中的多边形完全一样，如图 5-63 所示。默认使用的挤出方式是"组"。

2）局部法线：表示沿着每一个选定的多边形法线执行挤出。要挤出的多边形仍有关联但朝向不同，并且大小发生变化，如图 5-64 所示。

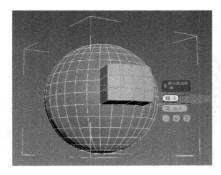　　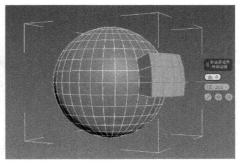

图 5-63　"组"挤出方式　　　　　图 5-64　"局部法线"挤出方式

3)按多边形:表示独立地挤出所选择的每一个多边形,挤出效果如图 5-65 所示。

(2)插入

"插入"命令能够在选择的多边形内部产生新的多边形。插入设置数量为距离,数量越大,所插入的多边形越小,如图 5-66 所示。

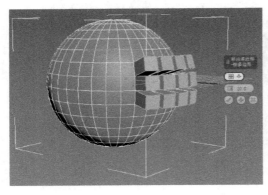

图 5-65 "按多边形"挤出方式

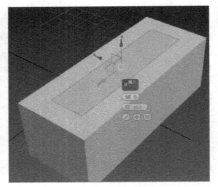

图 5-66 多边形插入操作

插入有两种方式,为了直观表现两种方式的区别,在透视图中创建参数如图 5-67 所示的长方体,并转换为可编辑多边形。进入"多边形"层级,按住〈Ctrl〉键选择顶面多个多边形,如图 5-68 所示(按〈F4〉键转换为线框显示模式)。

图 5-67 长方体参数

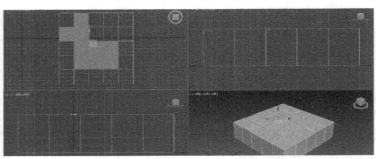

图 5-68 选中多个多边形

① 组:表示沿着多个连续的多边形的外边缘整体向内插入,插入时多个连续的多边形为一个整体,如图 5-69 所示。

② 多边形:表示沿着每一个多边形的外边缘独立地向内插入,插入的多边形无关联,如图 5-70 所示。

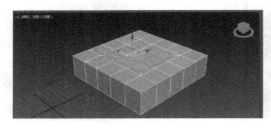

图 5-69 "组"插入效果

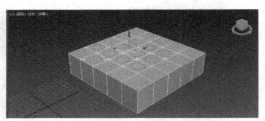

图 5-70 "多边形"插入效果

第 5 章　多边形建模

(3) 倒角

该命令对每个面产生倒角挤出效果，操作及其参数参考"挤出"命令。

(4) 翻转

该命令翻转多边形的正反面：正面，颜色为鲜红色，法线向上；反面，颜色为暗红色，法线向里。选择要翻转其朝向的多边形或元素，然后单击"翻转"按钮。

(5) 桥

该命令可将两个球体附加在一起：选择两个单独的多边形，然后单击"桥"按钮，效果如图 5-71 所示。

图 5-71　多边形桥效果

(6) 分离

选中要分离的多边形，单击"分离"按钮，弹出"分离"对话框。

特别注意，"分离"命令对五个层级都适用，可根据实际需要对场景对象进行不同要求的分离操作。关于该命令的操作，5.3.5 节中有详细介绍。

(7) 切片平面

该命令一般与"切片"命令搭配使用。先单击"切片平面"按钮（对象上切片平面显示出来后，可旋转或移动，以调整平面的位置），再单击"切片"按钮进行切割。切割完毕后，单击"切片平面"按钮退出切割模式。

注意："切片平面"操作切到的地方会自动出现点、线连接。

(8) 分割

该命令与"切片"命令和"切片平面"命令一起使用。勾选"切片平面"按钮后的"分割"复选框，再配合"切片"命令进行上述"切片平面"命令的操作即可。

注意：分割会使对象的元素发生改变：分割前，对象的元素为整体，即一个；分割后，会随着分割的面数和切片形成多个独立的元素。

(9) 快速切片

可以切割出任意形状平面。单击"快速切片"按钮，在对象任一平面上按住鼠标左键不放，出现虚线后，随意拉动线的形状，放开左键，单击右键，退出"快速刃刀"模式，完成切片。

以上三个命令会在后面的实例中详细介绍，此处不再展开叙述。

2. 建模实例——客厅吊灯

① 在顶视图中创建长方体，长宽均为 450mm，高度为 20mm，长宽分段为 9，高度分段为 1。

② 将对象转换为可编辑多边形，进入"顶点"层级，在顶视图中框选顶点，利用"选择并均匀缩放"命令调整顶点位置，效果如图5-72所示。

③ 进入"多边形"层级，选中透视图中底面最外围的面并执行"挤出"，效果及其参数设置如图5-73所示。

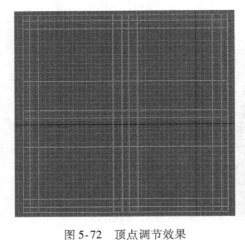

图5-72 顶点调节效果

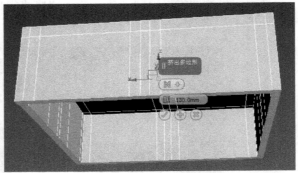

图5-73 基础参数及效果

④ 进入"边"层级，框选所有边，执行"挤出"命令，参数为10，3。继续选中所有边，执行"切角"命令，参数为3，3，1。以上操作均单击"√"按钮使设置生效。

⑤ 在"边"层级中框选所有边，单击"编辑边"卷展栏下的"利用所选内容创建图形"按钮，此时弹出一个对话框，单击"确定"按钮。

⑥ 取消可编辑多边形下所有子对象的选择，选择刚分离出来的"图形001"，进行渲染设置，勾选"在渲染中启用"复选框，"在视口中启用"，设置"径向"厚度为0.5mm，边数为12，效果如图5-74所示。

⑦ 进入"多边形"层级，框选除顶面和顶面下第一层的多边形并将其删除（可分步进行），效果如图5-75所示。

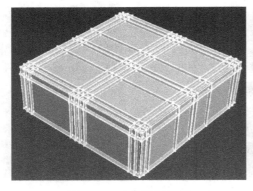

图5-74 渲染设置效果

图5-75 多边形删除效果

⑧ 选择顶部的多边形并执行挤出操作，挤出45mm，如图5-76所示。

⑨ 同样，选择底部的多边形并执行挤出操作，挤出180mm，如图5-77所示。

第 5 章　多边形建模

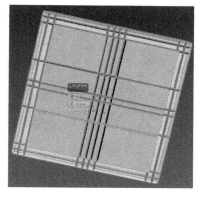

图5-76　顶部多边形挤出　　　　　图5-77　底部多边形挤出

⑩ 取消所有子对象的选择，按〈Shift〉键进行复制，效果如图5-78所示。客厅吊灯模型文件可在本书配套电子资源中获取。

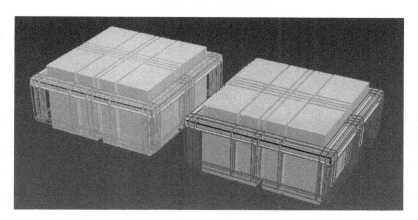

图5-78　客厅吊灯制作效果

5.3.5　编辑元素

将场景对象转换为可编辑多边形后，单击"元素"层级图标即可进入"元素"层级对场景对象进行编辑。在"元素"层级编辑完毕后，再次单击"元素"层级图标即可退出"元素"编辑模式。大键盘上的数字〈5〉键为其快捷键。

1. 常用编辑命令

（1）分离

该命令将选定的子对象作为单独的对象或元素进行分离操作。在场景中选择需要执行分离操作的子对象，单击"分离"按钮，弹出"分离"对话框，如图5-79所示。

① 分离为：输入分离对象的名称。

② 分离到元素：分离对象将作为单独的元素保留在对象内。

③ 以克隆对象分离：复制子对象，而不是移动子对象。

如果不勾选"以克隆对象分离"复选框，将分离的对象移至新位置后，将会在原始对象中留下一个孔洞。图5-80所示为图5-79分离操作后的元素分离效果。

物流三维动画设计教程

图5-79 "分离"对话框　　　　　图5-80 元素分离效果

图5-81所示为勾选"分离到元素"复选框和"以克隆对象分离"复选框后的克隆对象分离效果。

（2）塌陷

"塌陷"命令用来将对象自动转换为可编辑网格，一般需将其转化为可编辑多边形。

具体操作步骤为：在场景中选中需要进行塌陷的场景对象，然后在命令面板中单击实用程序面板，单击"塌陷"按钮，最后单击"塌陷选定对象"按钮（如图5-82所示）。

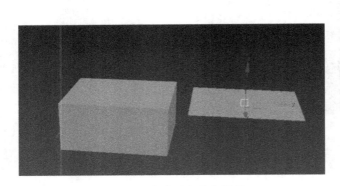

图5-81 克隆对象分离效果　　　　图5-82 塌陷操作

2. 建模实例——三阶魔方

① 在场景中创建切角长方体，长宽高均为90mm，圆角1.5mm，长度、宽度、高度、圆角分段均为3，开启"平滑"。

② 将其转换为可编辑多边形，按〈F4〉键切换到线框显示模式。

进入"多边形"层级，选择如图5-83所示的多边形，执行"插入"，参数为1.5mm。对其余多边形按相同参数执行"插入"，效果如图5-84所示。

③ 选中所有插入的多边形，执行"挤出"命令，挤出2mm，效果如图5-85所示。

④ 保持所有挤出的多边形在选中状态，单击"编辑几何体"卷展栏下的"分离"按钮，弹出"分离"对话框，如图5-86所示。

注意：此时的分离操作是为后期贴上不同的材质做铺垫，对于建模本身没有外观上的影响。

第 5 章　多边形建模

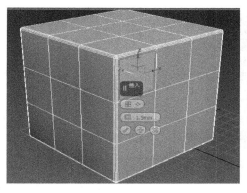

图 5-83　多边形选择

图 5-84　插入效果

图 5-85　多边形挤出效果

图 5-86　多边形分离

⑤ 选中魔方，按住〈Shift〉键在透视图中进行复制。

⑥ 进入"边"层级，使用"快速切片"命令，勾选"分割"复选框，如图 5-87 所示。前视图中的快速切片位置如图 5-88 虚线所示，单击鼠标左键结束操作。

图 5-87　快速切片操作

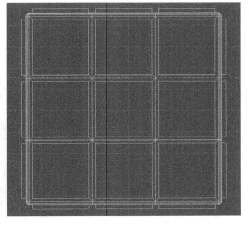

图 5-88　切片位置

⑦ 快速切片操作完成后，单击右侧"编辑几何体"卷展栏下的"分离"按钮，如图 5-89 所示。此时弹出"分离"对话框，参数设置如图 5-90 所示。

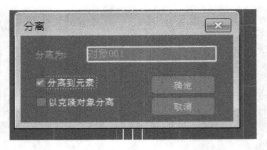

图 5-89　分离操作　　　　　图 5-90　"分离"对话框

⑧ 进入"元素"层级，框选之前分离的部分，如图 5-91 所示。对选中的部分执行移动和旋转操作，效果如图 5-92 所示。

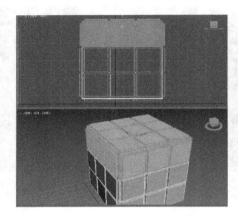
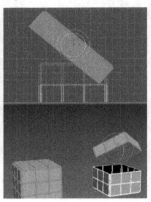

图 5-91　选择分离部分　　　　　图 5-92　移动旋转效果

⑨ 进入"边界"层级，选择分离图形的边界（按住〈Ctrl〉键实现边界的连续选择），如图 5-93 所示。再单击"编辑边界"卷展栏中的"封口"按钮，执行后效果如图 5-94 所示。

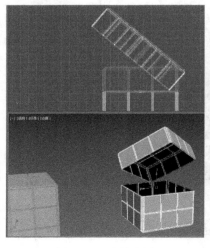
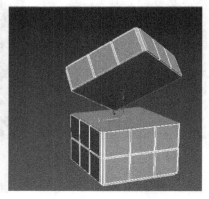

图 5-93　选择边界　　　　　图 5-94　边界封口效果

第 5 章 多边形建模

⑩ 重复步骤④~⑦，对魔方第二层第三层也进行快速切片、分离、封口等操作。操作完后进入"元素"层级，移动和旋转三个对象的位置，最终效果如图 5-95 所示。

三阶魔方模型文件可在本书配套电子资源中获取。

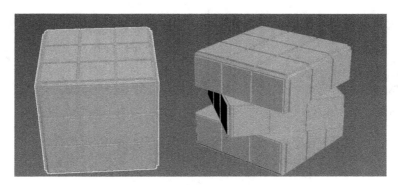

图 5-95　魔方制作效果

5.4　多边形建模综合应用

本部分将以物流仓库中常见的双立柱堆垛机为例，介绍可编辑多边形的综合应用。

5.4.1　载货台

1. 载货台主体

① 在顶视图中创建长方体，长为 800mm，宽为 1300mm，高为 20mm，宽度分段为 5。

② 将长方体换为可编辑多边形，按快捷键〈1〉切换到"顶点"层级。框选顶视图中间两列顶点（见图 5-96），使用"选择并均匀缩放"工具将选中两列顶点沿着 X 轴缩放，效果如图 5-97 所示。

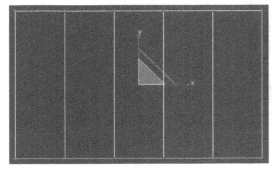

图 5-96　顶点选择

图 5-97　顶点缩放效果

框选中间剩余两列顶点，按照上一步操作将顶点沿 X 轴缩放，效果如图 5-98 所示。

③ 按快捷键〈2〉切换到"边"层级，在顶视图中选中图 5-99 所示四条边，单击"连接"按钮，设置连接数量为 2，如图 5-100 所示。

图 5-98 顶点缩放最终效果

图 5-99 边选择

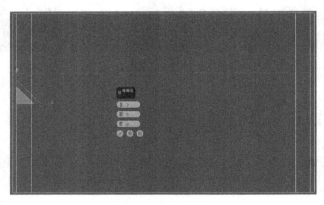
图 5-100 连接设置

按快捷键〈1〉切换到"顶点"层级,在顶视图中框选图 5-101 所示 8 组顶点,单击"选择并缩放"按钮,将选中的两列顶点沿着 Y 轴缩放,效果如图 5-102 所示。

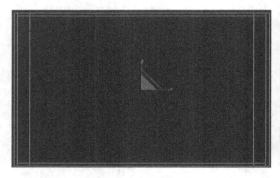
图 5-101 顶点选择

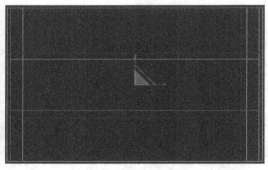
图 5-102 顶点 Y 轴缩放效果

④ 按快捷键〈4〉切换到"多边形"层级,在顶视图中选择图 5-103 所示两个多边形。使用"挤出"命令,设置挤出数值为 600,参数设置和效果如图 5-104 所示。

⑤ 在"多边形"层级下,在顶视图中选择图 5-105 所示多边形,使用"挤出"命令,设置挤出数值为 80,参数设置和效果如图 5-106 所示。

在"多边形"层级下,在透视图中选择图 5-107 所示 4 个多边形,使用"挤出"命令,设置挤出数值为 40,参数设置和效果如图 5-108 所示。

第 5 章 多边形建模

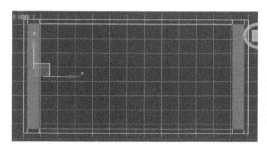 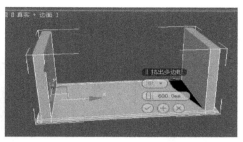

　　图 5-103　挤出多边形选择　　　　　　图 5-104　挤出效果

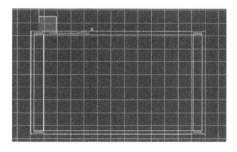 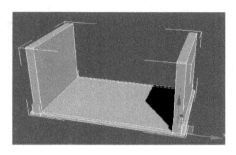

　　图 5-105　挤出多边形选择　　　　　　图 5-106　多边形挤出效果

 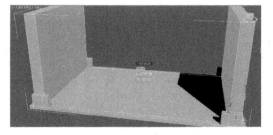

　　图 5-107　多边形选择　　　　　　　　图 5-108　多边形挤出效果

按快捷键〈1〉切换到"顶点"层级，框选前视图中图 5-109 所示两组顶点。
使用"选择并均匀缩放"工具将选中的两列顶点沿 X 轴缩放，效果如图 5-110 所示。

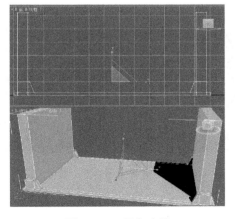 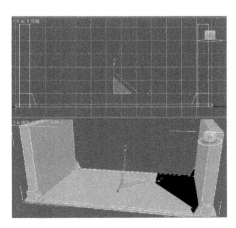

　　图 5-109　顶点选择　　　　　　　　　图 5-110　顶点调节效果

物流三维动画设计教程

⑥ 按快捷键〈2〉切换到"边"层级,框选前视图中图 5-111 所示 4 组边,单击"连接"按钮,设置连接数量为 2,如图 5-112 所示。

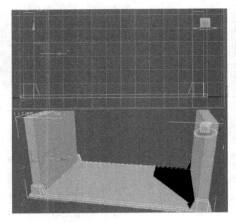
图 5-111 线选择

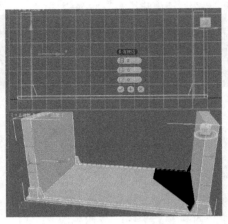
图 5-112 线连接

按快捷键〈1〉切换到"顶点"层级。框选前视图中图 5-113 所示顶点,使用"选择并移动"工具将顶点向下移动,效果如图 5-114 所示。

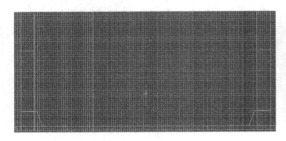
图 5-113 顶点选择

图 5-114 顶点调节效果

在"顶点"层级下框选前视图中图 5-115 所示顶点,使用"选择并移动"工具将选中顶点向下移动,效果如图 5-116 所示。

图 5-115 顶点选择

图 5-116 顶点调节效果

继续在"顶点"层级下框选左视图中图 5-117 所示顶点,使用"选择并均匀缩放"工具将选中的两列顶点沿 X 轴缩放,效果如图 5-118 所示。

第 5 章 多边形建模

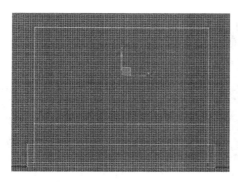
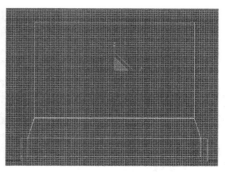

图 5-117 顶点选择　　　　　　　　　图 5-118 顶点调节效果

⑦ 右键单击捕捉开关，设置捕捉内容为"顶点"。最大化顶视图，使用"样条线"工具在顶视图中捕捉创建图 5-119 所示图形。

为创建的图形加载挤出修改器，挤出数量为 20mm，使用"选择并移动"工具调整图形到图 5-120 所示位置。

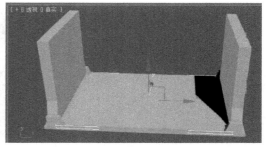

图 5-119 捕捉创建样条线　　　　　　图 5-120 位置调整

2. 载货护栏

① 使用"样条线"工具，按住〈Shift〉键在前视图中创建样条线（按住〈Shift〉键可以创建笔直的样条线）。创建参数如图 5-121 所示，效果如图 5-122 所示。

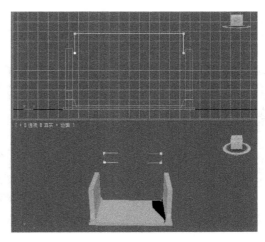

图 5-121 样条线参数　　　　　　　　图 5-122 样条线创建效果

② 在顶视图中调整所创建护栏的位置并向另外一侧复制一个，如图 5-123 所示。

③ 打开捕捉开关，使用"线"工具在前视图中捕捉创建图 5-124 所示样条线，创建参数同上步创建的样条线。

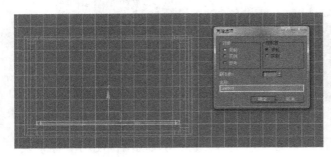

图 5-123　复制护栏　　　　　　　图 5-124　样条线创建效果

④ 在其余三个视图中调整创建的 4 根护栏的位置，如图 5-125 所示，调整好位置后将 4 根护栏附加在一起。

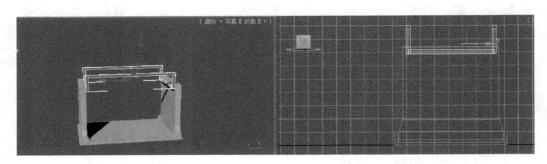

图 5-125　护栏位置调整

⑤ 参照步骤③和步骤④在顶视图中对护栏连接点进行创建、调整位置、附加操作。最终效果如图 5-126 所示。

3. 螺钉螺母

① 在左视图中创建半径为 30mm、高度为 150mm 的圆柱体，高度分段为 5，如图 5-127 所示。

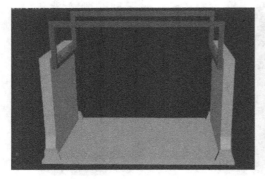
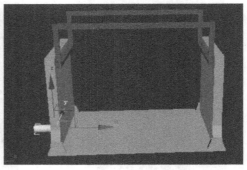

图 5-126　护栏制作效果　　　　　　图 5-127　创建圆柱体

第 5 章 多边形建模

② 在左视图中创建管状体,半径 1 为 50mm,半径 2 为 20mm,高度为 60mm,高度分段为 5,如图 5-128 所示。

③ 选中管状体并转换为可编辑多边形,将螺钉螺母附加。附加后将螺钉组件复制 7 组并调整其位置,效果如图 5-129 所示。

图 5-128　创建管状体　　　　　　　图 5-129　复制螺钉组件

5.4.2　货叉

(1) 货叉底座

① 货叉底座为两个附加在一起的标准长方体,为了后期托盘能合适地放在载货台上,货叉底座的大小及其位置可根据托盘来确定。导入与该堆垛机匹配的托盘,导入操作如图 5-130 所示,托盘位置调整如图 5-131 所示。

 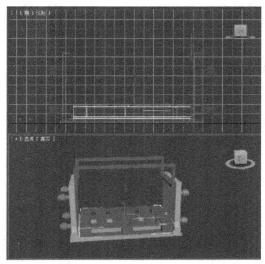

图 5-130　托盘导入　　　　　　　图 5-131　托盘位置调整

② 根据托盘位置,在前视图中的托盘伸叉位置创建长方体,长为 30mm,宽为 200mm,高为 800mm,位置如图 5-132 所示。对位完成后可将托盘删除,并将两长方体附加。

(2) 小货叉

① 在前视图中创建图 5-133 所示样条线,完成后使用"镜像"命令复制下半部分,形成完整的小货叉截面图。

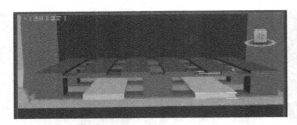
图 5-132　创建货叉底座

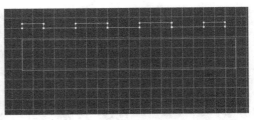
图 5-133　创建小货叉样条线

② 将创建好的图形向另外一边复制，做出另一根小货叉的截面图，依据货叉底座调整其位置，之后将两个截面图附加为一个图形。将该图形挤出 800mm，效果如图 5-134 所示。

(3) 大货叉

参照小货叉的创建步骤在前视图中创建大货叉横截面并挤出，效果如图 5-135 所示。

图 5-134　小货叉制作效果

图 5-135　大货叉制作效果

5.4.3　立柱

(1) 立柱主体

① 在顶视图中创建长为 280mm、宽为 430mm、高为 15000mm、高度分段为 3 的长方体，位置如图 5-136 所示。

② 将创建的长方体转换为可编辑多边形并进入"顶点"层级，在顶视图中对中间两行顶点沿 X 轴向缩放并向左移动，效果如图 5-137 所示。

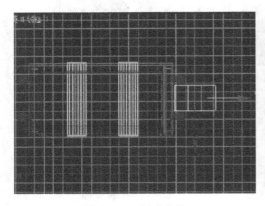
图 5-136　创建立柱

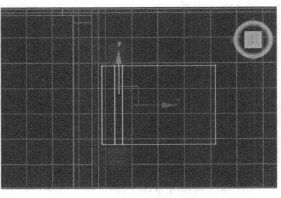
图 5-137　顶点调节效果

第5章 多边形建模

③ 选择透视图中的两个多边形并挤出 –10mm，如图5-138所示。挤出后，选中挤出产生的6个多边形，单击"元素"层级下的"分离"→"分离到元素"按钮，最终效果如图5-139所示。

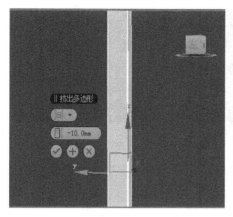

图5-138 多边形挤出　　　　图5-139 分离多边形

④ 选中已创建立柱，使用"镜像"命令复制创建另一边并调整其位置，如图5-140所示。

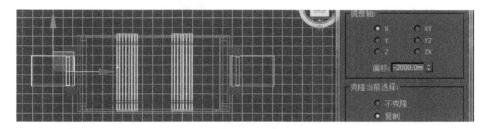

图5-140 复制立柱

（2）立柱底部

① 在顶视图中创建长为510mm、宽为4300mm、高为350mm、高度分段为3的长方体，将其转换为可编辑多边形，按快捷键〈1〉切换到"顶点"层级。框选前视图中第一行顶点，使用"选择并均匀缩放"工具将选中的两端顶点沿X轴缩放到图5-141所示位置。

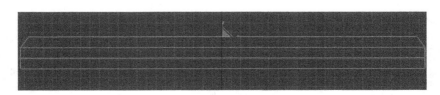

图5-141 顶点调节效果

② 按快捷键〈2〉切换到"边"层级，分别选中透视图中多边形两端的边进行切角操作，切角量为150，效果如图5-142所示。

图 5-142　多边形切角效果

③ 按快捷键〈4〉切换到"多边形"层级，分别选中透视图中两端的多边形将其挤出 -30mm，效果如图 5-143 所示。

图 5-143　多边形挤出效果

④ 按快捷键〈2〉切换到"边"层级，选中透视图中多边形两端的边，执行连接操作，参数和效果如图 5-144 所示，到"顶点"层级下调整插入边的位置，然后切换到"多边形"层级将选中多边形挤出 -60mm，做出向内凹陷的效果，作为堆垛机底座在地轨上运行的凹槽，效果如图 5-145 所示。

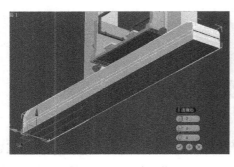 

图 5-144　连接操作　　　　　　　　　　图 5-145　地轨效果

(3) 立柱顶部

① 在顶视图中创建长为600mm、宽为4084mm、高为590mm、宽度分段为8的长方体，其在透视图中的位置如图5-146所示。

② 将创建的长方体转换为可编辑多边形，切换到"顶点"层级，对前视图中的顶点进行轴向缩放和移动，效果如图5-147所示。

 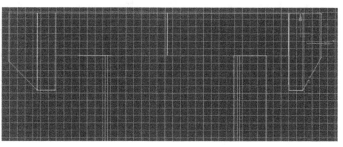

图5-146　创建长方体　　　　　　　图5-147　顶点调节效果

5.4.4　地轨

(1) 主体

① 在左视图中创建长方体，长为250mm，宽为360mm，高为30000mm，长度分段为4，宽度分段为5，高度分段为1，位置如图5-148所示。

② 将创建的长方体转换为可编辑多边形，切换到"顶点"层级，对左视图中的顶点进行轴向缩放和向左移动，效果如图5-149所示。

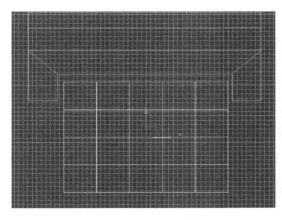 

图5-148　创建长方体　　　　　　　图5-149　地轨效果

(2) 防撞装置

① 在前视图使用"样条线"工具创建图5-150所示图形，将其挤出350mm，挤出效果如图5-151所示。

② 在左视图中创建圆柱体，半径为50mm，高度为200mm，高度分段为5，位置如图5-152所示。

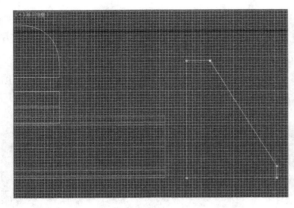

| 图 5-150　创建样条线 | 图 5-151　挤出效果 |

③将圆柱体转换为可编辑多边形，与步骤1）创建多边形附加为防撞装置。将该防撞装置镜像复制一个到地轨另一端，最后将地轨和两个防撞装置附加。最终效果如图 5-153 所示。

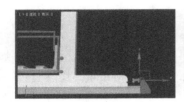
图 5-152　创建圆柱体

图 5-153　地轨制作效果

5.4.5　天轨

（1）主体

参照地轨的创建方式，在左视图中创建天轨主体，长方体长为 240mm，宽为 400mm，高为 30000mm，长度分段为 4，宽度分段为 5。转换为可编辑多边形，在左视图中调整其顶点位置，如图 5-154 所示。

（2）防撞装置

使用"样条线"工具在前视图中创建天轨防撞装置（见图 5-155）并挤出。

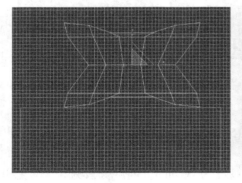
图 5-154　顶点调节

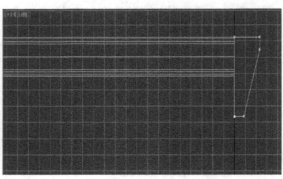
图 5-155　天轨防撞装置

第 5 章　多边形建模

5.4.6　电控柜

① 在前视图中创建长方体，长为 1500mm，宽为 600mm，高为 800mm，长度分段为 4，宽度分段为 1，高度分段为 2，透视图中的位置如图 5-156 所示。

② 在前视图中创建长方体，长为 300mm，宽为 750mm，高为 350mm，透视图中的位置如图 5-157 所示。复制 3 个，效果如图 5-158 所示。

③ 对主体执行布尔操作，效果如图 5-159 所示。

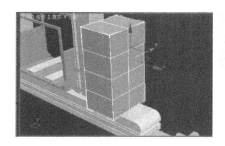
图 5-156　创建长方体 1

图 5-157　创建长方体 2

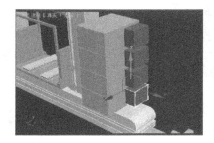
图 5-158　复制长方体

图 5-159　电控柜效果

5.4.7　驱动装置

(1) 线圈

① 在前视图中创建长、宽、高均为 650mm 的长方体，位置如图 5-160 所示。

② 将创建的长方体转换为可编辑多边形，按快捷键〈2〉切换到"边"层级。在透视图中选中图 5-161 所示的边，执行切角操作，效果如图 5-162 所示。

图 5-160　创建长方体

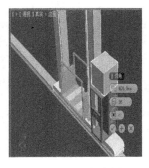
图 5-161　边选择

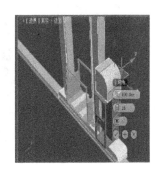
图 5-162　切角操作

③ 选中刚创建的多边形，原位复制一个，分别在前视图和左视图中对其 X 轴和 Y 轴进行缩放并调整位置，效果如图 5-163 所示，然后利用"ProBoolean"命令进行布尔差集运算，效果如图 5-164 所示。

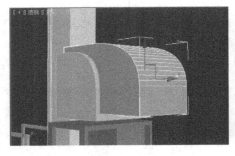 

图 5-163　调整效果　　　　　　　图 5-164　布尔运算效果

④ 继续通过创建标准基本体和布尔操作将目标体制做出图 5-165 所示效果。
⑤ 在目标体中创建圆柱体（作为线圈），如图 5-166 所示。

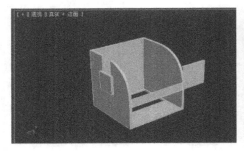 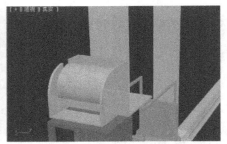

图 5-165　制作效果　　　　　　　图 5-166　创建圆柱体

（2）驱动主体

① 在前视图中创建长方体，长为 450mm，宽为 500mm，高为 250mm，长度分段为 3，宽度分段为 1，高度分段为 5，透视图中的位置如图 5-167 所示。

② 将创建的长方体转换为可编辑多边形，按快捷键〈1〉切换到"顶点"层级，在透视图中移动选中顶点，效果如图 5-168 所示。

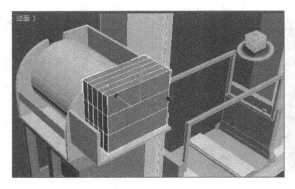 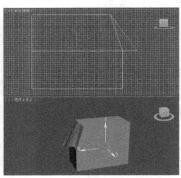

图 5-167　创建长方体　　　　　　图 5-168　顶点调节效果

第 5 章 多边形建模

③ 在顶视图中创建两个圆柱体并转换为可编辑多边形，对其切角，效果如图 5-169 所示。

④ 将圆柱体和驱动装置附加在一起，效果如图 5-170 所示。

图 5-169　圆柱体切角效果　　　　　　图 5-170　附加效果

（3）楼梯

① 在前视图和左视图中使用样条线工具创建图形，其在透视图中的效果如图 5-171 所示，线条参数如图 5-172 所示。

图 5-171　样条线效果　　　　　　图 5-172　样条线参数

② 在前视图中选择创建的楼梯上半部分并沿 Y 轴复制，数量为 21，如图 5-173 所示，效果如图 5-174 所示。

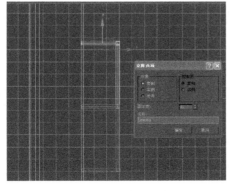

图 5-173　样条线复制　　　　　　图 5-174　楼梯效果

堆垛机模型参见本章配套电子资源。

复习思考题

1. 可编辑多边形有多少种转换方法？各有何特点？
2. 如何调出石墨工具？
3. 可编辑多边形有哪几种层次？
4. 顶点的移除和删除操作有何区别？
5. 多边形挤出有多少种方式？各有何特点？

第 6 章　材质与贴图

本章概述

3ds Max 2017 主要通过材质与贴图来呈现物体表面的状态，从而使场景对象更加真实。

本章主要从材质与贴图概述、材质编辑器、常用的材质及贴图等方面对 3ds Max 2017 中的材质与贴图进行介绍。

本章核心知识点

1）掌握材质与贴图的基本知识。
2）掌握材质编辑器的模式、界面及常用命令。
3）掌握常用材质的制作方法。
4）掌握 UVW 贴图修改器的使用方法。
5）掌握常用物流设备材质制作方法。

6.1　材质与贴图概述

6.1.1　材质

材质指的是物体的质地，包括物体表面的颜色、纹理、不透明度和高光特征等属性。在现实生活中，不同的物体有不同的质地，如我们能够轻易地分辨玻璃、陶瓷和金属等不同的物质，就是由于其质地不同。材质的效果表现离不开光的作用，陶瓷、钻石和不锈钢等材质只有在光照下其效果才能得到很好的体现。

在 3ds Max 2017 中，为了制作出现实生活中的物体质地效果，需要对场景对象的一系列物理属性进行设置，主要的物理属性包含漫反射颜色、反射、高光、透明、折射以及环境光等。

1. 漫反射颜色

物体接受光线照射时会吸收一些光色，同时也会漫反射一些光色，漫反射出来的光色到达人眼后就形成了物体的固有颜色，因此通俗来说，漫反射颜色指的是物体表面的颜色。

如自动化立体仓库中各种设备的颜色在制作材质时，就是通过制作漫反射颜色来实现的。扫描此处二维码，可查看制作了材质之后的某自动化立体仓库效果。

2. 反射与高光

光滑的物体在光线的反射作用下会表现出明显的高光效果。当光源照射到光滑的物体上，如球体上时，会产生圆形的亮点，即高光。物体越光滑，物体的高光范围越小，强度越大。此外，随着物体形状、质地以及光源本身的不同，高光的颜色和形状也会随之变化。

3. 透明与折射

当物体透明时，光线可以穿过物体，并且透明物体后面的物体反射出来的光线也会再次穿过透明物体，因此透明物体背后的物体能够被我们看到。

由于不同透明物体的密度不同，所以光线在射入物体后所发生的偏转现象是不同的，这就是折射现象，不同的透明物体其折射率不同。

4. 环境光

在 3ds Max 2017 中，环境光用于表现间接光照。当存在环境光时，环境光的颜色对场景中对象阴影区域的颜色有影响，因此环境光的颜色能够影响物体的材质表现。

6.1.2 贴图

贴图指的是附着在物体表面的纹理图案，在制作材质时，材质的漫反射颜色、不透明度及高光颜色均可以根据实际情况使用贴图来替换。例如制作室内木地板时，调节材质漫反射颜色是无法真实表现出其纹理效果的，需要在材质漫反射上使用木地板贴图来实现效果。

一般而言，凡是需要图案纹理的部分，均需要通过贴图来实现。对于物体来说，可以没有贴图但一定需要有材质，贴图属于材质中替代颜色的部分。在常用的物流设备材质制作过程中，如堆垛机载货台的钢平台及链式输送机的链条部分的制作，均需要贴图实现。

6.2 材质编辑器

材质编辑器是 3ds Max 2017 中用于场景材质编辑的工具，场景中所有材质的制作与编辑均在材质编辑器中完成。材质编辑器包含精简材质编辑器和 Slate 材质编辑器两种模式。

6.2.1 启动材质编辑器的方法

在 3ds Max 2017 中，可以使用如下两种方法打开材质编辑器：

方法一：单击菜单栏中的"渲染"→"材质编辑器"→"精简材质编辑器"或"Slate 材质编辑器"命令，如图 6-1 所示。

方法二：单击工具栏中的"材质编辑器"按钮，如图 6-2 所示。

此外，使用快捷键〈M〉也可以快速打开材质编辑器。

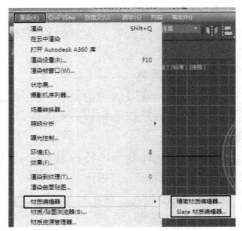

图 6-1 渲染菜单打开材质编辑器

第 6 章 材质与贴图

图 6-2　工具栏打开材质编辑器

6.2.2　材质编辑器模式

3ds Max 2017 提供了精简材质编辑器和 Slate 材质编辑器两种模式。本部分主要介绍两种材质编辑器的切换方式及其面板。

1. 通过菜单栏切换

当使用渲染菜单打开材质编辑器时，软件提供了两种材质编辑器模式，用户可以根据需要选择任意一种。

（1）精简材质编辑器

精简材质编辑器是 3ds Max 2017 的经典材质编辑工具之一，提供了 24 个材质球，能够实现对各种材质的快速预览从而节约预览时间。

（2）Slate 材质编辑器

Slate 材质编辑器属于节点式材质编辑器，通过将具有各种功能的节点以串联的形式进行搭配，实现材质效果。该模式能清楚地表达各节点材质和贴图的层级关系。Slate 材质编辑器功能强大、使用方便，制作材质的种类数量不受到材质球数量的影响。

2. 在材质编辑器中切换

当通过在工具栏中或快捷键〈M〉的方式打开材质编辑器时，无论打开的是精简材质编辑器还是 Slate 材质编辑器，都可以通过单击其编辑器界面的模式菜单来实现材质编辑器模式的切换。图 6-3 与图 6-4 所示分别为精简材质编辑器和 Slate 材质编辑器的模式菜单。打开模式菜单后，单击相应的材质编辑器模式即可实现材质编辑器的切换。

本章在精简材质编辑器模式下来进行材质知识的讲解。

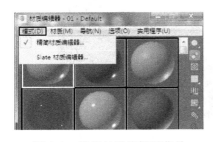

图 6-3　精简材质编辑器菜单

图 6-4　Slate 材质编辑器菜单

6.2.3　菜单栏

精简材质编辑器的菜单栏包含 5 个菜单，分别是模式菜单、材质菜单、导航菜单、选项菜单、实用程序菜单。本部分将介绍各菜单中的常用命令。

1. 模式菜单

如 6.2.2 节所述，模式菜单的主要作用是在两种材质编辑器模式中实现切换。

2. 材质菜单

1）获取材质：单击材质菜单中的"获取材质"命令，可以打开"材质/贴图浏览器"对话框，双击想要的材质类型，即可为当前材质球设置相应的材质类型。

2）从对象选取：从场景对象中选择材质。

3）按材质选择：根据材质编辑器中活动的材质来选择对象。

4）更改材质/贴图类型：改变当前材质/贴图的类型。如图 6-5 所示，当前材质球的材质类型为"标准材质"。单击"更改材质/贴图类型"命令，可以打开"材质/贴图浏览器"对话框，双击需要的材质类型，即可将当前材质球更改为新的材质类型，如双击"物理材质"，当前材质球的材质类型变更为"物理材质"，如图 6-6 所示。

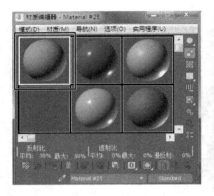 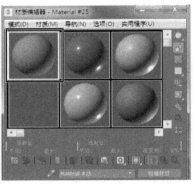

图 6-5　标准材质　　　　　　　　图 6-6　物理材质

5）启动放大窗口：单击该命令，当前高亮材质球窗口会被放大，如图 6-7 和图 6-8 所示。

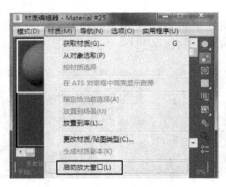 

图 6-7　启动放大窗口　　　　　　图 6-8　材质球放大效果

3. 导航菜单

当所制作的材质具有多个层级（即材质具有子材质）时，使用导航菜单可以方便用户在各个层级的材质之间快速切换。

4. 选项菜单

选项菜单用于设置材质编辑器的基本属性，常用命令包含如下几个：

1）将材质传播到实例：将指定的任何材质传播到场景中对象的所有实例。

第 6 章 材质与贴图

2）手动更新切换：使用手动方式进行更新切换。

3）复制/旋转拖动模式切换：用于切换复制模式和旋转拖动模式。

4）背景：将彩色方格背景添加到活动示例窗中。

5）自定义背景切换：在指定了自定义背景的情况下，该命令可用来切换自定义背景的显示效果。

6）背光：将背光效果添加到活动的示例窗中。

7）循环示例窗：3ds Max 2017 中提供了 3×2、5×3、6×4 三种示例窗模式，默认示例窗为 3×2 模式，即不拖动示例窗滚动条，能够看到的示例窗为 6 个。单击该命令，示例窗可以在这三种模式之间进行切换，图 6-9～图 6-11 分别为这三种模式下的示例窗。

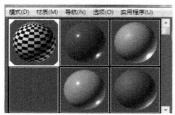 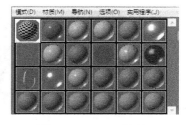

图 6-9　3×2 示例窗　　　　图 6-10　5×3 示例窗　　　　图 6-11　6×4 示例窗

5. 实用程序菜单

实用程序菜单涵盖了材质制作过程中的常用程序。以"重置材质编辑器窗口"命令为例，单击该命令能够重置材质编辑器窗口，使其恢复默认开启时候的状态。

6.2.4　材质样本球示例窗

1. 材质样本球示例窗基本知识

材质球示例窗位于材质编辑器菜单栏下方，主要作用是实时显示材质和贴图的编辑效果。通过材质球示例窗，用户可以观察所制作材质的基本属性，如颜色、质地、高光、纹理、凹凸等。双击某个材质球示例框，可以弹出独立材质球显示窗口，该窗口可以被放大或缩小，以便用户观察当前材质效果。

3ds Max 2017 在默认情况下总共有 24 个材质球，默认的材质球示例窗中一共有 6 个材质球，通过拖动滚动条可以显示出其他材质球。

2. 材质复制

选中材质球 A，按住鼠标左键，将其拖动到材质球 B 的位置，则材质球 B 的原始材质被材质球 A 的材质覆盖。如图 6-12 所示，将示例窗中的第一个材质球拖动到第二个材质球上，第二个材质球的原始材质被覆盖。

使用上述方法可以快速制作出大部分参数相同的不同材质，如两个材质除了颜色之外的其他参数均相同，则可以制作好一个材质后将其复制

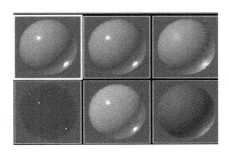

图 6-12　材质球复制

物流三维动画设计教程

到第二个材质球上，再改变第二个材质球的漫反射颜色。

3. 通过示例窗将材质指定给场景对象

选中材质，按住鼠标左键，直接将其拖动到场景中的目标对象上，即可将该材质指定给场景中的目标对象，图 6-13 所示为将第一个材质球的材质指定给场景中的球体上。当材质被指定给场景中的对象后，相应的材质球窗口四个边角上会显示出 4 个白色的三角符号，如图 6-14 所示。

图 6-13　指定材质

图 6-14　材质球窗口

一个材质可以按实际需要指定给场景中的多个对象。

6.2.5　工具栏

在材质编辑器中，工具栏位于材质球示例窗的下边和右边，分别称为工具行和工具列，如图 6-15 所示。本部分将着重介绍工具栏中的常用工具。

1. 工具行

（1）获取材质

选中相应的材质球，单击"获取材质"按钮打开"材质/贴图浏览器"对话框后，可以为选定的材质球设置新的材质类型和贴图类型，还可以调用外部材质库。

如图 6-16 所示，第一个材质球默认为物理材质，单击选中第一个材质球，单击"获取材质"按钮，在打开的"材质/贴图浏览器"对话框中双击"标准"（见图 6-17），即可将第一个材质球材质更改为"标准"。

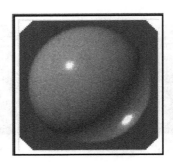

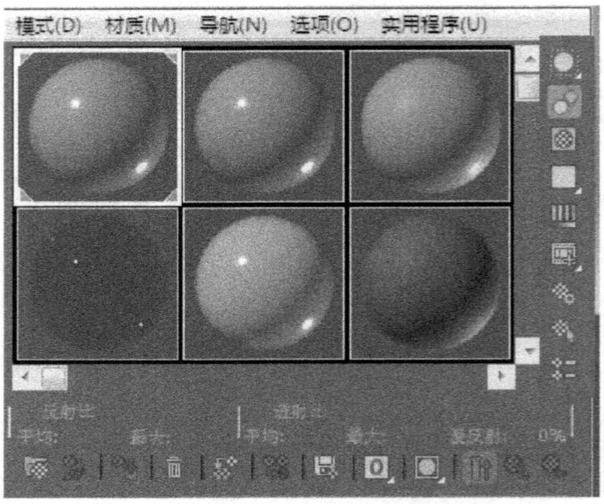

图 6-15　材质编辑器工具栏

（2）将材质指定给选定对象

该工具用于将制作好的材质指定给场景中选定的对象。

注意：在指定材质之前，必须先在场景中选定对象，否则该工具为灰色（不可用）。

第 6 章　材质与贴图

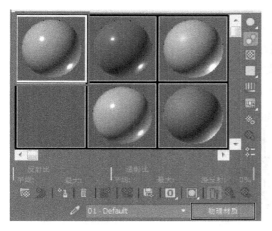

图 6-16　物理材质

图 6-17　"材质/贴图浏览器"对话框

（3）将材质放入场景

在对材质进行编辑之后，单击该按钮能够更新已经应用于场景对象的材质。

（4）重置贴图/材质为默认设置

该工具可以将相应材质属性恢复到默认状态。单击后弹出"重置材质/贴图参数"对话框，如图 6-18 所示，用户可以根据需要选择是仅删除示例窗中的材质，还是连同场景中已经指定给对象的材质一起删除。

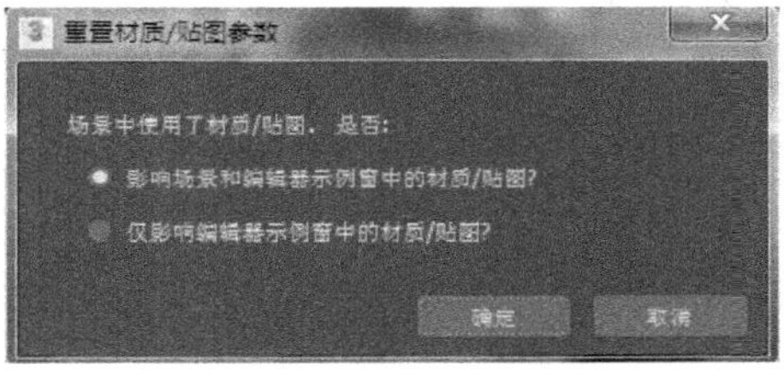

（5）视口中显示明暗处理材质

图 6-18　"重置材质/贴图参数"对话框

将材质指定给选定对象以后，若在场景中仍看不到对象有贴图，单击材质编辑器工具栏中的该按钮即可。

（6）显示最终结果

在当前材质有子材质层级且当前处于子材质层级时，该按钮可用。此时单击该按钮，可以在场景中显示整个材质的最终效果。

（7）转到父对象

在当前材质有子材质层级且当前处于子材质层级时，该按钮可用。此时单击该按钮，可以将当前材质面板转到其父对象材质面板。

（8）转到同一级

在当前材质有子材质层级且当前处于子材质层级的时候，该按钮可用。此时单击该按钮，可以将当前材质面板转到与其同一层级的材质或贴图面板。

2. 工具列

（1）采样类型

该工具用于设置示例窗中样本的显示方式，默认为球体，因此一般称之为样本球。长按该按钮，可以看到有球体、圆柱体、长方体三种模式。此时继续按住鼠标左键，在三种模式中选择想要的显示方式后松开鼠标，即可在示例窗中呈现新的样本显示方式。该设置不影响材质的实际效果。

(2) 背光

单击该按钮可以在材质球示例窗口中关闭或开启背光效果。图 6-19 所示为开启了背光效果的材质球,由于背面有光照,所以显示出高光点。图 6-20 所示为关闭了背光效果的材质球,由于背面无光照效果,所以无高光点。

材质的表达效果与光照密切相关,因此一般会打开背光以便全面观察材质效果。

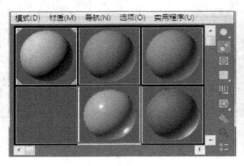 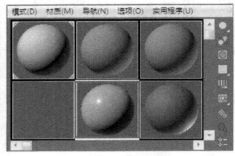

图 6-19　开启背光效果　　　　图 6-20　关闭背光效果

(3) 背景

单击该按钮后,选定的材质球窗口显示方格背景。在制作玻璃等透明的材质时,使用方格背景便于观察材质效果。

(4) 采样 UV 平铺

单击该按钮后,可以在样本球中显示贴图的平铺效果。该设置仅能影响样本球的显示效果,对实际的渲染效果无影响。

(5) 视频颜色检查

单击该按钮可以检查生成场景视频时的物体颜色,若相应颜色在生成视频后会产生问题,则出现红色的曝光提示。

(6) 生成预览

该工具用于对当前场景中的材质进行预览,以便检查动画输出时的材质问题。

(7) 选项

单击该按钮可以打开"材质编辑器选项"对话框,从而对相应属性进行设置。

(8) 按材质选择

单击该按钮可以选定使用当前材质的所有场景对象。

(9) 材质/贴图导航器

选定相应的材质球,单击该按钮可以打开"材质/贴图导航器"对话框,该对话框中能够显示出当前材质的所有层级。

6.2.6　工具行下方的重要工具

在材质编辑器的工具行下方,有三个非常实用的材质工具,如图 6-21 所示。

1. 拾取工具

当场景中的对象有某种材质而该材质没有在示例窗的材质球中时,使用该工具可以从对象中直接获取材质从而将其指定给其他场景对象。

第 6 章　材质与贴图

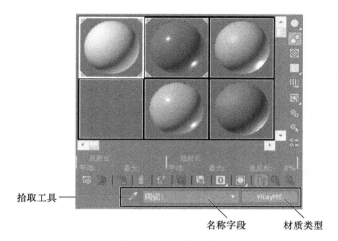

图 6-21　材质工具

具体操作方法如下：
① 在示例窗中选择一个空白材质球。
② 单击按钮 ，再在视图中单击目标对象。

经过以上两个步骤之后，场景中的材质就被吸取到空白材质球上面，从而可以将该材质直接或经过进一步编辑后应用于场景中的其他对象。

2. 名称字段

单击名称字段编辑框，可编辑当前材质球的名称。当场景中对象较多需要制作多种材质时，需要为每种材质命名以便识别。

3. 材质类型

该按钮有如下两个功能：首先，该按钮显示当前的材质类型；其次，当需要更改当前材质类型时，单击该按钮可以打开"材质/贴图浏览器"对话框，如图 6-22 所示，双击想要的材质类型即可。

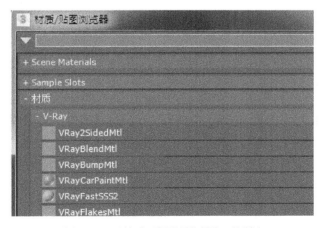

图 6-22　"材质/贴图浏览器"对话框

物流三维动画设计教程

6.3 常用材质

不同的材质需要使用相应的渲染器才能取得良好的渲染效果，因此在进行材质编辑之前，需要首先对渲染器类型进行设置，并对相应的渲染参数进行设置。

渲染器与材质的匹配以及渲染器的选择将在相应材质部分进行说明，渲染参数的设置在后续章节中有详细的讲解，在此暂不涉及。

打开材质编辑器，单击图6-21中的材质类型按钮，打开"材质/贴图浏览器"对话框，对话框中所有的材质均为3ds Max 2017自带的材质（见图6-22）。

在工具栏中单击"渲染设置"按钮 ，将渲染器指定为VRay渲染器，如图6-23所示，再次打开"材质/贴图浏览器"对话框，可以看到VRay系列材质，如图6-24所示。

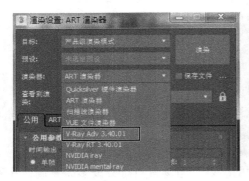
图6-23 设置VRay渲染器

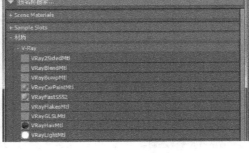
图6-24 VRay系列材质

VRay渲染器对于3ds Max 2017自带的标准材质具有良好的兼容性（由于算法冲突，光线跟踪、高级照明覆盖及建筑类材质除外），当制作的材质类型为标准类材质时，使用VRay渲染器对其进行渲染仍然能够获得良好的渲染效果；反过来，若是使用3ds Max 2017自带的渲染器来渲染VRay类材质，往往不能得到良好的渲染效果。

注意：用户必须安装VRay渲染器，才能在"渲染设置：ART渲染器"对话框中将渲染器指定为VRay渲染器。

下面将介绍几种在实际项目中常用的材质以及与其匹配的渲染器。

6.3.1 标准材质

标准材质是3ds Max 2017材质编辑器中默认的材质类型，与标准材质匹配的渲染器为扫描线渲染器。如前文所述，使用VRay渲染器也能很好地渲染出标准材质的效果。在制作材质之前，需要先对渲染器类型进行设置，使得材质和渲染器类型匹配。本部分介绍标准材质，在讲解过程中使用扫描线渲染器。

1. 更改渲染器类型

更改渲染器类型有如下两种方法。

（1）使用工具栏更改渲染器

在工具栏中单击"渲染设置"按钮 ，打开"渲染设置：ART渲染器"对话框，

第 6 章 材质与贴图

如图 6-25 所示。当前渲染器为 ART 渲染器，单击"渲染器"下拉列表，选择"扫描线渲染器"，如图 6-26 所示，即可将当前渲染器设置为扫描线渲染器。

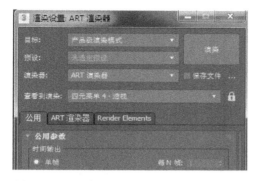 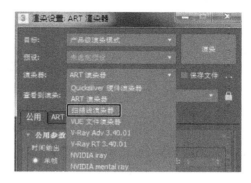

图 6-25 "渲染设置：ART 渲染器"对话框　　图 6-26 扫描线渲染器

完成设置后，关闭渲染器设置对话框。
（2）使用菜单栏更改渲染器
单击渲染菜单中的"渲染设置"命令，即可打开如图 6-25 所示的渲染设置对话框，之后的操作与方法一相同。

直接使用渲染设置的快捷键〈F10〉也能够打开渲染设置对话框。
完成渲染器设置后，即可开始材质的制作。
2. 将材质球更改为标准材质
使用快捷键〈M〉打开材质编辑器，单击需要编辑的材质球，如图 6-27 所示，单击当前材质的"材质类型"按钮，打开"材质/贴图浏览器"对话框，双击"标准"材质（也可选中"标准"材质后单击"确定"按钮），如图 6-28 所示。

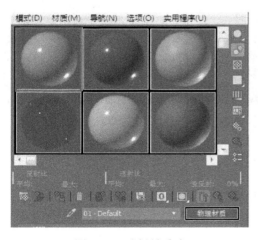 

图 6-27 选择材质球　　图 6-28 选择标准材质

经过以上操作，即可将当前材质球默认的物理材质更改为标准材质。
3. 标准材质主要参数介绍
下面将对标准材质的主要参数进行介绍。

(1) 明暗器类型

明暗器可以表现不同的物体表面属性，如在现实生活中，我们可以很快分辨出金属和玻璃等材质，就是由于它们具有不同的表面属性。

1）各向异性明暗器：可产生有角度的被拉伸高光效果，可以表现金属、玻璃等的效果。

2）Blinn 明暗器：是最常用的明暗器，可以在高光边缘产生一个比较尖锐的区域，可模拟塑料金属等表面不是绝对光滑的物体。

3）金属明暗器：可以表现出强烈的反光金属效果。

4）多层明暗器：相当于两个各向异性明暗器的组合，能够产生两组不同的高光效果，可用于表现高度磨光的曲面效果。

5）Oren-Nayar-Blinn 明暗器：可以认为是 Blinn 明暗器的高级版本，表现物体的不光滑程度，可用于表现布料、陶土等效果。

6）Phong 明暗器：可表现出有光泽、规则曲面的高光效果，对于强度很高的圆形高光表面，有很好的表现效果。

7）Strauss：用于模拟金属表面效果。

8）半透明：可制作出半透明效果。

(2) 其他明暗器参数

1）线框：以线框模式渲染材质。当勾选"线框"复选框后，材质球变为线框效果，如图 6-29 所示。若将此材质指定给场景中的对象，则场景对象及其渲染效果分别如图 6-30 和图 6-31 所示。

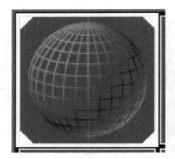 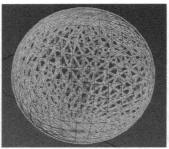 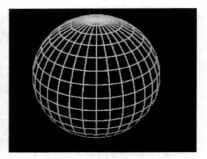

图 6-29　线框材质球　　　　　图 6-30　场景对象效果　　　　　图 6-31　渲染效果

同时可在"扩展参数"卷展栏中可以设置线框的大小，也可根据需要更改线框大小。

2）双面：使材质成为双面，可将材质应用到选定面的双面上。

3）面贴图：可以将材质应用到场景对象的各个面，贴图材质在不需要贴图坐标的情况下，可以自动对应到对象的每个面。

4）面状：可以使物体的材质贴图显示出"面块"的效果。

(3) "Blinn 基本参数"卷展栏

1）环境光：用于模拟间接光，一般不需要调整。在默认状态下，环境光与漫反射颜色是关联的，调整一个颜色同时也会影响另一个颜色。如果需要断开这种关联，单击

第 6 章 材质与贴图

图 6-32 所示的关联图标 ![] 即可。

2）漫反射：设定物体反射出来的颜色，即物体本身的颜色。

单击"漫反射"后的颜色条，出现"颜色选择器：漫反射颜色"对话框，如图 6-33 所示。

图 6-32　关联图标　　　　图 6-33　"颜色选择器：漫反射颜色"对话框

使用鼠标直接在"颜色选择器：漫反射颜色"对话框中选择想要的颜色，调整其白度，得到想要的颜色效果后单击"确定"按钮，即可更改漫反射颜色。

漫反射颜色后面的按钮为贴图按钮，单击该按钮可以打开"材质/贴图浏览器"对话框，用户可以选择需要的贴图，单击"确定"按钮，即可为材质的漫反射添加贴图。添加贴图后，材质的漫反射颜色不起作用。

贴图相关知识将在 6.4 节中详细介绍。

3）高光反射：用于设定物体表面高亮部分的颜色。

（4）反射高光参数组

1）高光级别：用于设置光线照射到物体表面后的反射强度。数值越大，反射强度越强。

2）光泽度：用于设置物体表面光斑的大小。数值越大，高光光斑越小，光斑越强烈；反之，高光光斑越大，光斑越柔和。

3）柔化：用于设置物体的高光区域与非高光区域过渡的柔和程度。最小值为 0，最大值为 1，数值越大，柔化效果越强烈。

标准材质的制作参见后文。

6.3.2　物理材质

物理材质能够体现出真实理想的材质效果，但是需要的渲染时间较长。

1. 更改渲染器类型

一般而言，物理材质是与 ART 渲染器兼容使用的，因此在进行物理材质的制作之前，需要首先对渲染器类型进行设置，确保其当前渲染器为 ART 渲染器。渲染器的设置方法在标准材质中已经介绍，在此不再赘述。

2. 物理材质主要参数介绍

物理材质有标准及高级两种模式。标准模式下的参数在大多数情况下可以产生效果

物流三维动画设计教程

良好的材质，如果需要进行更加精细的调整，则可以使用高级模式。高级模式涵盖了一些标准模式没有的隐藏参数。

本部分将使用实例来展示物理材质的参数面板设置。

3. 物理材质制作月牙形果盘实例

（1）渲染器设置

打开本章配套电子资源"场景文件"中的"01 月牙形果盘.max"，按〈F10〉键进行渲染器选择，本案例使用物理材质，设置渲染器为 ART 渲染器。

（2）设置材质类型

按〈M〉键打开材质编辑器，选择一个空白材质球，命名为"红色塑料"，材质类型选择"物理材质"，材质模式设置为"高级"。

（3）材质参数设置

打开"预设"选择下拉列表，选择"Glossy Plastic"。

参数设置只需要设置"涂层参数"卷展栏和"基本参数"中的基础颜色即可。本案例中两个颜色相同，因此设置好一个颜色后，在设置另外一个颜色时可直接使用"吸管"工具 到已设置完成的颜色框中吸取即可，参数设置如图 6-34 所示。

图 6-34 物理材质参数设置

（4）材质球复制

选择"红色塑料"材质并向右拖拽复制 5 个，分别命名为："橙色塑料""黄色塑料""绿色塑料""青色塑料"和"粉色塑料"（底盘）。各材质的颜色选择器参数设置见表 6-1。

（5）指定材质

将制作好的材质分别指定给场景中的模型（注意：粉色塑料指定给底盘，其余颜色材质随意指定给任意小盘），按〈F9〉键渲染当前场景，得到最终效果（扫描二维码可查看）。

第 6 章　材质与贴图

表 6-1　各材质的颜色选择器参数设置

材质	参数设置						
	红	绿	蓝	Alpha	色调	饱和度	亮度
橙色塑料	0.812	0.184	0	1.0	0.038	1.0	0.812
黄色塑料	0.757	0.914	0	1.0	0.195	1.0	0.914
绿色塑料	0.004	0.639	0	1.0	0.332	1.0	0.639
青色塑料	0	0.565	0.576	1.0	0.503	1.0	0.576
粉色塑料	0.925	0.439	0.427	1.0	0.004	0.538	0.925

指定了材质的模型可参见本章配套电子资源中的实例文件。

6.3.3　多维/子对象材质

多维/子对象材质属于复合对象材质，该材质中可以包含多种同一级别的子材质。如果要使用多维/子对象材质，需要在前期建模时为相应的几何体子对象指定材质 ID，之后再为该几何体制作材质。

1. 为需要指定材质的场景对象设置材质 ID

如图 6-35 所示，在场景中创建一个长方体并将其转化为可编辑多边形，进入"多边形"层级。选择透视图中长方体顶部的多边形，其默认材质 ID 为 1，如图 6-36 所示。

图 6-35　多边形选择　　　　　图 6-36　默认材质 ID

选择其他的多边形，可以看到每个多边形都具有不同的材质 ID，用户可以保持默认的材质 ID，也可以按照需要为其设置新的材质 ID。

如需要为该长方体制作两种材质，其中上下两个底面为白色标准材质，设置上下两个底面的材质 ID 均为 1，其余四个面使用黑色标准材质，设置材质 ID 均为 2，如图 6-37 所示。

2. 制作多维/子对象材质

打开材质编辑器，选择空白材质球，将其材质类型设置为多维/子对象材质。单击"设置数量"按钮，在弹出的"设置材质数量"对话框中输入 2，单击"确定"按钮，如图 6-38 所示。设置完成后的材质面板如图 6-39 所示。

物流三维动画设计教程

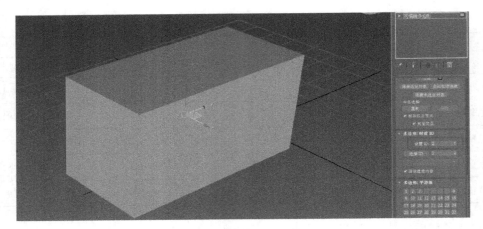

图 6-37　设置多边形材质 ID

图 6-38　设置材质数量

图 6-39　多维/子对象材质面板

接下来对两种子对象材质进行编辑。此时两种子对象材质前面的 ID 需要与之前为子对象设置的材质 ID 进行对应，为了避免弄混，最好为每种子材质进行命名，如图 6-40 所示。

单击材质名称后的"无"按钮，进入"子材质"层级，设置材质类型为标准材质后制作材质。

首先制作 1 号材质，在该材质层级下，首先进行子材质的命名，之后设置其他参数，如图 6-41 所示。之后单击"转到父对象"图标，回到多维/子对象材质面板。

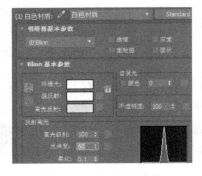

图 6-40　材质命名　　　图 6-41　白色材质参数

图 6-42　多维/子对象材质面板

从图 6-42 可以看出，此时多维/子对象材质面板上已经显示出制作好的 1 号材质的效果、材质名称及材质类型。由于 1 号材质与 2 号材质的差别只在于颜色，所以可以复制 1 号材质到 2 号材质上，然后调整其颜色即可。

第 6 章　材质与贴图

鼠标悬停在 白色材质（Standard） 按钮上，按住鼠标左键，将其拖动到 2 号材质的 无 按钮上然后放开。在弹出的对话框中选择"复制"单选按钮，单击"确定"按钮，如图 6-43 所示。

复制后效果如图 6-44 所示。单击 2 号材质的子材质按钮，进入 2 号"子材质"层级，将其漫反射颜色设为黑色即可。之后单击"转到父对象"图标，回到多维/子对象材质面板。

图 6-43　复制材质　　　　　　　图 6-44　复制后面板效果

制作完毕的材质球及其参数面板如图 6-45 所示。在场景中退出"多边形"层级，选中整个长方体并将材质指定给长方体，效果如图 6-46 所示。

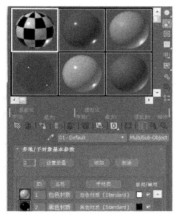 

图 6-45　材质面板　　　　　　　图 6-46　材质效果

3. 多维/子对象材质制作实例

（1）打开魔方场景文件

打开本章配套电子资源"场景文件"中的"02 三阶魔方.max"。

（2）对模型进行元素分离

① 选中模型，切换到"多边形"层级。

② 按住〈Ctrl〉键依次选中 6 个面上的九宫格多边形（注意：选择的时候千万小心，不要漏选或多选边缘上的小多边形，共选中 6×9＝54 面）。

③ 选择好要分离的多边形后，单击"编辑几何体"卷展栏中的"分离"按钮。

④ 在弹出的分离菜单中勾选"分离到元素"复选框，单击"确定"按钮，完成元素分离。

注意：为避免出错，步骤②也可只选一个面，重复步骤②～④进行重复分离。

（3）为多边形各元素设置材质 ID

元素分离完成后即可进行 ID 编号，操作如图 6-47 所示。

在"多边形"层级下，按住〈Ctrl〉键选中顶面上的 9 个多边形，材质编号设置为 1，其余每个面上的 9 个多边形依次编号为 2～6。

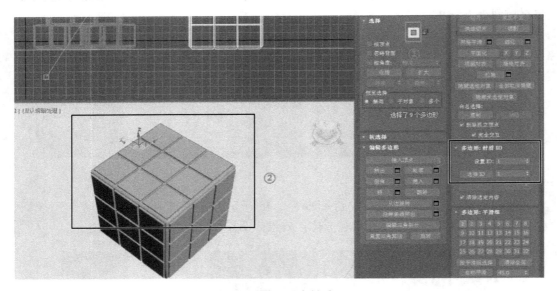

图 6-47　设置元素材质 ID

（4）设置边缘材质 ID

切换到"元素"层级下，单击模型边缘部分，选中模型剩余部分（见图 6-48），在"多边形-材质 ID"卷展栏中将其材质 ID 设置为 7。

（5）材质选择

按〈M〉键打开材质编辑器，选择一个空白材质球，类型设置为"通用"→"多维/子对象"，命名为"魔方"。

（6）设置材质类型

在魔方材质球的基本参数下单击"添加"按钮，本案例用到 7 个材质，其 ID 编号对应到元素 ID 编号。

选择第一个元素，"子材质"按钮下的材质通道默认为"无"（若默认不是"无"，则在右键快捷菜单中选择"清除"命令），单击"无"按钮，进入"子材质"层级，设置子材质类型为物理材质，如图 6-49 所示。

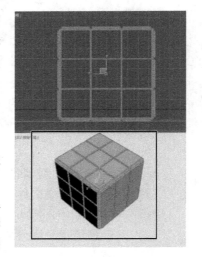

图 6-48　设置边缘材质 ID

（7）材质参数编辑

此时进入 1 号子材质编辑界面，打开"预设"选择下拉列表，选择"Glossy Plastic"。

只需要设置"涂层参数"卷展栏中的"透明图层"和"基本参数"卷展栏中的"基础颜色"的颜色，且在本案例中这两个颜色相同，因此在"涂层参数"颜色设置完

第 6 章 材质与贴图

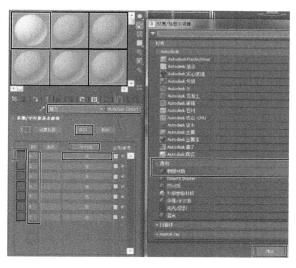

图 6-49 将材质设置为物理材质

毕后，使用"基本图层"参数面板的吸管工具 吸取"涂层参数"颜色即可，两个颜色参数见表 6-2。

表 6-2 1 号子材质颜色参数

材质	参数设置						
	红	绿	蓝	Alpha	色调	饱和度	亮度
透明图层	1	0	0	1.0	1	1.0	1
基础颜色	1	0	0	1.0	1	1.0	1

（8）复制子材质

参数设置完成后，效果如图 6-50 所示，切换回主材质"魔方"通道。如图 6-51 所示，选择 1 号子材质通道，向下拖拽复制出剩余 6 个子材质，复制类型选择"复制"。

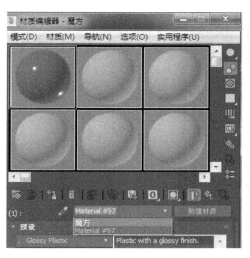

图 6-50 材质球效果

图 6-51 复制子材质

物流三维动画设计教程

（9）各子材质颜色编辑

依次点开每个子材质通道，设置其"涂层参数"和"基本图层"的颜色，同时进行子材质名称编辑魔方对立两个面的颜色搭配为：红—橙；白—黄；绿—蓝。每个颜色对应 ID 编号如下：

（顶面①）红色—（底面 ⑥）橙色。
（左面②）白色—（底面 ④）黄色。
（左面③）绿色—（底面 ⑤）蓝色。

材质颜色选择器参数设置见表 6-3。

表 6-3 其余材质颜色选项器参数设置

材 质	参数设置						
	红	绿	蓝	Alpha	色调	饱和度	亮度
左面②白色	1.0	1.0	1.0	1.0	0	0	1.0
左面③绿色	0	0.698	0	1.0	0.333	1.0	0.698
底面④黄色	0.765	0.875	0	1.0	0.188	1.0	0.875
底面⑤蓝色	0	0	0.804	1.0	0.667	1.0	0.804
底面⑥橙色	0.965	0.059	0	1.0	0.01	1.0	0.965
⑦魔方边缘	0.89	0.859	0.796	1.0	0.111	0.106	0.89

经过以上步骤后制作出的魔方材质效果可扫描此处二维码查看。

将制作好的材质指定给场景中的模型，按〈F9〉键渲染当前场景。魔方渲染效果可扫描此处二维码查看。

指定了材质的模型可参见本章配套电子资源中的实例文件。

6.3.4 VRayMtl 材质

1. 更改渲染器类型

制作 VRay 系列材质前，需要首先将渲染器类型更改为 VRay 渲染器，此时打开材质编辑器中的"材质/贴图浏览器"对话框，可以看到整个 VRay 系列材质都已包含在其中。

2. VRayMtl 材质的常用参数及其设置

VRayMtl 材质是 VRay 渲染器提供的材质中使用频率最高、应用范围最广的一种材质。本部分着重介绍 VRayMtl 材质的常用参数。

第 6 章 材质与贴图

(1) VRayMtl 材质基础参数

1) 漫反射选项组参数:

① Diffuse(漫反射): 物体的漫反射决定了物体的表面颜色, 单击其色块打开颜色选择器来调整颜色。

② Roughness(粗糙度): 最大值为1, 设置材质粗糙度。数值越大, 粗糙效果越明显。

2) 反射选项组参数:

① Reflect(反射): 单击其色块打开颜色选择器来对反射程度进行控制。颜色越白, 反射越强烈; 颜色越黑, 反射越弱。

注意: 纯白——完全反射; 纯黑——不反射。

② HGlossiness(高光光泽): 数值越小, 高光光斑越大; 数值越大, 高光光斑越小。高光光斑只有在曲面上才会显示。

注意: 1为最大值, 表明最光泽; 0为最小值, 表明最不光泽。只有在有反射效果的情况下, 才可能有高光效果。

③ RGlossiness(反射模糊): 反射光泽度/磨砂, 数值越小, 磨砂效果越强, 渲染速度越慢, 反之越快。当反射光泽度为1时, 表明反射的图像最清晰, 不存在反射模糊的效果。

注意: 物体在光照效果下反射图像的效果受光泽程度影响, 不光滑的物体反射的图像是模糊的, 光滑的物体反射的图像是清晰的。

④ Fresnel reflections(菲涅尔反射): 不勾选菲涅尔反射时, 表明为镜面反射。视线与物体法线角度越大, 反射效果越强烈的反射为菲涅尔反射。生活中大部分反射为菲涅尔反射, 从不同的角度观察物体, 其反射效果不同。金属及镜子为典型的镜面反射, 无论从何种角度观察, 其反射效果不变。

⑤ Fresnel IOR(菲涅尔折射率): 数值越小, 菲涅尔反射越强。不同材质的反射效果不同, 因此其菲涅尔折射率参数不同。例如, 钻石的菲涅尔折射率一般为2.4。默认的参数值为1.6, 常用于表达陶瓷等材质的效果。除此之外, 菲涅尔折射率也同时影响材质的折射效果。

⑥ subdivs(细分值): 用来控制反射光泽度的品质。

在渲染设置中选择"V-Ray"选项卡, 在"Global DMC"组参数下勾选"Use local subdivs"复选框, 如图6-52所示。勾选后, 反射/折射后的细分参数就可以调节了, 如图6-53所示。

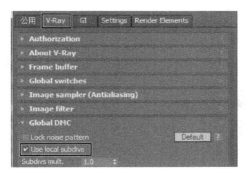

图 6-52 使用局部细分

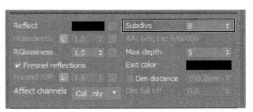

图 6-53 设置细分值

提高细分值之后，能够有效去除物体上的杂点从而提高渲染质量，但会降低渲染速度，默认的细分值为 8。

在实际项目中，当需要给具有复杂结构的物体进行细节表现时，需要提高其细分值。当不需要对物体进行特写以表现其细节时，可以勾选"使用插值"，采用自适应细分来优化渲染速度，即根据自适应细分的标准，在某些地方密集采样渲染，某些地方稀疏采样渲染。本部分将在渲染章节详细介绍，在此不再赘述。

⑦ Max depth（最大深度）：反射的次数，默认为 5 次，次数越多，渲染时间越长，渲染效果越真实，但渲染速度也越慢。

⑧ Exit color（退出颜色）：当物体的反射次数达到最大次数时就会停止计算，此时由于反射次数不够造成的反射区域的颜色，用退出颜色来代替。

⑨ Dim distance（暗淡距离）：暗淡距离之外不再进行反射。在现实生活中，随着距离的增加，对物体的反射效果会减弱。如果单独使用此参数，反射效果在暗淡距离处的减弱是非常突兀的，因此需要配合暗淡衰减参数来使用。

⑩ Dim fall off（暗淡衰减）：当勾选"暗淡距离"复选框之后，暗淡衰减参数可用。参数为 1 时，衰减的过程过渡自然，比较真实；参数为 0 时，衰减过程比较突兀。

3）折射选项组参数：

① Refract（折射）：与反射一样，折射通过调整灰度值来控制折射程度。颜色本身决定折射的颜色，即光线从物体折射出的颜色。折射颜色越白，物体越透明，产生折射的光线越多；折射颜色越黑，物体越不透明，产生折射的光线越少。

② Glossiness（光泽度）：即折射模糊。当值为 1 时，不出现折射模糊的效果；降低光泽度参数后，材质显现出折射模糊效果。如当玻璃材质降低该参数时，呈现出磨砂玻璃的效果。

③ Refract IOR（折射率）：设置透明物体的折射率。数值为 1 时不会发生折射，不同材质的折射率不同，默认值为 1.6（可用于表达玻璃折射率）。水的折射率一般取 1.33，空气的折射率略大于 1（1 为真空），钻石的折射率为 2.4。

④ Max depth（折射深度）：一个物体内部或两个物体之间互相折射的次数，默认为 5 次。

⑤ Affect shadow（影响阴影）：默认打开，即对于材质折射的设置对阴影效果有影响。

4）烟雾颜色选项组参数：

① Fog color（烟雾颜色）：指烟雾颜色。

② Fog multiplier（烟雾倍增）：即烟雾的浓度，值越大，雾越浓。

（2）VRayMtl 材质的 BRDF 参数

BRDF 参数即双向反射分布函数，用于设置材质的高光表现。

1）BRDF 的主要模式：多面，适合非常光滑的物体，如陶瓷等；反射，适合大部分物体；沃德，比较适合用于表现金属效果。

2）其他参数：柔化，能够对高光光斑效果进行微调。

6.4 常用贴图

物体表面复杂的纹理图像单纯靠调整漫反射颜色、反射、折射等是无法实现的，此时需

第 6 章 材质与贴图

要依靠贴图。贴图能够非常真实地模拟出物体表面的纹理,从而增强对物体细节的展现。

将贴图指定到特定的贴图通道上,能够做出反射、折射、凹凸、镂空等效果。在物流设备建模及材质制作中,如果能够熟练、合理地应用贴图,可以在降低建模复杂度的同时提升模型真实度。在实际项目中,链式输送机的链条部分就是通过贴图实现的。

3ds Max 2017 中提供了大量的内置贴图,此外用户还可以通过"位图"通道使用位于个人计算机上的贴图。本节将对常用的贴图及贴图通道进行介绍。

6.4.1 使用贴图与贴图通道

1. 使用贴图

无论是何种材质,材质参数面板中很多参数后面都有一个小方块按钮,如图 6-54 所示。单击任意方块按钮即可开启"材质/贴图浏览器"对话框,如图 6-55 所示。

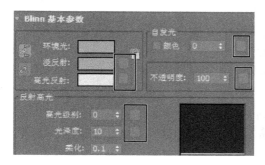
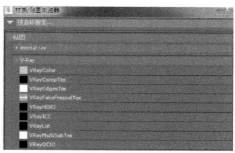

图 6-54 贴图按钮　　　　　　　图 6-55 "材质/贴图浏览器"对话框

该对话框中提供了多种贴图,单击相应贴图,再单击"确定"按钮可为相应贴图通道贴上贴图(也可以直接双击该贴图)。添加贴图后,相应按钮上会出现 M 字栏,如图 6-56 所示。

在图 6-56 中,为该材质的漫反射通道加载了一张内置的棋盘格贴图后,可以看到材质球的效果已经发生了变化。若要删除贴图,则在贴图按钮上单击右键,在弹出的快捷菜单中选择"清除"命令即可,如图 6-57 所示。

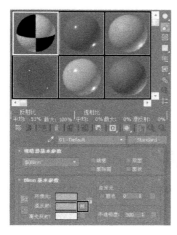
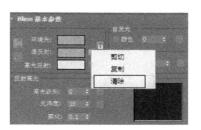

图 6-56 棋盘格贴图　　　　　　图 6-57 清除贴图

2. 贴图通道

无论是何种材质，在材质的参数面板中都有一个"贴图"卷展栏，图 6-58 所示为标准材质的"贴图"卷展栏。"贴图"卷展栏中列出了该材质的所有贴图通道，一个贴图通道用来调整材质的一种属性，贴图通道的"数量"参数用来控制该通道属性的强度。

从图 6-58 中可以看到，在漫反射参数后贴的棋盘格已经出现在"贴图"卷展栏的"漫反射颜色"通道上。

所有在其他卷展栏参数后贴图按钮上加载的贴图都会出现在"贴图"卷展栏中；反过来，用户直接在"贴图"卷展栏的相应通道上加载贴图，其效果相当于在相应参数后的贴图按钮上加载贴图。用户可以根据自身习惯以任意一种方式加载贴图。

常用的贴图通道包含漫反射、不透明度、凹凸、反射、折射等。后文将通过实例介绍常用贴图的使用方法。

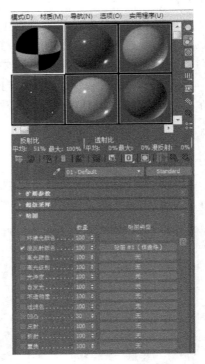

图 6-58 "贴图"展卷栏

6.4.2 位图贴图

3ds Max 2017 材质编辑器中提供了多种内置贴图，包括噪波、平铺、棋盘格、混合、渐变、漩涡等，这些贴图能够提供丰富的材质效果。然而在实际项目中，用户需要表达的场景材质仅仅使用内置贴图是难以满足的，此时需要使用位图贴图。

位图是较为常用的贴图，在"材质/贴图浏览器"对话框中（见图 6-59），选择"贴图"卷展栏中的"位图"，单击"确定"按钮即可打开"选择位图图像文件"对话框，如图 6-60 所示，用户可以上传目标图片作为贴图。

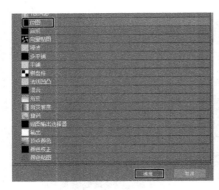

图 6-59 位图

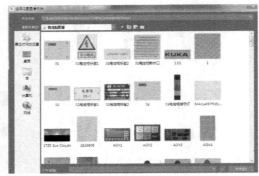

图 6-60 上传图片

由于后续部分将使用位图进行实例展示，所以本部分对位图的使用方法不再赘述。

6.4.3 不透明度贴图

1. 不透明度贴图简介

不透明度贴图主要用于设置材质的透明、半透明、不透明的属性。不透明度贴图遵循的原则是"黑透、白不透"。在使用时需要在"不透明度"贴图通道中加载一张黑白图像，黑白图像中黑色部分是透明的，白色部分是不透明的。

2. 不透明度贴图应用示例

本部分以自动化立体仓库中常见的安全网为例，来说明不透明度贴图的使用方法。

① 在前视图中创建一个 1000mm×1000mm 的平面，其他参数保持默认，如图 6-61 所示。

② 打开材质编辑器，选择空白材质球，将材质类型设为"标准"，命名为"安全网"，如图 6-62 所示。

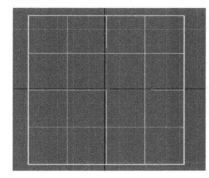
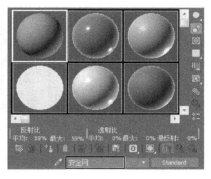

图 6-61　创建平面　　　　　图 6-62　材质命名

③ 在"贴图"卷展栏中的"漫反射颜色"贴图通道中加载配套电子资源中的"贴图资源-运用不透明度贴图制作安全网"→"网格钢丝.png"文件，材质球效果及参数面板如图 6-63 所示。

④ 单击"转到父对象"图标，回到主材质参数面板，如图 6-64 所示。

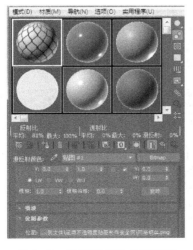

图 6-63　贴图效果及参数面板　　　图 6-64　主材质面板

物流三维动画设计教程

在"贴图"卷展栏中的"不透明度"贴图通道中加载本章"贴图资源"→"运用不透明度贴图制作安全网"→"网格钢丝黑白.png"文件。

⑤ 单击"转到父对象"图标 ，回到主材质参数面板。在"反射高光"选项组下将"高光级别"设为40,"光泽度"设为"50",如图6-65所示。

⑥ 单击 按钮,将制作好的安全网材质指定给场景中的平面,单击 图标(视口中显示明暗处理材质),可在透视图中看到场景对象已经显示出材质效果,如图6-66所示。

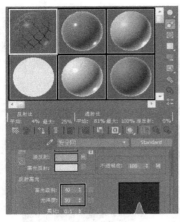 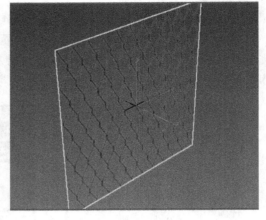

图 6-65　材质设置　　　　　　　　图 6-66　钢丝网

灵活运用不透明度贴图,可以在降低建模难度、复杂度的同时制作出很多贴近实际物流场景的场景对象。

6.4.4　贴图与模型的正确匹配

当为结构简单的对象添加贴图时,3ds Max 2017 能够自动为其分配贴图坐标,无须做过多设置也能够得到理想的效果。然而,当场景对象结构复杂时,简单的贴图设置不能实现所需要的效果,因此本部分主要介绍使得贴图与模型能够正确匹配的方法与手段。

1. 贴图坐标

在场景中创建一个长方体,制作一个标准材质,在漫反射通道上贴图,在不改变任何参数的情况下,贴图效果如图6-67所示。此时,材质编辑器自动切换到该贴图的参数面板,如图6-68所示。在参数面板中的"坐标"卷展栏中可以对贴图坐标进行简单调整。

 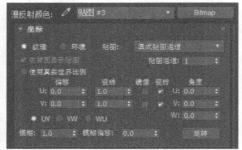

图 6-67　初始贴图效果　　　　　　　图 6-68　参数面板

第 6 章 材质与贴图

（1）瓷砖选项

默认状态下，U、V 方向的"瓷砖"复选框处于勾选状态，此时将两个方向上的瓷砖数量均更改为 3，效果如图 6-69 所示，产生了贴图的平铺重叠效果。

将 U、V 方向的"瓷砖"复选框均取消勾选，数量均为 3 不变，效果如图 6-70 所示。可见贴图只是被缩放了，不会产生平铺效果。

图 6-69　瓷砖平铺效果　　　　　　图 6-70　取消瓷砖平铺效果

（2）偏移

设置"偏移"参数可以使贴图的位置产生移动。如图 6-71 所示，当设置 U、V 方向的"偏移"参数均为 0.1、其他参数如图 6-71 所示时，贴图效果如图 6-72 所示。

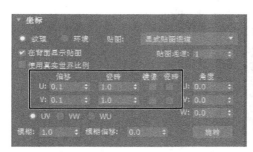 

图 6-71　"偏移"参数设置　　　　　图 6-72　偏移贴图效果

（3）镜像

勾选"镜像"复选框，能够使贴图产生镜像效果。如图 6-73 所示的参数设置产生的效果如图 6-74 所示。

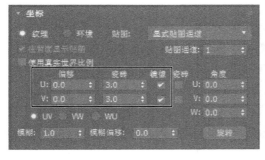 

图 6-73　"镜像"参数设置　　　　　图 6-74　镜像贴图效果

当贴图不是无缝的贴图时，可以勾选"镜像"复选框。

（4）模糊

"模糊"参数可以对贴图的模糊程度进行控制，数值越大，模糊效果越明显。

（5）角度

"角度"参数可以调整贴图在 U、V 方向上的角度。

2. UVW 贴图修改器

（1）UVW 贴图修改器基本知识

"贴图坐标"卷展栏可以对贴图位置进行控制，但是无法调整贴图的形式。对于一些复杂的几何体而言，单纯地使用"贴图坐标"卷展栏是无法实现正确的贴图效果的，此时需要借助 UVW 贴图修改器。

（2）UVW 贴图修改器参数面板

在场景中创建一个长方体，为其制作一个 VRayMtl 材质，在漫反射贴图通道上加载一张贴图，其他贴图参数保持默认设置。

为其加载一个 UVW 贴图修改器，贴图效果如图 6-75 所示。

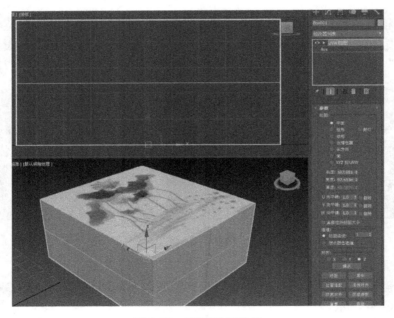

图 6-75　UVW 贴图效果

在图 6-75 右侧即为 UVW 贴图修改器参数面板，下面对主要参数进行介绍。

1）"贴图"选项组："贴图"选项组中涵盖了多种贴图形式，默认为"平面"形式。"平面"的贴图方式可以将贴图以平面的方式投射到场景对象的表面，在此投影方式下，长方体只有上表面有贴图效果，如图 6-75 所示。

用户可以将贴图形式改为其他方式并查看贴图效果。当选择"长方体"类型时，能够给长方体的六个面贴图。此外，选项中的"面"类型表示可以在场景对象的每一个面上都进行投影贴图。图 6-76 所示为对一个有很多面的几何球体以面方式进行贴图时的效果。

第 6 章　材质与贴图

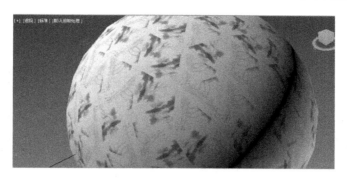

图 6-76　面贴图效果

2）UVW 贴图 Gizmo：加载 UVW 贴图修改器后，场景对象上会出现一个和贴图类型形态相似的 Gizmo。如图 6-77 所示，在修改器堆栈中展开 UVW 贴图修改器（即单击▶图标）即可看到 Gizmo，单击"Gizmo"进入"Gizmo"编辑层级。

此时场景中的贴图修改器 Gizmo 处于选定状态，可以移动 Gizmo 的位置以改变贴图效果，图 6-78 所示为移动 Gizmo 之后贴图效果的变化。

 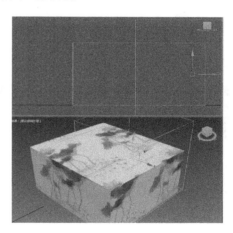

图 6-77　UVW 贴图 Gizmo 层级　　　图 6-78　移动 Gizmo 之后贴图效果的变化

除了调整 Gizmo 的位置，还可以调整图 6-79 参数框中的长度、宽度和高度，以改变贴图效果。图 6-80 所示为调整 Gizmo 尺寸后的效果。

 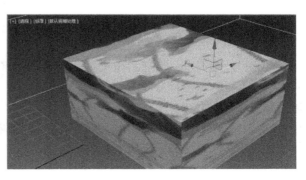

图 6-79　UVW 参数　　　图 6-80　调整 Gizmo 尺寸后的效果

物流三维动画设计教程

3）UVW 平铺参数组：图 6-81 所示的 UVW 平铺参数组可以通过参数设置产生类似于材质编辑器中的瓷砖效果，将 U 向平铺及 V 向平铺均设为 3 时的效果如图 6-82 所示。

图 6-81　UVW 瓷砖设置　　　　　图 6-82　UVW 瓷砖效果

勾选平铺参数框后面的"翻转"复选框，可以翻转贴图。

4）"对齐"选项组："对齐"选项组中提供了 X、Y、Z 三种对齐方式，默认对齐方式为 Z 对齐，图 6-83 和图 6-84 所示为对齐方式设置为 X 对齐和 Y 对齐之后的贴图及 Gizmo 变化。

 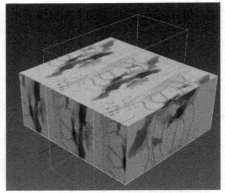

图 6-83　X 对齐　　　　　　　　　图 6-84　Y 对齐

6.5　关于材质的补充知识

本部分将介绍一些在实际工作中较为重要且实用的材质相关知识。

6.5.1　替换或删除场景中的材质

在为场景中的对象指定材质后，由于某些原因可能需要替换材质或删除材质，本部分重点介绍替换或删除场景材质的方法。

1. 替换场景中的材质

除了 6.2 节中讲到的可以使用材质菜单中的"更改材质/贴图类型"命令替换场景中的材质之外，还可以使用如下方法进行替换。

如图 6-85 所示，当前场景中的茶壶已经被指定为材质球 1 的材质。此时如需要更换为材质球 2 的材质，只需要选中材质球 2，单击 图标即可。

第 6 章　材质与贴图

图 6-85　原始材质茶壶

2. 删除场景中的材质

当需要删除场景中已经指定好的材质、恢复场景对象未指定材质前的效果时，删除材质球是没有效果的，此时需要使用实用程序面板 来实现。

打开配套电子资源"场景文件"中的"删除材质练习"中的"办公椅.max"。

要删除该办公椅上所有的材质贴图，步骤如下：

① 在场景中选中需要删除材质的场景对象，在本例中选中办公椅即可。

② 单击 按钮，切换到实用程序面板，单击"更多"按钮（如图 6-86 所示），打开图 6-87 所示"实用程序"对话框，单击"UVW 移除"，单击"确定"按钮。

图 6-86　实用程序面板

图 6-87　UVW 移除

③ 在参数面板中单击"材质"按钮，即可将材质移除，如图 6-88 所示，效果如 6-89 所示。

图 6-88　"材质"按钮

图 6-89　材质移除效果

6.5.2 快速确定场景材质

如图 6-90 所示,当场景比较复杂或涉及多种材质时,要快速确定场景对象对应的材质。下面以确定地板的材质为例,来对这两种方法进行说明。

图 6-90 某仓库场景

1. 方法一

在图 6-91 所示的场景中选择地板。打开材质编辑器,切换到 Slate 材质编辑器模式,材质编辑器中的"场景材质"中会自动选中此对象所对应的材质名称。

图 6-91 仓库地板

2. 方法二

如图 6-92 所示,在材质编辑器工具栏中单击"从对象拾取材质"按钮。然后在场

第 6 章 材质与贴图

景中选择对象，此时材质编辑器的视图区域中会显示所选对象对应的材质。

图 6-92 从对象拾取材质

6.5.3 贴图的保存

为场景对象贴图后，保存贴图的文件夹必须与场景文件在同一根目录下，如图 6-93 所示。

所有制作办公椅材质用到的贴图全部保存在"贴图"文件夹中，而该文件夹应与场景文件"办公椅"位于同一根目录下。否则，打开场景文件时会显示贴图丢失，并且后续渲染时也不能将贴图效果渲染出来。

图 6-93 贴图保存位置

6.6 常用物流设备材质制作实例

本部分将介绍货架、托盘、输送机及堆垛机等常用的物流设备材质制作方法。

6.6.1 使用 VRayMtl 制作货架材质

1. 货架的地脚材质制作

打开本章配套电子资源场景文件中的"08 货架.max"，按〈M〉键打开材质编辑器，选择一个空白材质球，材质类型设置为"VRayMtl"，命名为"地脚"，材质参数设置如下：

漫反射（Diffuse）颜色参数设置为（红：229，绿：1，蓝：0）；反射（Reflect）颜色参数设置为（红：15，绿：15，蓝：15）；高光光泽度、反射光泽度以及细分的设置如图 6-94 所示。

2. 货架的立柱、横梁和斜撑材质制作

复制三个"地脚"材质球，分别命名为"立柱""横梁"和"斜撑"。

更改三个部件的漫反射参数如下：

立柱为（红：2，绿：0，蓝：227）；横梁为（红：171，绿：16，蓝：0）；斜撑为（红：0，绿：44，蓝：138）；其他参数保持不变。斜撑材质球效果可扫描二维码查看。

3. 材质指定

将材质指定给场景中的相应部件，按〈F9〉键渲染当前场景，渲染效果可扫描二维码查看。

物流三维动画设计教程

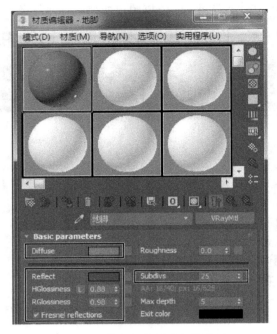

图 6-94 货架地脚材质参数设置

为了提升建模效率,实际工作中一般是建好货架的一组之后就进行材质制作及指定,之后才会对货架进行阵列制作,制出整个货架组。

4. 货架阵列

(1)横梁阵列

在前视图中将横梁向上复制,共 10 层,阵列参数为"Y:1000mm,数量:10",效果如图 6-95 所示。

(2)货架阵列

在前视图中将整体货架成列复制,共 10 列,阵列参数为"X:2400mm,数量:10",效果如图 6-96 所示。

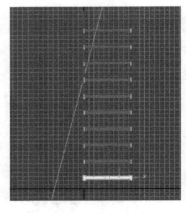

图 6-95 横梁阵列

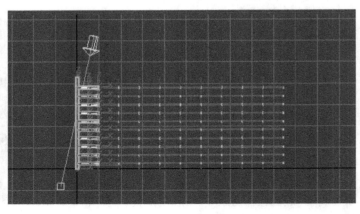

图 6-96 货架阵列

第 6 章 材质与贴图

（3）立柱、斜撑、地脚阵列

在前视图中将立柱、斜撑、地脚向右复制，阵列参数为"X：2400mm，数量：2"。

5. 场景渲染

按〈F9〉键渲染当前场景，最终效果可扫描二维码查看。

指定了材质的模型可参见本章配套资源"实例文件"→"08 使用 VRay 材质制作货架.max"文件。

6.6.2 使用标准材质制作托盘材质

1. 浅色杉木材质制作

打开本章配套资源"场景文件"中的"09 托盘.max"文件，按〈M〉键打开材质编辑器，选择一个空白材质球，设置材质类型为"标准材质（Standard）"，命名为"浅色杉木"。

单击"漫反射"颜色参数后的材质通道，选择"贴图"→"位图"。打开计算机内材质素材文件夹，选择需要的材质图片，单击"打开"按钮，为其加载杉木贴图。

贴图添加完后，软件跳转到贴图通道参数界面，以便对贴图参数进行进一步编辑。本案例不需要对贴图进行编辑，直接切换回主材质层。

返回主材质面板后，设置漫反射颜色为（红：189，绿：184，蓝：90）。在"反射高光"选项组中，设置"高光级别"为80，"光泽度"为23，"柔化"为0.1。

2. 深色杉木材质制作

将"浅色杉木"材质球拖拽复制，命名为"深色杉木"，单击漫反射后的贴图按钮，选择"位图"，打开存储的深色杉木图片，加载到漫反射通道上。

深色杉木材质漫反射颜色为（红：114，绿：72，蓝：24）。在"反射高光"选项组设置"高光级别"为58，"光泽度"为33，"柔化"为0.1。

3. 材质指定及渲染

将材质指定给场景中模型的相应部件，浅色杉木指定给托盘的长板和短板，深色杉木指定给墩子。

4. 场景渲染

按〈F9〉键渲染当前场景，最终效果可扫描二维码查看。

制作好材质的文件可参见本章配套电子资源"实例文件"中的"09 使用标准材质制作托盘.max"文件。

6.6.3 使用 VRayMtl 材质制作链式输送机材质

1. 链条材质制作

打开本章配套电子资源"场景文件"中的"10 链式输送机.max"文件，按〈M〉键打开材质编辑器，选择一个空白材质球，材质类型设置为"VRayMtl"，命名为"链条"。

在链条材质球的"漫反射"通道中加载位图。在计算机"贴图库"文件夹中选择相应的链条图片，单击"打开"按钮，如图 6-97 所示。

选中链条材质球，指定给场景中的链条。

物流三维动画设计教程

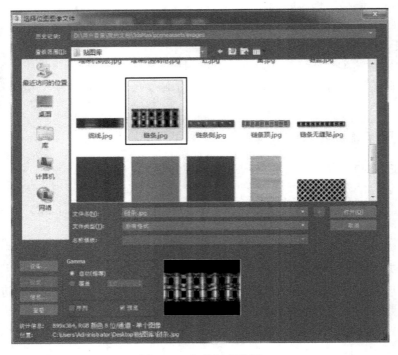

图 6-97 加载链条贴图

如图 6-98 所示,选中场景中的链条,为链条添加 UVW 贴图修改器。为便于后面贴图位置调整,两根链条分开添加 UVW 贴图修改器。选中其中一条添加了修改器的链条,参数如图 6-99 所示。

单击"漫反射"后贴图通道,进入贴图设置,同时观察贴图在链条上的效果。

若贴图与模型方向不对,选中模型,再展开 UVW 贴图修改器,选择"Gizmo"。单击"旋转变换"按钮 C ,同时开启角度捕捉 ,设置旋转角度为 90°,在各视图中旋转调整"Gizmo"即可。

调整好此链条,可为另一链条指定材质和添加修改器,最后调整贴图 UV。链条 VUW 贴图设置完成效果可扫描二维码查看。

图 6-98 选择链条

图 6-99 UVW 贴图参数

第6章 材质与贴图

2. 电机材质制作

选择一个空白材质球,设置材质类型为"VRayMtl",命名为"电机",在"漫反射"贴图通道里添加一张电机贴图,如图6-100所示。电机贴图素材见本章配套电子资源中的实例文件。

在场景中选中输送机的电机部分,将材质指定给电机,并为电机添加UVW修改器,在贴图通道中对贴图与模型的贴合进行调整。电机贴图效果可扫描二维码查看。

3. 输送机机身材质制作

选择一个空白材质球,设置材质类型为"VRayMtl",命名为"机身",材质参数设置下:

漫反射(Diffuse)颜色参数设置为(红:211,绿:211,蓝:211);反射(Reflect)颜色参数设置为(红:30,绿:30,蓝:30);其余参数设置如图6-101所示。

将机身材质指定给除了链条和电机以外的模型。

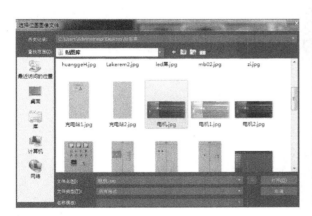

图6-100 加载电机贴图

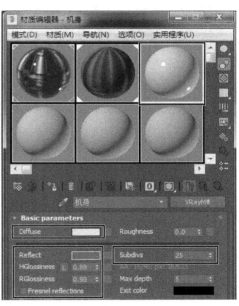

图6-101 机身材质参数设置

4. 场景渲染

按〈F9〉键渲染当前场景,最终效果可扫描二维码查看。

指定了材质的模型可参见本章配套电子资源"实例文件"中的"10 使用VRay材质制作链式输送机.max"文件。

6.6.4 使用VRayMtl材质制作堆垛机材质

1. 堆垛机红色材质制作

打开本章配套电子资源"场景文件"中的"11 堆垛机.max"文件,按〈M〉键打开材质编辑器,选择一个空白材质球,设置材质类型为"VRayMtl",命名为"01 堆垛

机红",参数设置如下:

漫反射(Diffuse)颜色设置为(红:238,绿:32,蓝:0);反射(Reflect)颜色设置为(红:185,绿:185,蓝:185);折射(Refract)颜色设置为(红:0,绿:0,蓝:0);其余参数设置如图 6-102 所示。

将设置好的材质指定给场景中的大货叉、电控柜外壳、防撞装置、缓冲器 01/02 和升降驱动装置,如图 6-103 所示。

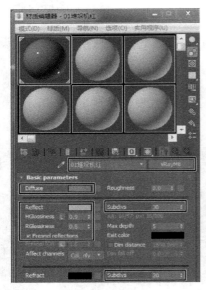
图 6-102　堆垛机红色材质参数

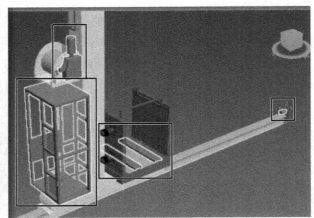
图 6-103　指定材质

2. 堆垛机黄色材质制作

选中材质 01 堆垛机拖拽复制到一个空白材质球上,命名为"02 堆垛机黄",漫反射(Diffuse)颜色设置为(红:230,绿:233,蓝:0)。

将设置好的材质指定给场景中的立柱和钢丝绳底座。

3. 堆垛机轨道材质制作

选择一个空白材质球,设置材质类型为"VRayMtl",命名为"轨道",设置参数如图 6-104 所示,在漫反射贴图通道中加载渐变坡度贴图。

渐变坡度贴图参数设置步骤如下:

① 在"渐变坡度参数"卷展栏中,单击图 6-105 粗线(黄线)所示的位置,创建标志点。

② 将渐变坡度贴图的"渐变类型"和"插值"均设置为"线性"。标志点的编辑,可以将其选中左右拖动;也可如图 6-106 所示,选中标志点(选中为绿色),单击右键,选择"编辑属性"命令。

③ 进入编辑属性后,可以对标志点的标志编码、颜色、位置参数进行设置。

此处一共创建了 6 个标志点,如图 6-107 所示。

标志点(从左往右)参数设置见表 6-4。

第 6 章　材质与贴图

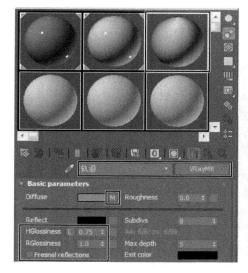

图 6-104　轨道材质参数设置

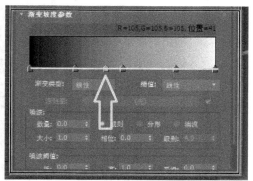

图 6-105　创建标志点

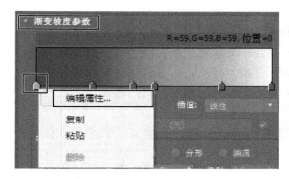

图 6-106　标志点右键快捷菜单

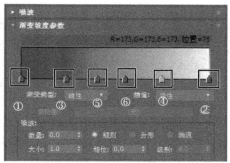

图 6-107　标志点位置

表 6-4　渐变坡度标志点参数设置

编号		标志#1	标志#3	标志#5	标志#6	标志#4	标志#2
颜色	红	59	59	255	255	59	59
	绿	59	59	255	255	59	59
	蓝	59	59	255	255	59	59
位置		0	22	45	55	78	100

将制作好的轨道材质指定给场景中堆垛机的天轨和地轨。

4. 堆垛机电控柜材质制作

选择空白材质球，设置材质类型为"VRayMtl"，命名为"电控柜主体"，参数设置如下：

漫反射（Diffuse）颜色参数设置为（红：80，绿：78，蓝：196）；反射（Reflect）颜色参数设置为（红：72，绿：72，蓝：72）；高光光泽度、反射光泽度及菲涅尔设置如图 6-108 所示。

将材质指定给场景的电控柜主体，效果可扫描二维码查看。

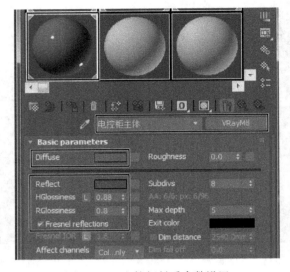

图6-108　电控柜材质参数设置

5. 堆垛机载货台材质制作

将电控柜主体材质拖拽复制到一个新材质球，命名为"载货台-蓝色"。漫反射（Diffuse）颜色参数设置为（红：4，绿：0，蓝：170）。

将材质指定给场景中的载货台，效果可扫描二维码查看。

6. 堆垛机钨钢材质制作

选择一个空白材质球，设置材质类型为"VRayMtl"，命名为"钨钢"，参数设置如下：

漫反射（Diffuse）颜色参数设置为（红：59，绿：59，蓝：59）；反射（Reflect）颜色参数设置为（红：0，绿：0，蓝：0）；其余材质参数设置如图6-109所示。

将设置好的材质指定给场景中的螺钉、小货叉、货叉底座和防撞装置-底座部件01/02。

7. 堆垛机黑色漆材质制作

选择一个空白材质球，设置材质类型为"VRayMtl"，命名为"黑色漆"，参数设置如下：

漫反射（Diffuse）颜色参数设置为（红：35，绿：35，蓝：35）；反射（Reflect）颜色参数设置为（红：8，绿：8，蓝：8）；其余参数设置如图6-110所示。

将材质指定给场景中的螺母。

图6-109　堆垛机钨钢材质制作

第 6 章　材质与贴图

图 6-110　堆垛机螺母材质制作

8. 堆垛机栏杆材质制作

选择一个空白材质球，设置材质类型为"VRayMtl"，命名为"栏杆"，参数设置如下：

漫反射（Diffuse）颜色参数设置为（红：102，绿：102，蓝：102）；反射（Reflect）颜色参数设置为（红：153，绿：153，蓝：153）；高光光泽度为 0.9，反射光泽度为 1.0，关闭菲涅尔选项。

将材质指定给堆垛机载货台的护栏和梯子。

9. 堆垛机载货台钢板材质制作

选择一个空白材质球，材质类型设置为"VRayMtl"，命名为"载货台钢板"。

在"漫反射"通道中进入位图贴图通道，找到"堆垛机钢板贴图"文件（本章配套电子资源中提供，可事先下载到计算机中）并加载该文件。

选中载货台钢板材质球，指定给场景中的载货台钢板。选中钢板模型，为其添加 UVW 贴图修改器。

在漫反射贴图通道中对贴图与模型的贴合进行调整，效果可扫描二维码查看。

10. 堆垛机钢丝绳材质制作

选择一个空白材质球，设置材质类型为"VRayMtl"，命名为"钢丝绳"，在漫反射贴图通道中添加一张缆线贴图，如图 6-111 所示。

将材质指定给钢丝绳模型，并为钢丝绳模型添加 UVW 修改器，在贴图通道中对贴图与模型的贴合进行调整。设置 UVW 贴图参数为"柱形"，U、V、W 向平铺均为 1，并调整其长宽高参数。

物流三维动画设计教程

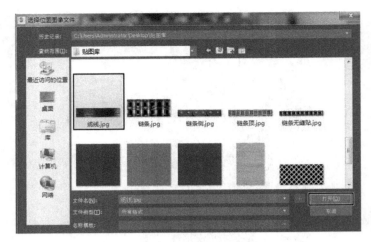

图 6-111　加载缆线贴图

11. 场景渲染

将制作好的材质指定给场景模型，按〈F9〉键渲染当前场景，堆垛机整体效果可扫描二维码查看。

指定了材质的模型可参见本章配套电子资源"实例文件"中的"11 使用 VRay 材质制作堆垛机.max"。

复习思考题

1. 材质与贴图是何关系？
2. 通过哪些方法可以启动材质编辑器？
3. 标准材质、物理材质、VRay 材质分别需要配合哪些渲染器？
4. 如何使用不透明度贴图？
5. 如何删除场景中的贴图？
6. 存放模型对应的贴图文件时应该注意什么？

第 7 章　灯光与摄影机

本章概述

在 3ds Max 2017 中，只有在光照下，场景对象才能产生阴影从而呈现出立体感。此外，场景对象的材质表现也需要在光照的配合下才能够得到良好的呈现。3ds Max 2017 提供了多种灯光类型以供场景灯光效果的制作。选择合适的灯光类型并设置合理的参数，能够对场景对象进行生动的表达，凸显其空间层次感，从而使得场景更加真实。

在制作动画时，合理的摄影机设置能够为观众提供最佳的观察视角。能够在合适的视角架设摄影机并配合场景动画制作相应的摄影机动画，对于物流三维动画制作而言至关重要。

本章主要从 3ds Max 2017 中的常用灯光和摄影机入手，对其关键参数进行介绍。

本章核心知识点

1）理解 3ds Max 2017 中的灯光类型。
2）掌握 3ds Max 2017 中常用灯光的类型及参数设置。
3）掌握 3ds Max 2017 中摄影机的常规参数及设置。

7.1　3ds Max 2017 中的灯光技术

灯光是 3ds Max 2017 场景中的重要元素，没有灯光的场景是僵化死板的，场景对象只有在合适的光照效果下，才能体现出阴影及其材质效果，从而表达出整个场景的层次感和质感。

7.1.1　默认灯光和创建灯光

打开 3ds Max 2017，在场景中创建对象，此时虽然在场景中没有创建任何灯光，但场景仍然是亮的，可以看到场景对象，这是因为场景中的默认灯光处于开启状态。

单击透视图中的"标准"→"照明和阴影"命令，可以看到当前设置为"用默认灯光照亮"，如图 7-1 所示。若需要在 3ds Max 2017 中对默认灯光进行设置，则可在菜单栏中单击"视图"→"视口按视图设置"命令，如图 7-2 所示。

可在"视口设置和首选项"→"按视图预设"选项卡中的"照明和阴影"选项组中进行相应设置，如图 7-3 所示。

在较低版本的 3ds Max 中，当在场景中创建灯光后，场景中的默认灯光自动关闭，场景的照明由所创建的灯光负责。

物流三维动画设计教程

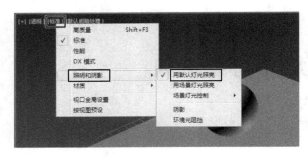

图 7-1　3ds Max 2017 默认灯光设置

图 7-2　3ds Max 2017 更改默认灯光设置

在 3ds Max 2017 中，在场景中创建一个目标聚光灯后，场景无变化，目标聚光灯没有起作用。此时需要在"照明和阴影"选项组中将灯光设置为"用场景灯光照亮"，如图 7-4 所示。

图 7-3　"视口设置和首选项"对话框

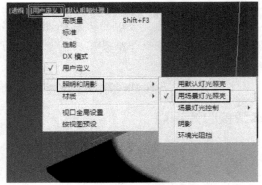

图 7-4　用场景灯光照亮

图 7-4 所示场景的默认灯光已经被关闭，创建的目标聚关灯负责场景照明。只有在光照范围内的场景才是亮的，光照范围之外的场景没有光照效果。

7.1.2　灯光的创建及其类型

1. 灯光的创建

在创建面板中单击"灯光"按钮，单击灯光类型下拉列表可以看到所有灯光类型，如图 7-5 所示。

选择相应的灯光类型并单击特定灯光，如图 7-6 所示。在场景中拖动光标即可创建灯光。除此之外，也可以通过创建菜单栏创建灯光，选择灯光类型及特定灯光，如图 7-7 所示。

图 7-5　灯光类型

图 7-6　标准灯光类型

第 7 章　灯光与摄影机

按住鼠标左键在相应视图中拖动，即可创建灯光，如图 7-8 所示。

图 7-7　选择灯光　　　　　　　　图 7-8　灯光创建

2. 灯光的类型

3ds Max 2017 自带的灯光有标准灯光和光度学灯光，若用户安装了 VRay 渲染器，则还可以创建 VRay 系列的灯光。一般而言，VRay 系列的灯光与 VRay 材质及 VRay 渲染器配合使用，即场景对象使用 VRay 材质，灯光使用 VRay 灯光，渲染时选择 VRay 渲染器。由于 VRay 渲染器有很好的兼容性，所以场景中若使用了 3ds Max 2017 自带的标准灯光或光度学灯光，使用 VRay 渲染器也能够产生良好的渲染效果。

本节将分别对三种类型的灯光进行介绍。

7.1.3　标准灯光

标准灯光为模拟灯，3ds Max 2017 提供有多种类型的标准灯光来模拟真实世界的光源。

1. 标准灯光的创建及类型

单击创建面板中的"灯光"按钮，在下拉列表中选择"标准灯光"，即可查看标准灯光类型。如图 7-9 所示，3ds Max 2017 中主要包含 8 种类型的标准灯光，单击需要创建的灯光类型按钮，然后在相应视图中拖动，即可完成标准灯光创建。

（1）聚光灯

在标准灯光的 8 种类型中，目标聚光灯和自由聚光灯均为聚光灯，属于定向光源，有特定的照射方向及照射范围。聚光灯的照射方向和照射范围可以通过参数进行调整，范围外的场景不受灯光影响，可模拟汽车车灯、手电筒等。图 7-10 所示为目标聚光灯光照效果。

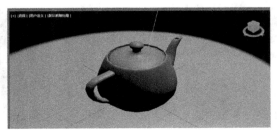

图 7-9　标准灯光类型　　　　　图 7-10　目标聚光灯光照效果

物流三维动画设计教程

目标聚光灯除有一个投射点外，还有一个目标点。投射点表明灯光所在位置，而目标点则指向需要照明的场景对象。

1）目标聚光灯投射点：在场景中创建目标聚光灯后，单击其投射点，如图 7-11 所示，可以调出该目标聚光灯的参数面板，从而对灯光参数进行调节。

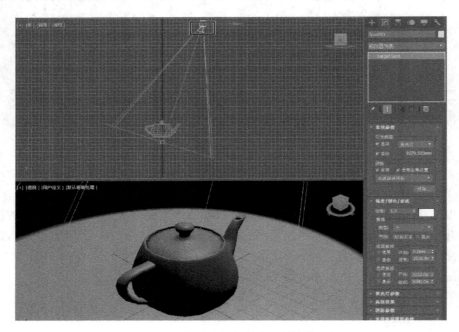

图 7-11　目标聚光灯投射点及其参数面板

在场景中选中目标聚光灯的投射点后，除了调出其参数面板，还可以使用"选择并移动"工具移动其位置，从而影响其光照效果。

2）目标聚光灯目标点：目标聚光灯的目标点主要用于指向灯光照射的目标。单击目标聚光灯的目标点不会打开任何参数面板，即目标点无参数。在场景中选中目标聚光灯的目标点后，对其进行移动可以影响光照的范围，图 7-12 和图 7-13 所示为移动目标点后的光照效果对比。

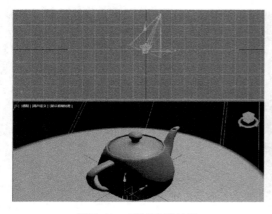 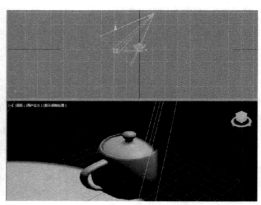

图 7-12　原始光照效果　　　　　　　图 7-13　移动目标点后的光照效果

第 7 章　灯光与摄影机

与目标聚光灯相比，自由聚光灯没有目标点，用户可以根据实际情况选择使用目标聚光灯或自由聚光灯。

（2）平行光

目标平行光与自由平行光都属于平行光，3ds Max 2017 中通常使用平行光来模拟太阳光。在制作物流三维动画时，一般使用目标平行光来模拟自然光源。

1）目标平行光：在场景中创建一个目标平行光，效果如图 7-14 所示。目标平行光也由投射点及目标点构成，在投射点和目标点之间投射平行光线，产生照明区域，常用于模拟自然光照射效果。

单击投射点调出目标平行光参数面板，目标点无参数。可以使用"选择并移动"工具移动投射点、目标点，以调整其光照方向，光照区域大小通过参数调节，后文将详细介绍其参数设置，在此不再赘述。

当使用目标平行光作为场景的主要光源进行照明时，其光照区域需要覆盖整个场景。

2）自由平行光：自由平行光与自由聚光灯一样没有目标点，能够产生平行的照射区域，主要用于模拟太阳光。自由平行光可以转变为目标平行光：在场景中创建自由平行光后，在其参数面板中勾选"目标"复选框，即可将其转变为目标平行光，如图 7-15 所示。

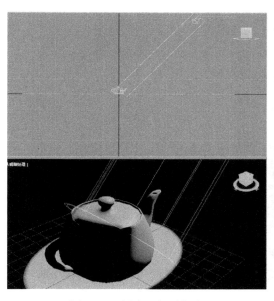
图 7-14　创建目标平行光

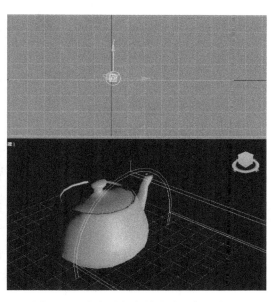
图 7-15　自由平行光转变为目标平行光

（3）泛光

泛光属于不定向光源，以一个点为发光中心均匀地向外发射光线，可以用于模拟日常生活中灯泡的效果。

（4）天光

天光主要用于模拟天空光。天光对创建位置没有要求。

（5）MR 灯

MR 泛光灯（mr Area Omni）和 MR 聚光灯（mr Area Spot）是与 mental ray 渲染器

物流三维动画设计教程

配合的灯光，本书对 mental ray 渲染器不做涉及，因此对这两种灯光不做介绍。

2. 标准灯光的常规参数设置

本书主要以目标聚光灯为例来说明标准灯光的常规参数设置，其余灯光的参数设置与目标聚光灯类似。打开本书配套资源"场景文件"→"花瓶.max"文件。在场景中创建一盏目标聚光灯，单击其投射点，调出其参数面板，如图 7-16 所示。

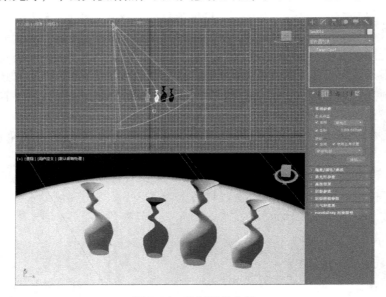

图 7-16　花瓶场景文件

(1)"常规参数"卷展栏

1)"灯光类型"选项组：

启用：勾选该复选框意为开启该灯光。若在场景中创建了灯光但是没有勾选"启用"复选框，相当于该灯光被关闭，场景中无灯光效果。默认为勾选状态。

灯光类型：下拉列表框中有聚光灯、平行光、泛光三种类型可供选择。

目标：当所创建灯光为目标聚光灯时，该复选框默认勾选。取消勾选，则灯光变为自由聚光灯。

2)"阴影"选项组：

启用：勾选该复选框能产生灯光阴影效果。默认开启，以产生真实的光影效果。

使用全局设置：默认开启，此时该灯光产生的阴影影响整个场景的阴影效果。

阴影类型：单击下拉列表框选择相应阴影类型，如图 7-17 所示。

排除：单击"排除"按钮，弹出"排除/包含"对话框，如图 7-18 所示。在左边区域选择需要排除灯光效果的场景对象，单击向右移动按钮，将其移动到右边的区域中即可。

排除的选项有照明（仅排除光照，但物体仍有阴影效果）、投射阴影（仅排除阴影效果，物体仍能受到光照）和二者兼有（该物体不产生任何光照及阴影效果）。

(2)"强度/颜色/衰减"卷展栏

1) 强度/颜色选项组：

第7章 灯光与摄影机

图7-17 阴影类型

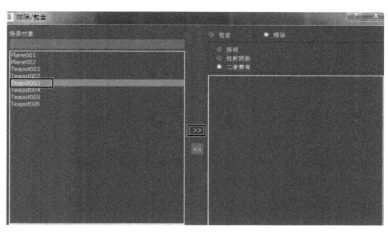

图7-18 "排除/包含"对话框

倍增：通过该数值调节光照强度，数值越大，光照越强烈。

颜色：单击色块，可以调节灯光颜色。

2)"衰退"选项组：

类型：设置灯光衰退的方式。

开始：设置灯光开始衰退的距离。

显示：勾选该复选框后，在视口中显示灯光的衰退效果。

近距衰减：设置灯光从弱到强的距离范围。

远距衰减：设置灯光从强到弱的距离范围。

(3)"聚光灯参数"卷展栏

显示光锥：勾选该复选框后，聚光灯在视图中开启圆锥显示效果。

泛光化：勾选该复选框后，灯光在各个方向上投射光线。

衰减区/光束：调整灯光圆锥体的角度。

衰减区/区域：调整灯光衰减区的角度。

圆/矩形：设置聚光区和衰减区的形状，默认为圆形，当需要矩形光束时，可以选择矩形。

(4)"阴影参数"卷展栏

1)"对象阴影"选项组：

颜色：单击色块，可以调节对象阴影颜色，默认为黑色。

密度：用于调节阴影的深浅，密度大阴影深，密度小阴影浅，默认值为1。

贴图：勾选该复选框后，可以加载贴图以表现对象阴影效果。

灯光影响阴影颜色：勾选该复选框后，灯光颜色将对阴影颜色产生影响。

2)"大气阴影"选项组：

启用：当在室外场景中设置了特定的大气效果时，勾选该复选框可以使场景中的大气产生阴影效果。

不透明度：调节阴影的不透明度。

颜色量：调节颜色混合量。

7.1.4 光度学灯光

光度学灯光是按照光度学定义的、比较贴近真实世界的灯光。

1. 光度学灯光的创建和类型

3ds Max 2017 中的光度学灯光包含目标灯光、自由灯光、MR 天空入口和太阳定位器。不同类型的灯光有不同的作用，可以用于模拟现实生活中不同的灯光。MR 天空入口属于 mental ray 灯光，在本书中不做介绍。

在创建面板中单击"灯光"按钮，在下拉列表中选择"光度学"，单击需要创建的灯光类型并在相应视图中拖动，即可创建光度学灯光。

（1）目标灯光

在现实生活中，光度学的目标灯光主要用来模拟筒灯、壁灯等。目标灯光带有目标点，用于指向照明目标。

切换到修改面板，单击目标灯光可以打开目标灯光参数面板。目标灯光目标点没有参数面板。在场景中移动目标灯光与目标点之间的距离，会影响光照强度，目标灯光到目标点之间的距离缩短，光照增强，反之则光照减弱。此外，移动灯光位置还能够影响光照范围。

（2）自由灯光

自由灯光在现实生活中常用于模拟台灯等。与目标灯光相比，自由灯光没有目标点，除此之外，两者参数面板一样。在自由灯光参数面板中勾选"目标"复选框，可以将自由灯光转变为目标灯光。

（3）太阳定位器

太阳定位器可以用于模拟太阳在某一特定位置上不同季节、不同时间的太阳光效果。

2. 光度学灯光的常规参数设置

本部分以目标灯光为例，来说明光度学灯光的常规参数设置。

光度学灯光的参数面板中，"大气和效果"卷展栏和"高级效果"卷展栏与标准灯光中的参数面板一致，其余参数卷展栏差异较大。本部分将重点介绍不同的部分。

（1）"常规参数"卷展栏

灯光分布（类型）：此参数用于设置灯光分布的类型，其下拉列表主要包含如图 7-19 所示的四种灯光分布。

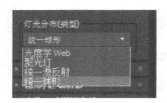

图 7-19 灯光分布（类型）

图 7-20 光度学 Web 面板

第 7 章　灯光与摄影机

当选择"光度学 Web"时，如图 7-20 所示，用户可以在出现的"分布（光度学 Web）"中单击"〈选择光度学文件〉"按钮上传特定的光域网文件，从而产生贴近实际生活的照明效果。

光域网文件表明每盏灯照明时光的分布情况，不同光域网文件产生的照明效果不同。

（2）"颜色/强度/衰减"卷展栏

1）"颜色"选项组：

颜色：下拉列表中涵盖了多种常见灯光规范，每种灯光有其特定的光谱特征。

开尔文：调整灯光色温，色温用开尔文度数来表达。

过滤色：相当于实际生活中灯罩的颜色。

2）"强度"选项组：

强度：设置光度学灯光的强度或亮度，有 lm、cd、lx 三种单位。

3）"衰减"选项组：

结果强度：衰减的强度。

暗淡百分比：设置用于降低灯光强度的倍增。

远距衰减：设置灯光衰减范围。

7.1.5　VRay 灯光

安装 VRay 渲染器后，除了可以创建 3ds Max 2017 自带的标准灯光和光度学灯光外，还可以创建 VRay 灯光。VRay 灯光，后期渲染时需要配合使用 VRay 渲染器。

在 3ds Max 2017 中，VRay 灯光包含 VRaylight、VRayIES、VRayAmbientLight（VRay 环境光）和 VRaysun（VRay 太阳）四种。

在几种灯光中，VRaylight 和 VRayIES 主要用于模拟人造灯光，VRaysun 用于模拟自然光，VRay 环境光则一般用作间接照明。本书将重点介绍 VRaylight 及 VRaysun。

1. VRaylight

VRaylight 主要用于模拟室内光源（即人造光源），是使用频率非常高的一种灯光。

（1）"General"（常规）卷展栏

1）On（开）：控制是否开启 VRaylight。

2）Type（类型）：VRaylight 有 Plane（平面）、Dome（穹顶）、Sphere（球体）、Mesh（网格体）、Disc（圆形）五种类型，默认为"Plane"。选择不同的类型，下面的参数面板会切换为相应灯光类型的卷展栏。

Plane：灯光效果为平面形状，俗称"片灯"。

Dome：灯光效果为穹顶形状。

Sphere：灯光效果为球体形状。

Mesh：灯光效果为网格形状。

Disc：灯光效果为圆形。

当 VRaylight 当前可选的形状都不能满足要求时，可以设置类型为"Mesh"，在场景中创建相应三维物体，将其拾取为灯光形状。使用该种形式可以灵活设置灯光的形状，但是在后期渲染中，其产生的光照和阴影都比较容易产生杂点，渲染时需要提高细分值以提高渲染质量。

在场景中创建一盏 VRaylight，其类型为 Mesh，再在场景中创建一个环形结，单击 VRaylight，调出其参数面板，单击"pick mesh"按钮，如图 7-21 所示。

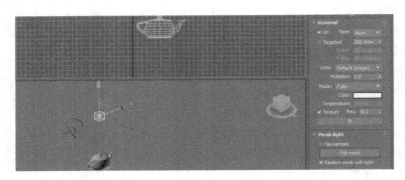

图 7-21　参数面板

在视图中单击环形结，拾取环形结作为网格对象，则可以看到环形结已经成为新的灯光形状，在场景中将灯光切换为场景灯光，效果如图 7-22 所示。

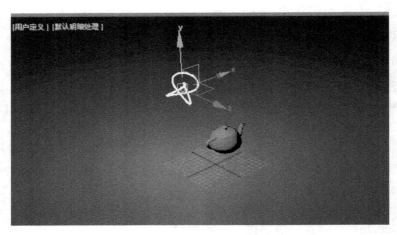

图 7-22　Mesh 灯光效果

3）Targeted（目标点）：控制 VRaylight 是否有目标点，勾选则灯光为目标灯光，有目标点。

4）灯光尺寸参数：当设置不同的灯光类型时，灯光尺寸参数卷展栏是不一样的。Plane 和 Dome 的参数卷展栏就有很大差异。以 Plane 为例，Half-length（半长）表示平面光源尺寸长度的一半；Half-width（半宽）表示平面光源尺寸宽度的一半。

注意：在不调节位置、距离、倍增及其他参数的情况下，调整灯光的尺寸影响光照强度，尺寸越大，光照越强。

5）Units（单位）：设置 VRaylight 的亮度单位，默认为"image"（图像）。

6）Multiplier（倍增）：用于控制光照的强弱，倍增值越大光照效果越强。

7）Mode（模式）：用于调节 VRaylight 的颜色模式，包含"Color"（颜色）和"Temperature"（色温）两种。当模式设置为"Color"时，单击颜色后的色块可以打开

第 7 章　灯光与摄影机

颜色选择器从而设置灯光颜色。当模式设置为"Temperature"时,可以通过调整色温值来调节灯光颜色。

(2)"Options"（选项）卷展栏

Cast shadows（投射阴影）：勾选该复选框,在场景中可以表达出灯光的阴影效果,默认开启。

Double-sided（双面）：打开该复选框后,平面灯光两面都有灯光效果。

Invisible（不可见）：勾选该复选框后,灯光本身在渲染时不可见,仅渲染出光照效果。

No decay（不衰减）：勾选该复选框后无论灯光离物体多远,光线都不会发生衰减。

Skylight portal（天光入口）：勾选该复选框后,场景中的天光会从该 VRaylight 所在位置及其大小进行投射。此时,该 VRaylight 的其他选项不可用,其属性由天光控制。

Store with irradiance map（存储发光图）：勾选该复选框后,系统将 VRaylight 的光照效果存储到发光贴图中（只有在"渲染设置"中的"间接照明""首次引擎"设置为"发光图"时,此选项才能起到作用）。

Affect diffuse/specular/reflections（影响漫反射/高光/反射）：决定灯光是否影响场景对象材质漫反射/高光/反射,默认勾选。

(3)"Sampling"（采样）卷展栏

Subdivis（细分值）：控制渲染精度,当需要近距离表现细节时,可以调高细分值,但同时会延长渲染时间。

Shadow bais（阴影偏移）：调节阴影偏移量。

2. VRay Sun

(1) VRay Sun 简介

VRay Sun 用于模拟太阳光,在倍增值不变的情况下,随着角度的变化,其光线强弱、明暗都会变化。图 7-23 和图 7-24 为不同角度下 VRay Sun 的照明效果。

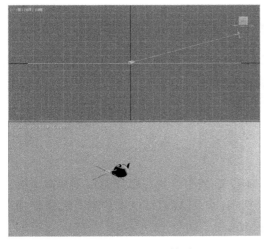

图 7-23　VRay Sun 效果 1

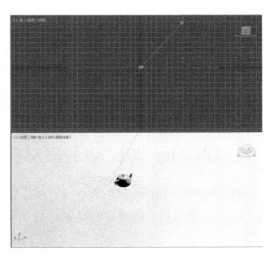

图 7-24　VRay Sun 效果 2

创建 VRay Sun 时,会弹出图 7-25 所示对话框,询问是否自动添加 VRay 天空环境贴图,单击"是"按钮会自动贴一张贴图,此时按大键盘〈8〉键,打开"环境和效果"对话框（见图 7-26），可以看到背景色后面已经有默认的 VRay 天空贴图了。

图 7-25　V-Ray Sun 环境贴图对话框

图 7-26　"环境和效果"对话框

做室内效果时，一般不需要加 VRay 天空贴图。

（2）VRay Sun 常用参数

Enabled（启用）：控制是否在场景中开启 VRay Sun。

Invisible（不可见）：勾选后，渲染时不渲染 VRay Sun 形状。

Turbidity（浊度）：空气浊度影响太阳光颜色，数值较大时，空气浑浊，最小值为 2，此时空气质量最好。

Ozone（臭氧）：臭氧也影响太阳光颜色，臭氧值较小时，阳光发黄，值较大时发蓝。

Intensity Multiplier（阳光强度倍增值）：默认为 1，影响阳光强度，值越大，强度越大。

Size Multiplier（大小倍增或尺寸倍增）：该参数是指太阳的大小，它的作用主要是调节阴影的模糊程度，较大的值使得阴影比较模糊。灯光尺寸越小，阴影越实。

臭氧值与浊度两个参数都能影响太阳光的颜色，但这种影响是细微的。若希望显著改变太阳光颜色，则可以调节"过滤颜色"参数。

Filter Color（过滤颜色）：可以调节所需要的过滤颜色。

Color Mode（颜色模式）：包含过滤、覆盖等，当选择"覆盖"模式时，表示使用过滤颜色覆盖太阳光自身发出的颜色。

过滤颜色与颜色模式两个参数配合使用。

Shadow Subdivs（阴影细分值）：当数值调得较大时，模糊区域的阴影会比较光滑，并且没有杂点。阴影细分值大小决定了影子的精细程度。

Exdude（排除）：灯光对被排除的对象无作用。

7.2　3ds Max 2017 中的摄影机

与现实生活中的摄影机类似，在 3ds Max 2017 场景中，用户可以通过创建摄影机从特定视角观察场景。将摄影机动画与场景动画相结合，还能够帮助用户动态地观察场景流程。

7.2.1　摄影机的创建及其类型

1. 摄影机的创建

在创建面板中单击"摄影机"按钮，在"对象类型"面板可以看到所有的摄影机

第 7 章 灯光与摄影机

类型，如图 7-27 所示。单击相应的摄影机对象类型，按住鼠标左键在视图中拖动，即可创建摄影机。除此之外，也可以通过创建菜单创建摄影机。单击创建菜单中的"摄影机"命令，选择摄影机，如图 7-28 所示。之后按住鼠标左键在相应视图中拖动，即可创建摄影机，如图 7-29 所示。

图 7-27 摄影机类型

图 7-28 通过创建菜单创建摄影机

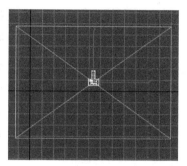
图 7-29 创建摄影机

2. 摄影机的类型

3ds Max 2017 提供了 3 种类型的摄影机，包括目标摄影机、自由摄影机及物理摄影机。

（1）目标摄影机

打开配套电子资源"场景文件-kuka 机器人.max"文件，在顶视图中创建一个目标摄影机，如图 7-30 所示，可以看到目标摄影机包含摄影机机身及摄影机目标点。

单击摄影机机身，在修改面板中可以调整摄影机参数。单击摄影机目标点，无参数，它的作用是确定摄影机观察视角。目标点体现摄影机的焦点，即关注的中心点。

该摄影机是场景中创建的第一个摄影机，系统自动命名为"Camera001"。

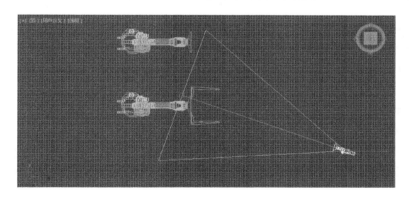
图 7-30 摄影机创建效果

在透视图中单击"透视"→"摄影机"→"Camera001"命令，如图 7-31 所示。该操作将透视图切换为 Camera001 的摄影机视图，如图 7-32 所示。

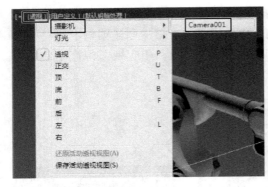

图 7-31　摄影机视图切换

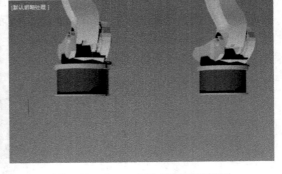

图 7-32　Camera001 的摄影机视图

使用"选择并移动"工具在前视图、顶视图及左视图中调节摄影机机身及目标点的位置并实时在透视图中观察，直至获得满意的视角为止，如图 7-33 所示。

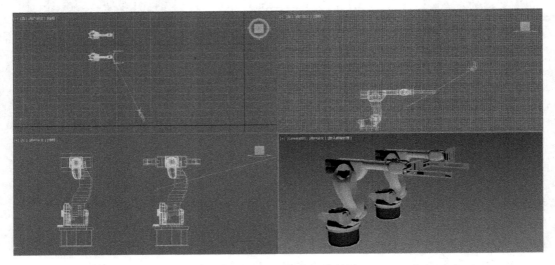

图 7-33　摄影机视角调节效果

在首次创建摄影机后，一般都不能得到满意的视角，此时可将透视图或其他用户习惯的视图切换为摄影机视图进行观察（在任一视图中按〈C〉键可以将当前视图切换为摄影机视图），同时依据实际情况选择其他三个视图中的一个或多个进行摄影机的调整，以便获得满意的视角。

在调整摄影机时，摄影机的机身和目标点可以分别移动，也可以同时移动，具体操作看效果要求。

（2）自由摄影机

与目标摄影机相比，自由摄影机没有目标点，一般对自由摄影机进行旋转移动，以调整其视角。

（3）物理摄影机

和目标摄影机与自由摄影机相比，物理摄影机的参数面板上多了一个"物理摄影机"卷展栏，可以通过对镜头、聚焦、光线、快门等参数的调节使其模拟现实生活中的

第 7 章 灯光与摄影机

多种摄影机。在透视图中按〈Ctrl + C〉键可以直接创建物理摄影机。

7.2.2 摄影机参数

本节以目标摄影机为例，说明摄影机的常用参数。在视图中创建目标摄影机后，单击目标摄影机机身，单击"修改面板"按钮即可调出目标摄影机的参数面板。

注意：必须单击目标摄影机机身，目标点无参数。

1. 基本参数

镜头：设置摄影机的焦距，单位为 mm，镜头值越小，观察角度越大。常规镜头在 20~35mm 之间，具体使用多大的镜头，需要根据实际情况而定。当镜头数值过小时，物体会发生变形。

视野：摄影机能够观察到的范围。镜头越小，视野越大；镜头越大，视野越小。

正交投影：勾选该复选框后，摄影机从正面投影的角度对物体进行拍摄。

备用镜头：3ds Max 2017 提供了 9 种常用镜头以供用户快速设置镜头值与视野值。当选择某种镜头时，其视野值会相应变更，图 7-34 和图 7-35 所示为 15mm 及 200mm 的镜头对应的视野值。

图 7-34　15mm 镜头视野

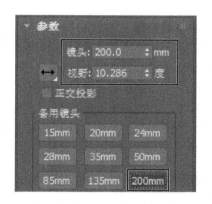

图 7-35　200mm 镜头视野

类型：用于切换摄影机类型，可在自由摄影机与目标摄影机间切换。

显示圆锥体：勾选该复选框后，即使在视图中取消了对摄影机的选择，也能够显示出摄影机的视野区域。

显示地平线：勾选该复选框后，在摄影机视图中会出现一条黑色的地平线，在进行室外场景设计时有助于判断位置。

2. 环境范围参数

环境范围：如图 7-36 和图 7-37 所示，按大键盘上的数字键〈8〉打开环境面板（"环境和效果"对话框中的"环境"选项卡），在"大气"卷展栏中单击"添加"按钮，向场景中添加"体积雾"环境效果。此时勾选"显示"复选框，环境范围代表增加的环境效果显示的范围。

近距范围：代表环境效果开始的地方。

远距范围：代表环境效果结束的地方。

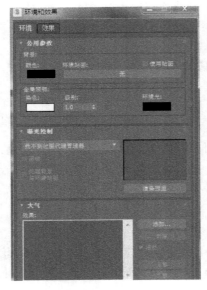
图 7-36 环境面板

图 7-37 添加"体积雾"效果

3. 剪切平面参数

手动剪切：勾选该复选框后，摄影机图标上会出现红色的剪切平面，由两个剪切平面决定摄影机视图中显示的范围。

近距剪切：离摄影机近的位置出现红色的剪切平面。

远距剪切：离摄影机远的位置出现红色的剪切平面。

这两者之间的距离决定了摄影机的拍摄范围。

图 7-38 所示为未进行手动剪切时的效果，图 7-39 所示为手动剪切后的效果。

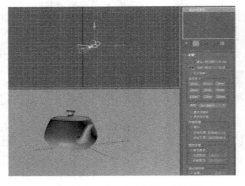
图 7-38 未进行手动剪切时的效果

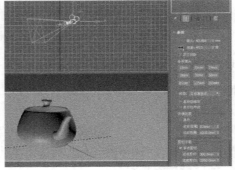
图 7-39 手动剪切后的效果

剪切平面常用于室内效果展示，例如摄影机在墙外，此时可以通过剪切平面设置近距剪切和远距剪切值来透过遮挡物，进而看到场景内部情况。

4. 多过程效果

启用多过程效果可以对场景中的某一帧进行多次渲染，渲染效果包含景深和运动模糊效果。

第 7 章　灯光与摄影机

5. 景深参数

当将摄影机镜头目标点调整到聚焦点上时，启用景深效果可以在聚焦点上形成清晰的图像，而场景中其余部分会变得模糊。

7.2.3　摄影机工具

1. 摄影机视图控制工具

在视图中添加摄影机后，在任一视图中按〈C〉键可以将当前视图切换为摄影机视图，此时界面右下角的视图控制区工具全部转换为摄影机视图控制工具，如图 7-40 所示。

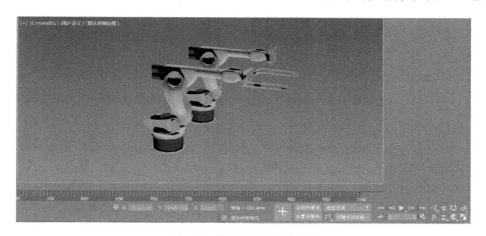

图 7-40　摄影机视图控制工具

推拉摄影机：单击该工具后，在摄影机视图中按住鼠标左键来回移动，可以对摄影机进行推拉，即沿着摄影机的主轴方向移动摄影机，使其向所指方向移动或远离该方向。

透视：该工具可以在推拉摄影机的同时，改变摄影机的透视效果。

侧滚摄影机：单击该工具后，在摄影机视图中按住鼠标左键来回移动，可以对摄影机进行侧滚。

视野：使用该工具可以在摄影机位置不变的同时，推进或拉远摄影机视图。

平移摄影机：同时平移摄影机机身及摄影机目标点。

环游摄影机：在保持摄影机目标点不变的情况下，使得摄影机围绕目标点旋转。

除了使用以上调节工具，还可以在视图中使用移动、旋转工具来调节摄影机机身及目标点。在实际工作中，两种方法结合使用进行调节最为快捷高效。

2. 摄影机校正

有时候由于镜头问题，摄影机视图中的物体会发生变形，这样的变形是否需要保留，需要依据实际情况确定。当不需要这样的变形时，可以进行摄影机校正，具体操作为选中摄影机机身，单击右键，在弹出的快捷菜单中单击"应用摄影机校正修改器"命令，如图 7-41 所示。

加载摄影机校正修改器后，出现的修改器面板有数量和方向两个参数，如图 7-42 所示。

调节"数量"可以确定物体倾斜的程度，当数量为 0 时，相当于没有矫正。"方向"一般无须调节。

物流三维动画设计教程

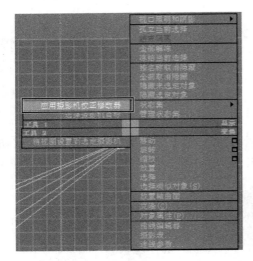 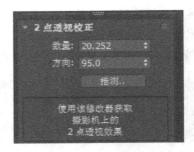

图 7-41　应用摄影机校正修改器　　　图 7-42　摄影机校正修改器参数面板

3. 摄影机安全框

在进行摄影机视图调整及制作动画时，需要打开摄影机安全框作为参考，因为安全框代表了摄影机实际看到的范围，也是最终渲染时实际渲染的范围。可通过如下几种方式可以打开摄影机安全框。

（1）方式一

如图 7-43 所示，在摄影机视图中单击"Camera001"→"显示安全框"命令，即可在摄影机视图中显示安全框。此外，在摄影机视图中使用快捷键〈Shift + F〉也可以打开安全框。

安全框包含黄色、蓝色和橙色三个边框，如图 7-44 所示。

黄色边框范围内为可渲染范围，该渲染范围可在渲染设置中设置；蓝色边框为剪辑安全线，边框内区域能够在电视中播放出来而不会被剪切掉；字幕应该放置在橙色边框范围内。

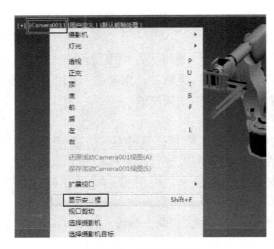 

图 7-43　打开安全框　　　　　　　　图 7-44　安全框

第 7 章　灯光与摄影机

（2）方式二

当视图切换到摄影机视图时，右下角工具为摄影机专用工具，此时任选一个按钮，单击右键，在弹出的对话框中选择"安全框"选项卡，勾选"在活动视图中显示安全框"复选框，如图 7-45 所示。单击"应用"→"确定"按钮后，即可打开安全框。

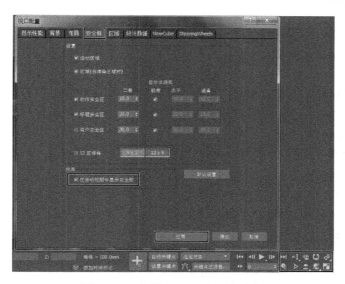

图 7-45　通过视口配置打开安全框

4. 从视图创建摄影机

在场景中创建摄影机后，很多时候并不能直接得到满意的视角，往往需要在视图中对摄影机机身及目标点进行多次调整，以获得满意的效果。如果在创建摄影机之前已经在视图中调整好想要观察的视角（见图 7-46），此时再在场景中按照常规方法创建摄影机并对其进行调整，很难得到相同视角。这种情况下，可以使用"从视图创建摄影机"命令快速在已经调整好的视角中创建摄影机。

在场景中激活已经调整好观察视角的视图，单击菜单栏中"创建"→"摄影机"→"从视图创建标准摄影机"命令，即可在当前视图的当前视角下创建摄影机，如图 7-47 所示。

图 7-46　某仓库摄影机视图

图 7-47　从视图创建标准摄影机

7.3 灯光与摄影机综合实例

7.3.1 某仓库灯光摄影机效果查看

本实例以制作好的某仓库的灯光摄影机效果为例,来说明实际项目中灯光及摄影机效果的设置过程。

1. 灯光效果

打开本章配套电子资源"实例文件"中的"仓库鸟瞰 灯光摄影机.max",可以看到,整个场景是亮的,类似于自然光照射的效果,并且可以在场景中观察到明显的阴影效果,这是在场景中制作了灯光的缘故。

2. 摄影机效果

在当前的场景中设置好了两个摄影机,分别从两个视角来观察仓库。目前使用的是Camera001 的视角,该视角用于展现仓库全貌,能够从不同角度展现仓库全貌。

如图 7-48 所示,在透视图中单击"Camera001"→"摄影机"→"Camera002",切换到 Camera002 视图,如图 7-49 所示。

图 7-48 切换视图

图 7-49 Camera002 的视角

第 7 章 灯光与摄影机

在此视角下，读者可以跟随 Camera002 的移动来观察仓库。

本小节重点为摄影机创建及初始位置调整，动画部分将在后续动画章节中涉及。

7.3.2 某仓库摄影机效果制作实战

打开本章配套电子资源"场景文件-仓库鸟瞰.max"文件，该文件中没有任何灯光、摄影机。

1. 灯光制作实战

考虑到本项目的物流场景并不是封闭的室内场景，所以只需使用一束目标平行光照亮整个场景，展现出场景中设备的材质效果和阴影效果即可。

在场景上空创建一束目标平行光，然后展开参数进行设置，将目标平行光的光照区域调大，将整个场景笼罩在内，然后设置灯光强度，展开灯光的参数卷展栏，设置灯光倍增为 0.3，然后开启灯光，启用阴影，阴影类型设置为"VRay shadow"。灯光设置完毕。灯光效果参照仓库实例文件。

2. 摄影机制作实战

参照"实例文件-仓库鸟瞰 灯光摄影机.max"文件中 Camera001 及 Camera002 的视角，在场景中调整好观察视角后使用"从视图创建标准摄影机"命令在场景中创建两个摄影机。

复习思考题

1. 3ds Max 2017 中的常用灯光类型有哪些？可以用来模拟现实生活中的哪些光源？
2. 3ds Max 2017 中如何对默认灯光进行设置？
3. 如何切换摄影机视图？
4. 如何进行摄影机校正？
5. 摄影机安全框的作用是什么？如何打开摄影机安全框？

第 8 章 渲 染 设 置

本章概述

在完成建模、材质制作、灯光设计后,需要将场景渲染为图片以对其效果进行查看,所谓渲染,就是对场景进行着色处理的过程。渲染过程涉及渲染器的选择和渲染参数的设置。

本章主要介绍 3ds Max 2017 的基础渲染知识及常用渲染器。由于实际工作中 VRay 渲染器的使用非常广泛,所以本章将重点介绍 VRay 渲染器的相关知识及常规参数设置。

本章核心知识点

1) 掌握渲染器基础知识。
2) 掌握 VRay 渲染器参数面板。
3) 掌握 VRay 渲染器常规参数设置。

8.1 渲染基础知识

在完成建模、材质制作、灯光设计之后,进行动画设计之前,需要先完成场景的渲染器选择及渲染参数设置,原因有两个:首先,在选择相应的渲染器并对渲染参数进行设置后,可以渲染场景以查看材质、灯光方面的设计效果,如果有问题可以在制作动画之前进行修改调整;其次,为了避免在动画制作后需要对多个镜头重复进行同样的渲染设置以渲染图片,渲染设置需要在动画制作之前完成,这样所有的镜头就有了统一的渲染参数设置。

8.1.1 渲染器的选择

3ds Max 2017 内置了多种渲染器可供选择,若是安装了 VRay 渲染器,也可以使用 VRay 渲染器来对场景进行渲染。要在 3ds Max 2017 中进行渲染器的设置或更换,可以在渲染设置参数面板中操作。

1. 渲染设置

在工具栏中单击"渲染设置"按钮 或在菜单栏中单击"渲染"→"渲染设置"命令,都可以打开渲染设置参数面板,如图 8-1 和图 8-2 所示。

打开渲染设置参数面板后,将"目标"设置为"产品级渲染模式",单击"渲染器"下拉列表可以看到所有可用渲染器,选择相应渲染器即可完成渲染器的设置,如图 8-3 所示。

第8章 渲染设置

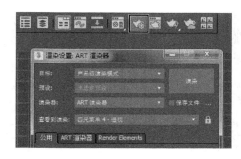

图 8-1　工具栏渲染设置

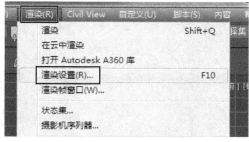

图 8-2　渲染菜单

2. 扫描线渲染器

扫描线渲染器（见图 8-4）是 3ds Max 2017 的基本渲染器，与标准材质、光度学灯光、标准灯光搭配使用。

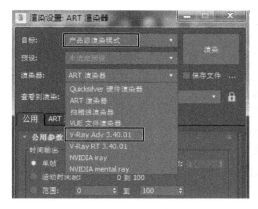

图 8-3　选择渲染器

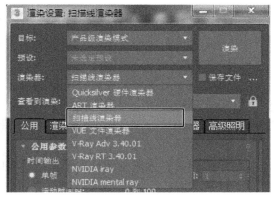

图 8-4　扫描线渲染器

扫描线渲染器的核心算法为光线跟踪，渲染速度较快，但是在物体的材质表现和光线表现方面效果不太理想。

3. VRay 渲染器

VRay 渲染器是目前使用最普遍、最受认可的渲染器之一，一般与 VRay 材质、VRay 灯光搭配使用。

此外，VRay 渲染器还具有非常好的兼容性，在使用 VRay 渲染器时，3ds Max 2017 自带的大部分标准材质、标准灯光及光度学灯光也能被很好地渲染出来（由于算法冲突，光线跟踪材质除外）。由于其余渲染器在实际项目中使用不多，因此本章主要重点介绍 VRay 渲染器。

8.1.2　渲染帧窗口

在工具栏中单击"渲染帧窗口"按钮 或在菜单栏中单击"渲染"→"渲染帧窗口"命令，都可以打开渲染帧窗口，如图 8-5 所示。

1. 要渲染的区域

下拉列表中提供了多种渲染区域可供选择，包含视图、选定、区域、裁剪和放大几种。

图 8-5 渲染帧窗口

2. 渲染区域旁图标

1）编辑区域 ▦：通过该工具调整渲染区域的大小。

2）自动选定对象区域 ▦：单击该按钮，系统自动将"区域"设置为当前选择。

3. 视口工具

1）视口：显示当前正在对哪个视图进行渲染。

2）锁定到视口 ▦：在相应视图中激活该工具后，渲染将被锁定到相应视图，此时即使在场景中选中其他视图，执行渲染操作后，被渲染的仍然是被锁定的视图。

4. 渲染工具

1）渲染预设：可从下拉列表中选择相应的渲染预设设置。

2）渲染设置：打开"渲染设置"对话框，等同于单击工具栏中的"渲染设置"按钮 ▦。

3）环境和效果：单击该按钮打开"环境和效果"对话框，等同于在大键盘按数字键〈8〉。

5. 图像工具

此部分按钮 ▦▦▦▦× 分别代表保存图像、复制图像、克隆渲染帧窗口、打印图像、清除图像。其中，克隆渲染帧窗口工具能够将当前渲染帧窗口进行克隆，可用于原渲染效果和新渲染效果的对比。

8.2 VRay 渲染器

在实际工作中，VRay 渲染器的应用非常广泛，本节将重点对其常用参数及设置进行介绍。

打开"渲染设置"对话框，当将渲染器设置为 VRay 渲染器后，除了"公用"参数面板外，该对话框的参数面板将转变为 VRay 渲染器特定的参数面板，如图 8-6 所示。

8.2.1 "公用"选项卡

无论使用何种渲染器，都有"公用"选项卡。

第 8 章 渲 染 设 置

1. 时间输出

"时间输出"选项组如图8-7所示。

1）单帧：默认时间输出方式，只渲染当前一帧，常用于输出静态效果图。当需要渲染动画文件时，如一个帧数为320帧的动画文件，常需要使用其他方式。

2）活动时间段：默认渲染当前动画的全部帧数。例如，对于一个320帧的动画，从0帧开始渲染到320帧。

3）范围：需要渲染的帧数范围，根据实际情况指定。例如，对于一个320帧的动画，可以设置此选项以渲染中间的20~70帧。

4）帧：可以在其文本框中指定需要渲染的特定帧数，帧数之间用逗号隔开，可以包含单帧，也可以包含一个范围。如图8-7所示，"帧"单选按钮后面的数字意味着渲染第1帧、第3帧以及第5~第12帧。

图8-6 VRay渲染器参数面板

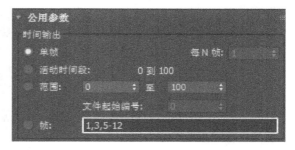

图8-7 "时间输出"选项组

2. 要渲染的区域

"要渲染的区域"用于设置渲染区域，与渲染帧窗口中的"要渲染的区域"工具相同，包含视图、选定、区域、裁剪和放大几种选项。

3. 输出大小

"输出大小"选项组如图8-8所示。该选项组用于设定渲染图片输出的大小，"自定义"表示可以自己设置图片尺寸。除此之外，用户还可以依据实际情况在下拉列表中选择合适的选项。在实际物流项目中，较常用的图片输出尺寸是"1280×720"。

图8-8 "输出大小"选项组

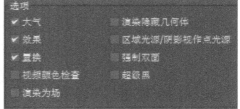

图8-9 "选项"选项组

4. 选项

"选项"选项组如图8-9所示。该选项组主要用于对渲染的属性进行控制，默认勾选"大气"、"效果"和"置换"。除此之外，较常用的复选框有如下两个：

渲染隐藏几何体：勾选该复选框后，可以将场景中被隐藏的几何体渲染出来。

物流三维动画设计教程

强制双面：勾选该复选框后，对象的双面都被渲染，否则只渲染单面。
5. 渲染输出

"渲染输出"选项组如图 8-10 所示。该选项组用于设置渲染出来的图片的存储路径。用户在进行渲染之前，尤其是渲染动画文件之前，需要对渲染输出位置进行设置。如果没有特别要求，图片的存储格式一般为 TIF、PNG、JPG 等，其中 JPG 格式会压缩图片，从而降低图片质量，具体选择何种格式要依据实际需求而定。

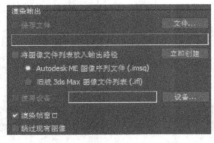 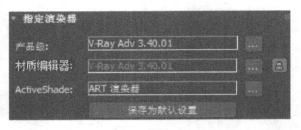

图 8-10　"渲染输出"选项组　　　　图 8-11　"指定渲染器"卷展栏

6. 指定渲染器

"指定渲染器"卷展栏如图 8-11 所示。

单击"产品级"后面的"..."按钮，可以打开"选择渲染器"对话框，单击相应渲染器，单击"确定"按钮即可指定该渲染器为当前渲染器，如图 8-12 和图 8-13 所示。其效果等同于使用 8.1.1 节中"渲染设置"所介绍的渲染器设置方法。

图 8-12　选择渲染器操作　　　　图 8-13　"选择渲染器"对话框

8.2.2 "VRay"选项卡

在"VRay"选项卡中，有多个参数卷展栏用于对该渲染器进行设置。

1. Frame buffer（帧缓存）

如图 8-14 所示，该卷展栏为 VRay 渲染器自带的帧缓存窗口。

1) Enable built-in frame buffer（启用内置帧缓存区）：勾选该复选框后，启用 VRay 渲染器自带的帧缓存窗口，此时需要禁用 3ds Max 2017 自带的帧缓存窗口，即取消图 8-15 中"渲染帧窗口"复选框的勾选。

2) Memory frame buffer（内存帧缓存区）：勾选该复选框后，每次渲染后，当前的渲染效果都会以缓存的形式存储在计算机中，以便用户随时查看当前的渲染效果。

第 8 章 渲染设置

3）Get resolution from MAX（从 Max 获得分辨率）：勾选该复选框后，渲染尺寸以"公用"选项卡设置的输出大小为依据。

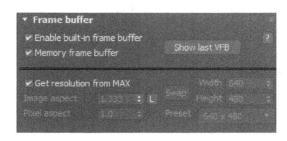

图 8-14　VRay 帧缓存卷展栏

图 8-15　3ds Max 2017 自带帧缓存窗口

2. Global switches（全局开关）

该卷展栏主要用于对场景中的材质、灯光等进行全局设置，如图 8-16 所示。

1）Displacement（置换）：用于控制场景中的置换效果是否开启，默认勾选（开启）。

2）Lights（灯光）：用于控制是否渲染场景中的灯光，默认勾选（开启）。

3）Hidden lights（隐藏灯光）：用于控制是否渲染场景中的隐藏灯光，默认勾选（开启）。

图 8-16　全局开关卷展栏

4）Don't render final image（不渲染最终图像）：勾选该复选框后，VRay 在计算光子后不再渲染最终图像，常用于渲染光子图，默认不勾选。

5）Override depth（覆盖深度）：用于控制场景中反射折射的最大深度，默认为 5，勾选后可自定义数值。

6）Override mtl（覆盖材质）：用于控制是否给场景指定全局材质，默认不勾选，勾选后，单击"无"按钮可以进行全局材质设置。

7）Max transp. levels（最大透明级别）：控制透明材质被光线追踪的最大深度，值越大效果越好，渲染时间越长。

3. Image sampler（Antialiasing）（图像采样（抗锯齿））

该卷展栏主要用于对采样和过滤算法进行设置，如图 8-17 所示。

图 8-17　图像采样（抗锯齿）卷展栏

1）Type（类型）：用于设置图像采样器的类型，3ds Max 2017 目前提供 Bucket（块）和 Progressive（渐进）两种采样类型。图像采样器的选择，实质上是渲染质量和渲染时间权衡的结果。Bucket（渲染块图像采样器）根据每个像素的强度差异进行采样。Progressive（渐近图像采样器）以渐进的方式完成图像采样。

2）Render mask（渲染遮罩）：只渲染遮罩内的对象，默认为 None（无）。

4. Image filter（图像过滤器）

该卷展栏用于锐化或模糊相邻像素颜色差别，与图像采样配合使用，如图 8-18 所示。

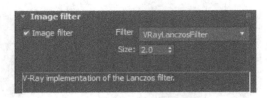

图 8-18　图像过滤器卷展栏

1）Image filter（图像过滤器）：默认勾选，此时可以从下拉列表中选择过滤器，3ds Max 2017 目前提供了 17 种过滤器。

2）Size（大小）：选择某些过滤器时，其大小可以人为设置。

5. Global DMC（全局确定性蒙特卡洛）

该卷展栏用于控制场景的整体渲染速度和质量，如图 8-19 所示。

Lock noise pattern（锁定噪波图案）：对动画的所有帧强制使用相同的噪点分布形态。如果渲染出来的动画看起来像是在噪点"下面"移动，则不勾选该复选框。

Use local subdivs（使用局部细分）：只有在勾选该选项后，VRay 材质中的细分值才可调（见图 8-20），否则其细分值为灰色（不可调节）。只有在勾选本复选框后，在材质参数面板的"反射"（Reflect）选项组中，细分值（Subdivs）才是可调节的，如图 8-21 所示。

图 8-19　全局确定性蒙特卡洛卷展栏

图 8-20　使用局部细分

6. Environment（环境）

该卷展栏用于设置 GI 环境及折射/反射环境等，如图 8-22 所示。

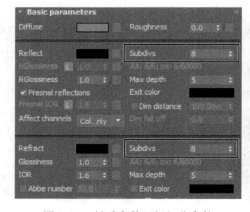

图 8-21　材质参数面板细分参数

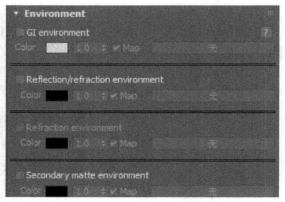

图 8-22　环境卷展栏

1）GI environment（全局照明环境）：即 VRay 天光，产生天光照明效果。

第 8 章　渲染设置

可以根据实际情况调整天光颜色及亮度，还可以为其加载贴图。室外环境都应该打开天光，对于全封闭场景而言，天光无法照进来，因此可以不打开。

注意：打开天光时，一定要打开启用全局照明，否则天光无效（因为天光是间接照明，而只有启用全局照明时，间接照明才有效）。

2）Reflection/refraction environment（反射/折射环境）：勾选后，控制场景的反射/折射环境。

7. Color mapping（颜色贴图）

该卷展栏用于控制场景的颜色以及曝光方式，如图 8-23 所示。默认类型（Type）为莱茵哈德（Reinhard），该种方式将线性倍增与指数曝光相结合，通过"燃烧值"参数控制两者的结合方式。当燃烧值为 0 时，线性倍增不参与混合，值为 1 时，指数曝光不参与混合。

图 8-23　颜色贴图卷展栏

8. Bucket/Progressive 采样器

当采用不同的采样模式时，将出现不同的采样器卷展栏，图 8-24 和图 8-25 所示采样类型分别为 Bucket 与 Progressive 时的卷展栏。

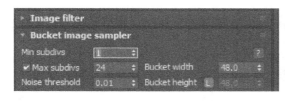 

图 8-24　Bucket 采样器卷展栏　　　　图 8-25　Progressive 采样器卷展栏

（1）Bucket 采样器卷展栏

① Min subdivs（最小细分）：每个像素采样最小个数，一般为 1。

② Max subdivs（最大细分）：每个像素采样最大个数，实际采样值为所设置数值的二次方，如细分值为 4，则最大采样值为 16。

③ Noise threshold（噪波阈值）：噪波阈值控制精度。数值越小，精度越高，渲染质量越好，但同时渲染速度越慢。

（2）Progressive 采样器卷展栏

最大/最小细分值以及噪波阈值意义同上。

Ray bundle size：该参数用于控制光束大小。在分布式渲染时非常有用，较高的值有助于更好地利用服务器上的 CPU。

Render time（min）[渲染时间（分）]：最大渲染时间，渲染时间达到该时间时，渲染停止。

8.2.3 "GI"选项卡

GI 为间接照明（即全局照明），该选项卡用于控制场景的全局照明，主要有以下几个卷展栏。

1. Global illumination（全局照明）

当启用全局照明时，意味着在渲染时除了渲染直接照明外，还会渲染间接照明。在间接照明开启后，光线在物体之间来回反射，从而使得光线的计算更加准确，所表达的图像更加真实。因此无论是室内渲染还是室外渲染，都需要打开 GI 以便进行间接照明的渲染。

（1）Enable GI 组参数

Enable GI（允许 GI）：默认勾选，如图 8-26 所示，单击"Default"（默认）按钮，将由当前默认模式自动切换为"Expert"（专家）模式，如图 8-27 所示。

图 8-26 GI 默认模式

图 8-27 GI 专家模式

Primary engine（首次引擎）与 Secondary engine（二次引擎）：首次引擎和二次引擎用于选择计算光线传递的方法。其中，首次引擎下拉列表包含 Irradiance map（发光图）、Photon map（光子图）、Brute force（暴力）和 Light cache（灯光缓存）四个选项，二次引擎下拉列表包含 None（无）、Photon map（光子图）、Brute force（暴力）、Light cache（灯光缓存）四个选项，如图 8-28 和图 8-29 所示。

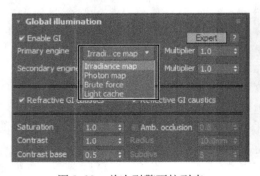

图 8-28 首次引擎下拉列表

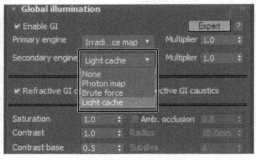

图 8-29 二次引擎下拉列表

首次引擎和二次引擎的倍增参数（Multiplier）：能量传递的倍增值，数值变小时，场景会变暗。首次引擎倍增值：现实中最大为 1，但软件中可以设置超过 1 的数值。二次引擎倍增值：最大值为 1，禁止设置超过 1 的数值。

（2）Refractive/Reflective GI caustics（折射/反射全局照明焦散）

这两个复选框用于控制是否打开折射/反射的焦散效果，默认勾选，如图 8-30 所示。

第 8 章　渲染设置

(3) 饱和度/对比度参数

该组参数用于控制饱和度和对比度，如图 8-31 所示。

图 8-30　折射/反射全局照明焦散 　　　图 8-31　饱和度/对比度参数

Saturation（饱和度）：用于控制色溢的程度，降低数值，可以降低色溢效果。对于颜色对比度较大的场景，调整该参数对场景影响比较明显。该参数的调整对于渲染时间影响不大。

Contrast（对比度）：用于控制色彩的对比度，数值越大，色彩对比越明显。

Contrast base（对比度基准）：用于控制饱和度和对比度的基数，数值越大，饱和度和对比度效果越明显。决定场景中哪些部分更黑，哪些部分更白。亮度超过对比度基数的部分，在调整对比度参数时会变得更白，反之会变得更黑。

Amb. occlusion（环境阻光）：即间接照明所产生的阴影。该选项属于全局性开关，一旦勾选打开，所有场景对象都会渲染间接照明阴影。默认不勾选。

Radius（半径）：调整半径大小，以控制间接照明产生的阴影大小。

Subdivs（细分）：当所渲染的阴影杂点较多，质量不高时，可以调整细分值来提高渲染质量，但渲染时间会增加。

2. Irradiance map（发光图）

根据首次引擎的不同，该卷展栏也不同，本部分以发光图为例对该卷展栏进行介绍，如图 8-32 所示。发光图引擎仅用于首次引擎，其核心算法为自适应细分，即根据场景实际情况，判断场景中的哪些部分需要密集采样，哪些部分需要稀疏采样，因此可以极大地提高渲染效率和速度，但该种方法会导致在渲染过程中丢失细节。

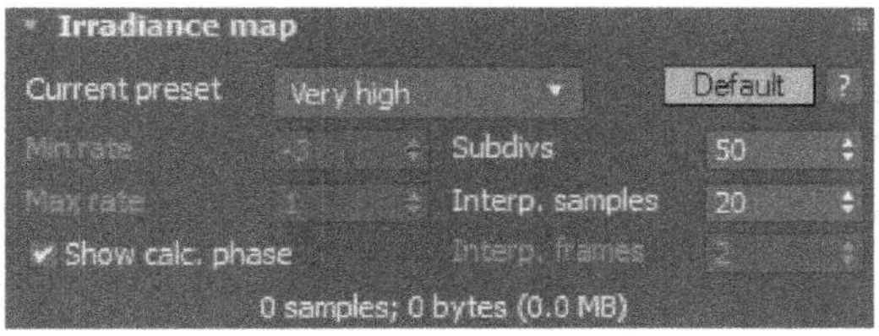

图 8-32　发光图卷展栏

Current preset（当前预设）：设置发光图预设类型，下拉列表包含多个选项，除了"Custom"（自定义）选项外，每个选项确定后其最大/最小速率都是固定的。当设置当前预设为"Custom"（自定义）时，其最大、最小速率可调。其中：

Min rate（最小速率）：采样点最少的区域的采样数量；

Max rate（最大速率）：采样点最多的区域的采样数量。

Subdivs（细分）：细分值越高，渲染质量越好，但渲染速度越慢。

Interp. samples（插值采样）：插值越大，渲染效果越平滑。插值太小时，渲染效果将产生明显的块状感。

Interp. Frames（插值帧数）：当将模式设置为动画（渲染）时，用于确定 GI 帧的数量。使用帧的数量为（2×插值帧数 +1）。默认数值为 2，表明插入 5 个发光贴图。该参数值较高会导致渲染速度变慢，较低的值渲染速度快但是会增加闪烁。

Show calc. phase（显示计算相位）：勾选该复选框后，用户可以看到渲染 GI 的预计算过程，但会占用内存资源。在渲染测试阶段可以开启，在最终渲染时若计算机配置不够，可选择关闭。

3. Light cache（灯光缓存）

根据二次引擎的不同，该卷展栏也不同，本部分以灯光缓存为例对该卷展栏进行介绍，如图 8-33 所示。

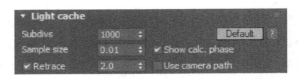

图 8-33 "灯光缓存"卷展栏

Subdivs（细分值）：值越大渲染质量越好，渲染时间越长。

Sample size（采样大小）：设置样本大小，较小的样本可以获得更多的细节但同时所需要的样本数更多。

Retrace（反弹）：设置光线反弹次数。值越大，渲染时间越长。

Show calc. phase（显示计算相位）：参数意义同上。

Use camera path（使用摄影机路径）：勾选时，Vray 会计算整个摄像机路径的采样，而不只是当前视图。

4. Caustics（焦散）

该卷展栏用于设置焦散效果，如图 8-34 所示。

图 8-34 "焦散"卷展栏

Caustics（焦散）：勾选该复选框后，可以对焦散效果进行渲染。

Search dist（搜索距离）：确定搜寻区域的半径。

Max photons（最大光子）：设置单位区域内最大光子数量。

Max density（最大密度）：设置光子的最大密度。

8.3 物流场景常用渲染参数设置及实战

在实际工作中，出于对渲染时间及渲染品质的权衡，对于一般的物流项目，读者可以参考本节的渲染参数设置。

第 8 章 渲 染 设 置

8.3.1 VRay 渲染器参数设置

1. Frame buffer 参数设置

Frame buffer 为 VRay 自带的帧缓存，默认勾选（即开启状态）。使用 VRay 自带的帧缓存窗口比较耗内存，所以最好取消勾选，而使用 3ds Max 自带的渲染帧窗口，如图 8-35 所示。

图 8-35　VRay 自带帧缓存

2. Global switches 参数设置

如图 8-36 所示，先将 Global switches 的默认模式改为"专家模式"（Expert），同时将系统默认灯光关闭，如图 8-37 所示，表示渲染时不渲染 3ds Max 默认灯光。

图 8-36　Global switches 专家模式

图 8-37　不渲染默认灯光

3. Image sampler（Antialiasing）参数设置

将 Image sampler（Antialiasing）的类型（Type）改为"Bucket"（见图 8-38），该设置可以实现以较少的采样和时间来获得较高的图像质量。

图 8-38　Bucket 采样

4. Image filter 参数设置

图像过滤器较常使用"Catmull-Rom"（见图 8-39），该过滤器可以使最终成像较为清晰。

图 8-39　Catmull-Rom 图像过滤器

5. Environment 参数设置

勾选"GI evironment"复选框(见图 8-40),即打开场景环境光。

图 8-40 打开环境光

6. Global illumination 参数设置

首次引擎用"Irradiance map"(见图 8-41),效果良好,渲染较快。二次引擎选"None"。

图 8-41 首次/二次引擎选择

7. 渲染进阶设置

在上述参数设置的基础上,若对渲染效果有更高要求,可以调节下面给出的其他参数,但相应地,渲染所需要时间会提升。

(1)**Bucket Image sampler 参数设置** 该选项组如图 8-42 所示,若要进一步提高渲染质量,在最小细分值(Min subdivs)保持默认值 1 时,通过调整最大细分值(Max subdivs)来实现。提高最大细分值,渲染速度会变慢,但效果会变好。增加数值每次以 2 为基准,使渲染质量和渲染速度之间实现平衡。

(2)**Global DMC 参数设置** 该选项组如图 8-43 所示,主要调整噪波阈值(Noise threshold),噪波阈值数值越小,渲染速度越慢,效果越好。

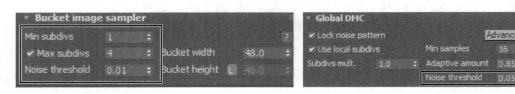

图 8-42 Bucket Image sampler 选项设置   图 8-43 Global DMC 选项设置

8.3.2 物流场景渲染实战

1. 观察场景

打开配套电子资源"场景文件-仓库渲染设置.max"文件,在透视图中将场景文件切换到摄影机视图,如图 8-44 所示。

该场景文件已经制作了摄影机动画,共 100 帧。单击软件右下角的动画播放按钮 ▶,播放动画,查看效果。

第 8 章 渲 染 设 置

图 8-44 某仓库摄影机视图

2. 渲染设置

按照 8.3.1 节提供的参数对该物流场景进行渲染参数设置，设置完毕后对其进行渲染，要求渲染整个动画。

复习思考题

1. 如何进行渲染器选择？
2. 渲染帧窗口中有哪些主要参数组？
3. VRay 渲染器的参数面板中包含哪些选项卡？
4. 物流项目中常用的渲染输出尺寸是多少？
5. 物流场景中常用的渲染参数如何设置？

第 9 章　物流三维动画制作

本章概述

在完成建模、材质制作、灯光设计、渲染设置后，用户可以渲染得到当前场景的静态效果图，如需进行场景动态描述及呈现，则需进行三维动画制作。

本章主要介绍 3ds Max 2017 动画制作的基础知识及基本工具。在此基础上，以实例的形式呈现物流三维动画制作的方法和流程。

本章核心知识点

1）掌握 3ds Max 2017 动画时间控制工具。
2）掌握 3ds Max 2017 的关键帧动画。
3）掌握常规的物流三维动画制作。
4）掌握摄影机动画制作。

9.1　动画基础知识

本节将从动画时间控制工具、关键帧动画及链接三个方面介绍三维动画制作的基础知识。

9.1.1　动画时间控制工具

打开本章配套资源"实例文件-仓库鸟瞰.max"文件。本部分将通过该仓库动画实例介绍 3ds Max 2017 动画时间控制工具。

1. 时间轴

时间轴位于软件视口区域的下方，如图 9-1 所示。时间轴默认长度为 100 帧，单击动画控制区的"时间配置"按钮 ，可以打开"时间配置"对话框，从而对时间进行配置。

图 9-1　时间轴（局部）

2. 时间配置

"时间配置"对话框包含以下 5 个选项组。

（1）"帧速率"选项组

帧速率指的是每秒播放的帧数，该选项组中包含 4 种帧速率，如图 9-2 所示。

NTSC：每秒 30 帧。

电影：每秒 24 帧。

第 9 章　物流三维动画制作

PAL：每秒 25 帧。

自定义：允许用户设置帧速率。

在物流三维动画制作过程中，通常取帧速率为 25 帧/s，因此勾选"PAL"单选按钮，也可以使用自定义，将 FPS 数值设为 25，如图 9-3 所示。

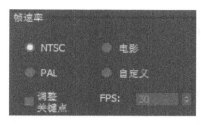

　　图 9-2　4 种帧速率　　　　　　　　图 9-3　自定义设置帧速率

（2）"时间显示"选项组

"时间显示"选项组提供有多种显示方式，默认为"帧"，这也是动画制作时的常规时间显示方式。

（3）"播放"选项组

如图 9-4 所示，本选项组用于进行动画播放设置。

实时：确保视口中播放的动画与当前设置的帧速率一致，默认勾选。

仅活动视口：动画效果仅在活动视口中呈现，默认勾选。

循环：动画播放完毕后再从头开始继续播放，默认勾选。

速度：设置动画的播放倍速。

方向：设置动画的播放方向。

（4）"动画"选项组

如图 9-5 所示，本选项组主要用于设置动画长度。

　　图 9-4　"播放"选项组　　　　　　图 9-5　"动画"选项组

默认的结束时间为 100（帧），更改结束时间后，动画长度及帧数都会改变，如图 9-6 所示。

（5）"关键点步幅"选项组

关键点步幅（见图 9-7）用于控制启用关键点模式时的方法。

　　图 9-6　时间设置　　　　　　　　图 9-7　"关键点步幅"选项组

使用轨迹栏：在此模式下，关键点能够遵循轨迹栏中的所有关键点，默认勾选。在勾选"使用轨迹栏"复选框前提下，其余所有复选框均不可选；不勾选"使用轨迹栏"复选框，其余复选框可用。

3. 动画播放控制工具

本章配套资源"实例文件-仓库鸟瞰.max"是已经完成动画制作的场景，默认状态下打开的动画场景处于第 0 帧。软件界面右下角为动画时间播放控制工具。

（1）播放动画

在场景中单击"播放动画"按钮 ▶（见图9-8），可以看到场景开始变化，时间滑块随之移动。此时时间控制栏中显示的帧数与时间滑块的帧数相同，两者是一致的。

图9-8 播放动画

（2）暂停动画

在场景中单击"暂停动画"按钮 ▮▮，场景停止在当前帧处。

（3）转至开头/结尾

在场景中单击"转至开头/结尾"按钮 ◀◀ ▶▶，场景将跳转至最开始/最后一帧处。

（4）将场景停在特定某帧

要将场景停留在特定某帧（如需要在特定帧制作动画），有两种方法：一是直接在时间轴上使用鼠标左键拖动时间滑块至目标帧，如图9-9所示；二是直接在时间控制栏中输入帧数，如图9-10所示。

图9-9 拖动时间滑块　　　　图9-10 时间控制栏

9.1.2 关键帧动画

本节将介绍制作动画的基本工具——自动关键帧及手动关键帧的基本知识。

1. 自动关键帧动画

（1）自动关键点

使用"自动关键点"工具 自动关键点 可以制作自动关键帧动画。

单击"自动关键点"按钮或按〈N〉键，可以自动记录关键帧，时间尺变为红色，如图9-11所示。

图9-11 自动关键点

第 9 章　物流三维动画制作

在场景中选中需要制作动画的对象，拖动时间滑块至相应帧，并在相应帧处制作该场景对象的动画，该动画会被记录下来。单击"播放动画"按钮，可以查看动画。

（2）自动关键帧动画制作

创建场景如图 9-12 所示，确保此时时间滑块在第 0 帧。

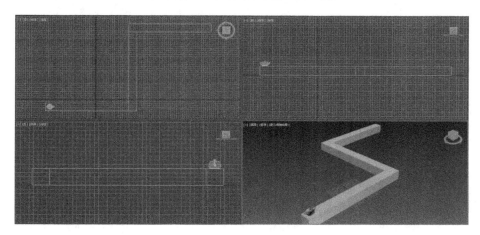

图 9-12　创建场景

接下来按照如下顺序制作茶壶运动动画：

① 在场景中选中茶壶。

② 单击"自动关键点"按钮 自动关键点 ，打开自动关键帧。

③ 将时间滑块拖动到 30 帧，使用"选择并移动"工具将茶壶移动到如图 9-13 所示的位置。

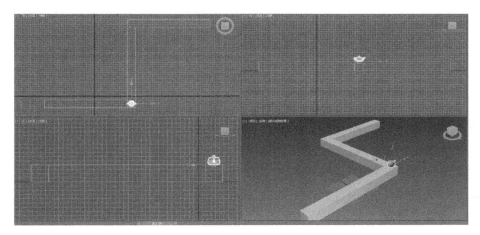

图 9-13　移动茶壶位置（第 30 帧处）

④ 将时间滑块拖动到 60 帧，使用"选择并移动"工具将茶壶移动到如图 9-14 所示的位置。

⑤ 将时间滑块拖动到 90 帧，使用"选择并移动"工具将茶壶移动到如图 9-15 所示的位置。

物流三维动画设计教程

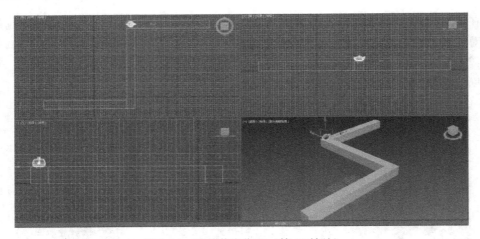

图 9-14　移动茶壶位置（第 60 帧处）

图 9-15　移动茶壶位置（第 90 帧处）

此时可以看到，时间轴上已经有 4 个自动关键帧（第 0、30、60 和 90 帧处），如图 9-16 所示（长度所限只显示部分）。

图 9-16　自动关键帧

⑥ 单击"自动关键点"按钮 自动关键点 ，关闭自动关键帧。

单击"转至开头"按钮 ，再单击"播放动画"按钮 ，查看动画效果。

对于动作较为简单的动画，使用"自动关键点"工具可以制作出满意的效果，当场景对象动作比较复杂时，可以使用"设置关键点"工具。

2. 手动关键帧动画

（1）设置关键点

使用"设置关键点"工具可以制作手动关键帧动画。单击"设置关键点"按钮 设置关键点 ，进入手动关键帧模式，如图 9-17 所示。接下来以茶壶移动旋转动画的制作来说明手动关键帧的操作方式。

图 9-17　手动关键帧模式

第 9 章 物流三维动画制作

（2）手动关键帧动画制作

使用图 9-18 所示场景制作茶壶移动旋转动画，确保此时时间滑块在第 0 帧。
接下来按照如下顺序制作茶壶运动旋转动画：
① 在场景中选中茶壶。
② 单击"设置关键点"按钮，打开手动关键帧，如图 9-18 所示。

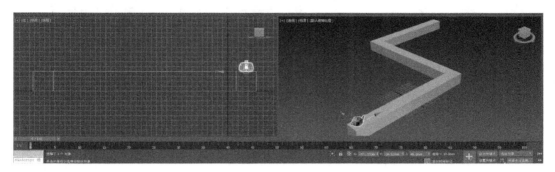

图 9-18　打开手动关键帧

③ 确保茶壶在选中状态，在第 0 帧处单击"设置关键点"按钮前的 按钮，设置本动画第一个关键点。
④ 拖动时间滑块至第 30 帧处，使用"选择并移动"工具将茶壶移动到图 9-19 所示位置。单击"设置关键点"按钮前的 按钮，将该状态设置为关键点。

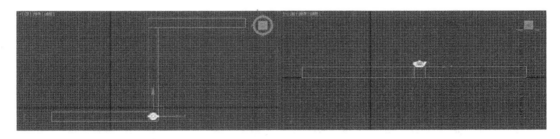

图 9-19　30 帧茶壶位置

⑤ 拖动时间滑块至第 35 帧处，使用"选择并旋转"工具将茶壶在顶视图中逆时针旋转 90°到图 9-20 所示位置。单击"设置关键点"按钮前的 按钮，将该状态设置为关键点。

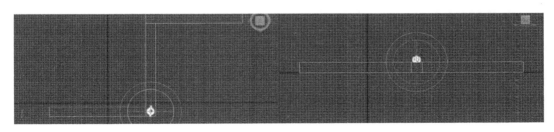

图 9-20　35 帧茶壶位置

⑥ 拖动时间滑块至第 65 帧处，使用"选择并移动"工具将茶壶移动到图 9-21 所示位置。单击"设置关键点"按钮前的 按钮，将该状态设置为关键点。

图 9-21　65 帧茶壶位置

⑦ 拖动时间滑块至第 70 帧处，使用"选择并旋转"工具将茶壶在顶视图中顺时针旋转 90°到图 9-22 所示位置。单击"设置关键点"按钮前的 + 按钮，将该状态设置为关键点。

图 9-22　70 帧茶壶位置

⑧ 拖动时间滑块至第 95 帧处，使用"选择并移动"工具将茶壶移动到图 9-23 所示位置。单击"设置关键点"按钮前的 + 按钮，将该状态设置为关键点。

图 9-23　95 帧茶壶位置

⑨ 单击"设置关键点"按钮，关闭手动关键帧。

单击"转至开头"按钮 ，再单击"播放动画"按钮 ，查看动画效果。

3. 关键帧的简单编辑

（1）移动关键帧

当已经制作好动画但是需要对其关键帧进行调整时，可以根据情况移动其关键帧而不需要重新制作动画。图 9-24 中，同样的茶壶移动旋转动画每次移动需要 25 帧，旋转 5 帧，3 次移动 2 次旋转共计 85 帧。

若需要将所有的移动动作变为 30 帧，旋转保持 5 帧不变，则可以通过移动关键帧实现：

第 9 章 物流三维动画制作

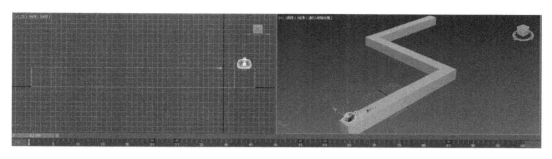

图 9-24 茶壶原始动画

① 选中第 25 帧、第 30 帧两个关键帧,按住鼠标左键,在时间轴上将其向后拖动 5 帧至第 30 帧、35 帧的位置如图 9-25 所示。

图 9-25 移动关键帧 1

② 同理,选中第 55 帧、60 帧两个关键帧,按住鼠标左键,在时间轴上将其向后拖动 10 帧至第 65 帧、70 帧的位置,如图 9-26 所示。

图 9-26 移动关键帧 2

③ 选中第 85 帧,按住鼠标左键,在时间轴上将其向后拖动 15 帧至第 100 帧的位置,此时视图如图 9-27 所示。播放动画查看效果,效果正常。

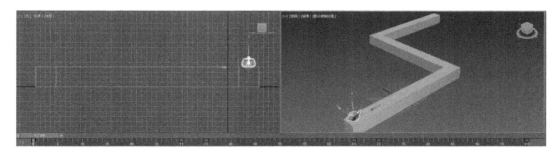

图 9-27 移动了 3 次关键帧后

(2) 删除关键帧

当需要删除场景动画时,需要选中相应对象的关键帧并将其删除。在删除场景中某对象的动画时,首先要在场景中选中该对象,此时时间轴上显示出该场景对象所有的关键帧。

物流三维动画设计教程

框选所有关键帧，在任意一个关键帧上单击右键，在弹出的快捷菜单中选择"删除选定关键点"命令（见图9-28），即可将场景对象所有关键帧删除。

图9-28　删除关键帧

9.1.3　链接

链接在物流三维动画中是非常重要的内容。叉车、堆垛机等设备的运行动画及所有表达货物移动的动画，全部都离不开链接。针对链接对象的不同，可以将链接分为永久链接及约束链接两种类型，本节将分别阐述。

1. 永久链接

（1）永久链接简介

所谓永久链接，指的是链接关系不会发生变化的链接。在3ds Max 2017中，使用工具栏中的"选择并链接"工具 来构建对象之间的父子链接关系。在这种链接关系中，父对象带动子对象，子对象对父对象无影响。

例如，将一个球体作为子对象链接到作为父对象的长方体上，此时移动长方体，球体会跟随长方体移动，而当移动球体时，长方体不受影响。

（2）永久链接实例

在物流三维动画的制作过程中，制作叉车、堆垛机等设备动画时，常常需要构建永久链接关系，本部分以叉车为例来说明建立永久链接的操作方法。

打开本章配套资源"场景文件-叉车无链接.max"文件，在该文件中，叉车被分为货叉和车体两个部分。

以叉车取货过程为例，在叉车车体行进过程中，货叉跟随车体行进；而当叉车行进到目的地停下后，货叉开始叉取货物；货叉叉取到货物后，随同车体继续行进。在此过程中，需要在货叉与车体之间构建链接关系，其中货叉是子对象，车体是父对象。

单击工具栏中的"选择并链接"按钮 ，回到场景中单击选中货叉，按住鼠标左键，此时出现代表链接的虚线，将该虚线牵引到叉车车体上，即可完成货叉与叉车车体的链接（见图9-29）。

此时在场景中移动叉车车体，货叉随着车体而移动；而当独立移动货叉时，车体不受影响。

这样的链接关系还存在于堆垛机的货叉、载货台及堆垛机机身之间。在进行动画制作之前，必须先完成相关物流设备组件之间的链接工作。

第 9 章 物流三维动画制作

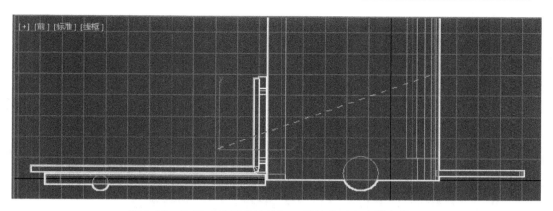

图 9-29 使用"选择并链接"工具链接叉车车体和货叉

注意：在进行链接时，一定要从子对象链接到父对象。

（3）断开链接

要断开永久链接，需要使用工具栏中的"断开链接"工具 ⊘。在场景中选中子对象，单击工具栏中的"断开链接"按钮 ⊘，即可断开当前链接。

2. 约束链接

（1）约束链接简介

叉车货叉与车体之间的链接关系一旦构建了就不会变更，因为货叉总是随着车体的移动而移动，这样的关系是客观存在的，因此两者间的链接是永久链接。然而在物流动画场景中，还存在非永久链接，常常发生在货物移动过程中。例如，由于货物在移动过程中需要跟随不同的设备，所以需要不断地改变链接关系。

以货物入库环节为例，在叉车货叉叉取入库货物之后，货物将随着货叉的移动而移动，此时货物与货叉之间是链接关系，且货物是子对象，货叉是父对象。当货物被叉车放到输送设备（如链式输送机等）上后，货物要在输送设备上移动，此时必须解除货物与货叉的链接关系，否则货物会继续随着货叉的移动而移动。因此对于货物而言，在整个出入库环节中，需要多次更改其链接关系，这样的链接需要使用约束链接来实现。

（2）约束链接实例

在场景中，创建平面作为地板，创建两个长方体模拟车辆，创建一个茶壶模拟货物，场景如图 9-30 所示。

在开始制作动画之前，先打开配套电子资源"实例文件-约束链接.max"文件，查看动画效果。在制作动画前，需要先将茶壶在第 0 帧的时候链接到场景中任意一个不会动的对象上，本例中将茶壶链接到地板上。按照如下顺序进行约束链接并制作动画：

① 在场景中选中茶壶，单击菜单栏中的"动画"→"约束"→"链接约束"命令，如图 9-31 所示。

此时在茶壶上自动产生一条代表链接的虚线，将此虚线牵引到场景中的地板上，此时右侧出现约束链接面板，如图 9-32 所示。

② 单击"设置关键点"按钮，打开手动关键帧。在场景中选中茶壶，拖动时间滑块至第 2 帧处，单击右侧面板中的"添加链接"按钮，在场景中单击 Box001，即在第 2 帧处将茶壶链接到 Box001 上，如图 9-33 所示。

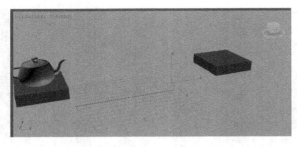
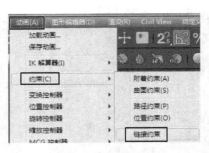

图 9-30　创建场景　　　　　　　　　　图 9-31　链接约束

图 9-32　约束链接面板

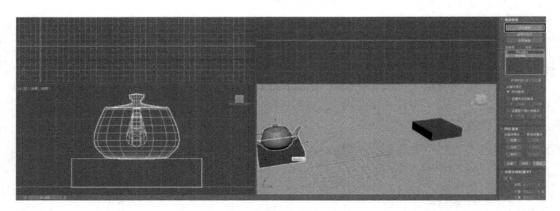

图 9-33　将茶壶链接至 Box001

③ 在场景中选中 Box001，拖动时间滑块至第 5 帧处，单击"设置关键点"前的 ⊕ 按钮，设置本动画第一个关键点，如图 9-34 所示。

④ 拖动时间滑块至第 45 帧处，使用"选择并移动"工具将 Box001 移动到图 9-35 所示位置，单击"设置关键点"前的 ⊕ 按钮，将该状态设置为关键点。

⑤ 接下来制作茶壶移动到 Box002 上的动画，在此之前，需要解除茶壶与 Box001 的链接关系，将其链接到世界。拖动时间滑块至第 46 帧处，选中茶壶，在右侧面板中单击"链接到世界"按钮，如图 9-36 所示。

第 9 章 物流三维动画制作

图 9-34 设置第 5 帧处的关键点

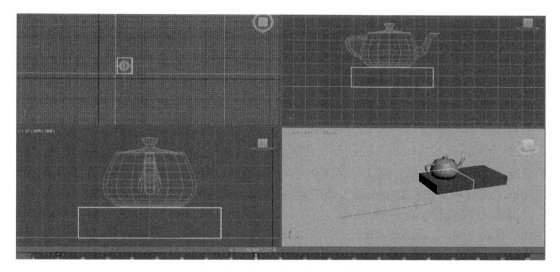

图 9-35 第 45 帧中 Box001 位置

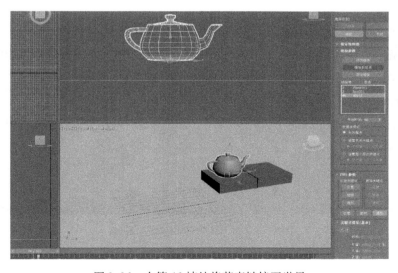

图 9-36 在第 46 帧处将茶壶链接至世界

物流三维动画设计教程

⑥ 拖动时间滑块至第 50 帧处,选中茶壶,单击"设置关键点"前的 + 按钮。保持茶壶在选中状态,拖动时间滑块至第 60 帧处,将茶壶移动到图 9-37 所示位置,单击"设置关键点"前的 + 按钮,将该状态设置为关键点。

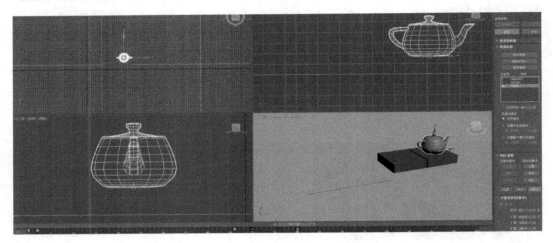

图 9-37 第 60 帧处茶壶的位置

⑦ 接下来制作茶壶随同 Box002 移动的动画。在此之前,需要将茶壶链接到 Box002 上。在场景中选中茶壶,拖动时间滑块至第 61 帧处,单击右侧面板中的"添加链接"按钮,之后在场景中单击 Box002,即在第 61 帧处将茶壶链接到 Box002 上。

⑧ 拖动时间滑块至第 65 帧处,在场景中选中 Box002,单击"设置关键点"前的 + 按钮。保持 Box002 在选中状态,拖动时间滑块至第 100 帧处,将 Box002 移动到图 9-38 所示位置,单击"设置关键点"前的 + 按钮,将该状态设置为关键点。

⑨ 至此动画制作完毕,单击"设置关键点"按钮,关闭手动关键帧设置。播放动画,查看效果。

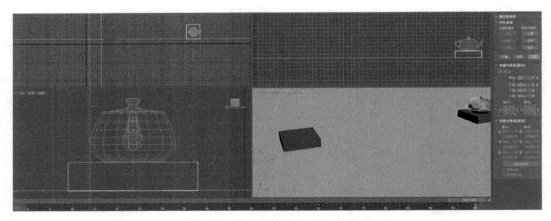

图 9-38 第 100 帧处 Box002 的位置

(3) 删除链接约束

需要删除某个链接约束时,在右侧约束链接面板中选中相应链接,单击"删除链接"按钮即可(见图 9-38)。

第9章 物流三维动画制作

图 9-39 删除链接

在实际工作中,删除约束链接时建议从后向前删除,否则容易出错。

9.2 某仓库物流系统描述

本章将以某公司仓库为例对物流三维动画制作过程进行介绍,在动画制作之前,本节先介绍该公司仓库的货物单元、总体平面规划及业务流程等相关信息。

9.2.1 单元设计

1. 货物单元

存储的货物为料箱托盘组盘。根据物料的包装形式、外形尺寸、重量及系统工艺要求,货物用料箱承载,再采用有托盘的形式承载、输送和存储。相关数据有:

① 承载工具为 1000mm(L)×1000mm(W)×150mm(H) 的四向进叉欧式木托盘,每个托盘装一个料箱。

② 托盘底部中心位置预留有 RFID 电子标签安装位置。

③ 考虑到设备的安全空间和更好地利用原料库空间,每个货格按存放 2 个托盘来设计。

托盘、料箱的具体尺寸见表 9-1。

表 9-1 尺寸设计

项　　目	长/mm	宽/mm	高/mm
托盘	1000	1000	150
料箱	950	950	500
物料单元	1000	1000	650

物料单元尺寸设计图及 3ds Max 实物模型如图 9-40 和图 9-41 所示。

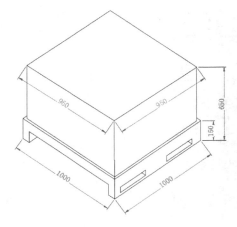
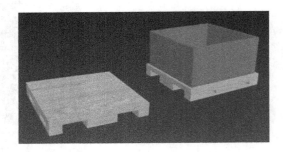

图 9-40　物料单元尺寸设计图（单位：mm）　　　图 9-41　3ds Max 实物模型

2. 货格单元

（1）货格单元长度计算

长度 =1000mm（货物单元长度）×2 +100mm（货物之间的间隔）×1 +100mm（货物边缘距离立柱的间隔）×2 +50mm（立柱中心距）×2 =2400mm

货格单元尺寸设计图如图 9-42 所示。

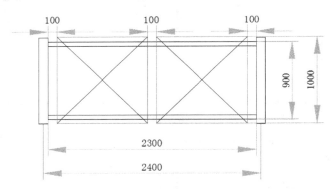

图 9-42　货格单元尺寸（单位：mm）设计图

（2）货架单元高度计算

高度 =650mm（地面距离最底部横梁的距离）+ 货位高度 950mm ×9（层数）+ 1200mm（货架顶层）+100mm（顶端留取高度）= 10 500mm

货架单元高度尺寸设计图及模型如图 9-43 和图 9-44 所示。

3. 货架

根据仓库流量计算得，货架为 6 排、19 列（双货位）、10 层。

总货位 =6(排)×19(列)×10(层)×2(双货位)=2280

货架侧面布局图（6 排）如图 9-45 所示，总体布局图（19 列（双层）、10 层）如图 9-46 所示。

第 9 章 物流三维动画制作

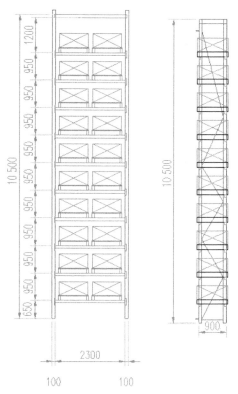 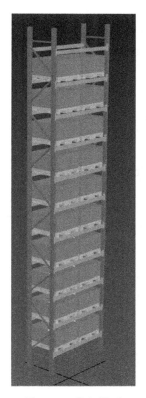

图 9-43 货架单元高度尺寸设计图（单位：mm）　　图 9-44 货架模型

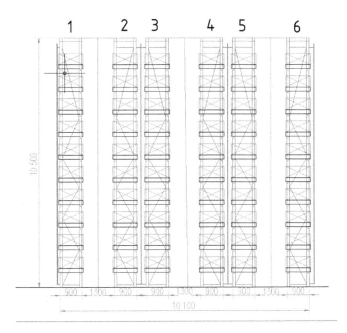

图 9-45 货架侧面布局图（尺寸单位：mm）

物流三维动画设计教程

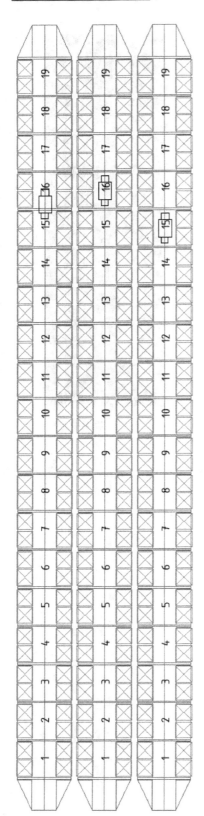
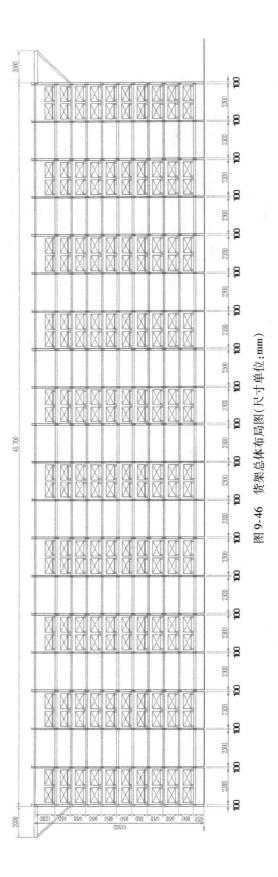

图 9-46 货架总体布局图（尺寸单位：mm）

第 9 章 物流三维动画制作

9.2.2 仓库总体平面规划

1. 设备平面布局图

设备平面布局图如图 9-47 所示,设备平面号已标注于相应的设备上,在作业流程中,将直接运用设备平面号进行流程描述。

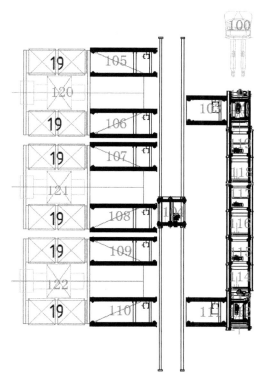

图 9-47 设备平面布局图

2. 设备布局明细表

参照设备平面布局图,各设备平面号已与设备在总体平面布局图中对应,每个设备的类型、规格和功能见表 9-2。

表 9-2 设备布局明细表

设备名称	设备平面号	设备规格（长×宽×高,单位均为 mm）	备 注
叉车	100	标准规格	出入库时,进行出入库暂存区和输送设备间物料的搬运
升降输送机	102 112	1100×1000×(400~700)	物料输送方向改变时进行升降,完成输送设备间的输送对接
剪刀式升降输送机	103 111	1500×1100×(400~700)	当该设备两端的设备高度不一致时,设备进行升降,完成设备间的输送对接

物流三维动画设计教程

(续)

设备名称	设备平面号	设备规格 （长×宽×高，单位均为mm）	备注
双链输送机	105	1100×2500×700	入库时，接收穿梭车输送过来的物料，输送给堆垛机完成物料的上架
	107		
	109		
	106		出库时，接收堆垛机输送过来的物料，输送给穿梭车完成物料的出库
	108		
	110		
	101	1400×1000×400	物料出入库时，与升降输送机共同完成物料输送方向的改变
	113		
	114	1100×1000×400	拣选工位：物料出库后停于拣选工位，由人工完成拣选。拣选完成的物料由入库路径返回货架存储
	115		
	116		
	117		
	118		
	119		
穿梭车	104	1200×1000×700	出入库时，完成双链输送机和剪刀式升降输送机之间的物料输送对接
堆垛机	120	天轨：50000×600×500 载货台：1600×1100×700	出入库时，完成货物于货架与双链输送机之间的物料输送
	121		
	122		

3. 总体平面布局图

立体仓库主要由存储区、设备配置区和辅助功能区组成，总体平面布局图请参照配套电子文件的CAD设计图。

9.2.3 作业流程描述

1. 货物整托入库流程

货物送达仓库后，卸货至入库暂存区。叉车插取货物至输送设备，输送设备按照存储指令依次将货物输送至货架，由堆垛机完成入库作业。设备运行顺序如图9-48所示，作业流程如图9-49所示。

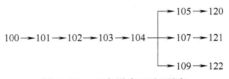

图9-48　入库设备运行顺序

2. 货物整托出库流程

堆垛机接收到出库指令后，到指定货位取货至输送设备，穿梭车根据指令对出库货物执行排序并输送到输送线最末端设备。叉车到输送线最末端叉取货物并运送至出库暂存区，完成出库作业。设备运行顺序如图9-50所示，作业流程如图9-51所示。

第 9 章　物流三维动画制作

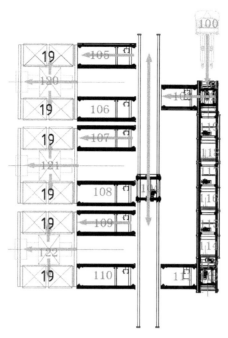

图 9-49　入库作业流程

```
120 → 100  ┐
121 → 108  ├─ 104 → 111 → 112 → 113 → 114 → 115 → 116 → 117 → 118 → 119 → 101 → 100
122 → 110  ┘
```

图 9-50　出库设备运行顺序

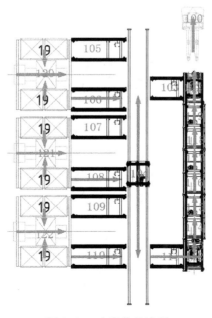

图 9-51　出库作业流程

物流三维动画设计教程

9.3 某仓库物流三维动画制作

本节将根据9.2节的某仓库物流系统描述，以其整托货物入库流程、整托货物出库流程为例阐述物流动画制作。

9.3.1 某仓库整托入库业务三维动画制作

本节将某仓库整托入库动画分为三个片段来制作。

1. 整托入库动画001

学习目标：制作叉车取货动画。

打开本章配套电子文件"整托入库动画001"，观察动画效果，了解流程。

步骤1：打开本章场景文件"入库001"。

步骤2：时间配置。

单击"时间配置"按钮，弹出"时间配置"对话框，选择"自定义"单选按钮，设置帧速率为25（帧每秒），设置动画长度为400帧，单击"确定"按钮令设置生效。

步骤3：入库货物的约束链接。

保持自动关键帧与手动关键帧处于关闭状态。在第0帧处选中货物，单击菜单栏中的"动画"→"约束"→"链接约束"命令，将货物链接到世界或场景中固定不动的物体（如地面、墙壁）上。

步骤4：制作叉车行进和进叉动画。

选中叉车，在时间控制栏中输入5，定位到第5帧，单击按钮 设置关键点 → ➕（表示先单击"设置关键点"按钮 设置关键点 打开手动关键帧模式，再单击 ➕ 按钮，后文同此），即在第5帧处为叉车设置一个手动关键帧。在时间控制栏中输入75，定位到第75帧处，单击"自动关键点"按钮 自动关键点，打开自动关键帧。在前视图中将叉车沿X轴正方向移动到图9-52所示位置。

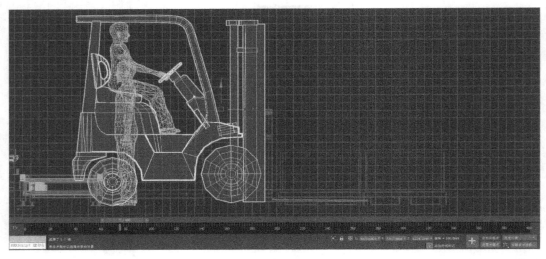

图9-52 叉车行进进叉

第 9 章 物流三维动画制作

完成操作后,单击"自动关键点"按钮,关闭自动关键帧。

步骤 5:制作货叉略微向上抬起(触及托盘底部)动画。

选中货叉,在时间控制栏中输入 80,定位到第 80 帧,单击"设置关键点"按钮 设置关键点 → + ,即在第 80 帧处为货叉设置一个手动关键帧。在时间控制栏中输入 105,定位到第 105 帧,单击"自动关键点"按钮 自动关键点 ,打开自动关键帧。在前视图中将货叉沿 Y 轴正方向移动至图 9-53 所示位置。

完成操作后,单击"自动关键点"按钮,关闭自动关键帧。

在叉车进叉叉取货物后,货物将随着货叉移动,要实现这个效果,需要在货叉与货物间建立链接关系,其中货叉为父对象,货物为子对象。建立链接时,注意要从子对象链接到父对象。

步骤 6:将货物链接到叉车货叉。

在 107 帧处选中货物,在右侧的约束链接面板上单击"添加链接"按钮,在场景中单击叉车货叉,将该入库货物链接到货叉上。

注意:在本步骤中,只要在 105 帧之后,110 帧之前,即 106、107、108、109 这几帧中的任意一帧将货物链接到货叉上皆可,后面所有关于货物的链接均与此类似。

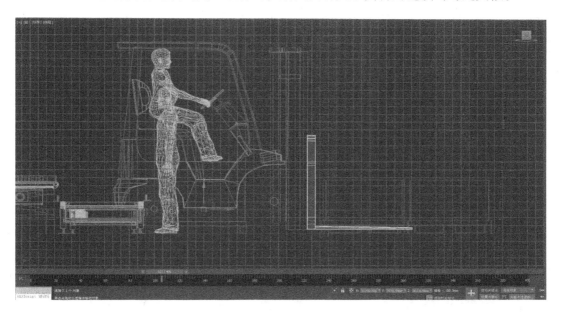

图 9-53 货叉略微向上抬起

步骤 7:制作叉车取货后载货后退动画。

选中叉车,在时间控制栏中输入 110,定位到第 110 帧,单击"设置关键点"按钮 设置关键点 → + ,即在第 110 帧处为叉车设置一个手动关键帧。在时间控制栏中输入 180,定位到第 180 帧,单击"自动关键点"按钮 自动关键点 ,打开自动关键帧。在顶视图中将叉车沿 X 轴负方向移动至图 9-54 所示位置。

完成操作后,单击"自动关键点"按钮,关闭自动关键帧。

步骤 8:制作货叉上抬动画。

物流三维动画设计教程

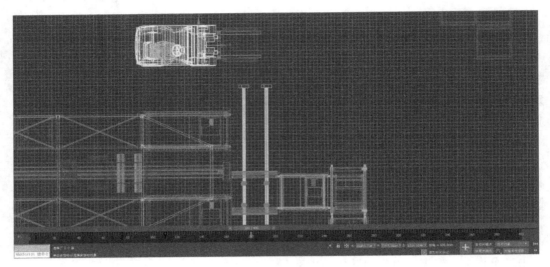

图 9-54　叉车载货后退

选中货叉，在时间控制栏中输入 120，定位到第 120 帧，单击"设置关键点"按钮 设置关键点→ + ，即在第 120 帧处为货叉设置一个手动关键帧。在时间控制栏中输入 180，定位到第 180 帧，单击"自动关键点"按钮 自动关键点 ，打开自动关键帧。在前视图中将货叉沿 Y 轴正方向移动到图 9-55 所示位置。

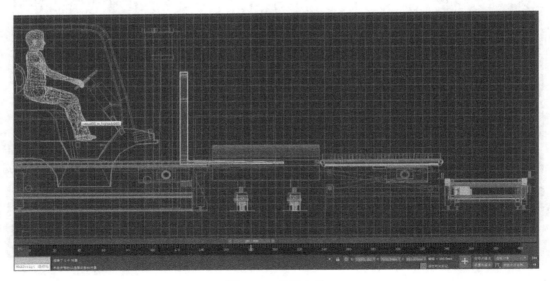

图 9-55　货叉上抬

完成操作后，单击"自动关键点"按钮，关闭自动关键帧。

步骤 9：制作叉车行进动画。

选中叉车，在时间控制栏中输入 185，定位到第 185 帧，单击"设置关键点"按钮 设置关键点→ + ，即在第 185 帧处为叉车设置一个手动关键帧。在时间控制栏中输入 225，定位到第 225 帧，单击"自动关键点"按钮 自动关键点 ，打开自动关键帧。在顶视图中将叉车沿 X 轴正方向移动到图 9-56 所示位置。

第 9 章　物流三维动画制作

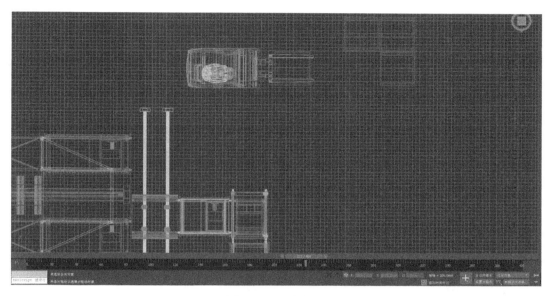

图 9-56　叉车行进

完成操作后，单击"自动关键点"按钮，关闭自动关键帧。

步骤 10：制作叉车转弯动画。

选中叉车，在时间控制栏中输入 230，定位到第 230 帧，单击"设置关键点"按钮 设置关键点→+，即在第 230 帧处为叉车设置一个手动关键帧。在时间控制栏中输入 260，定位到第 260 帧，单击"自动关键点"按钮 自动关键点，打开自动关键帧。开启角度捕捉切换，使用"选择并旋转"工具在顶视图中将叉车旋转 90°，如图 9-57 所示。

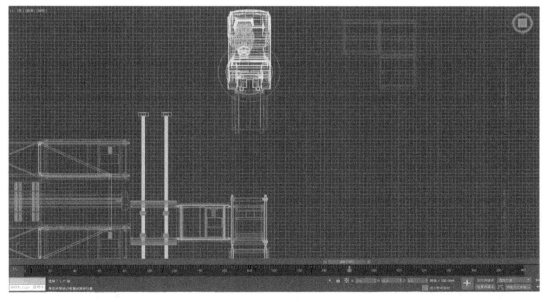

图 9-57　叉车转弯

完成操作后，单击"自动关键点"按钮，关闭自动关键帧。

物流三维动画设计教程

步骤 11：制作叉车行进至输送机动画。

选中叉车，在时间控制栏中输入 265，定位到第 265 帧，单击"设置关键点"按钮 设置关键点 → ，即在第 265 帧处为叉车设置一个手动关键帧。在时间控制栏中输入 325，定位到第 325 帧，单击"自动关键点"按钮 自动关键点 ，打开自动关键帧。在顶视图中将叉车沿 Y 轴负方向移动到图 9-58 所示位置。

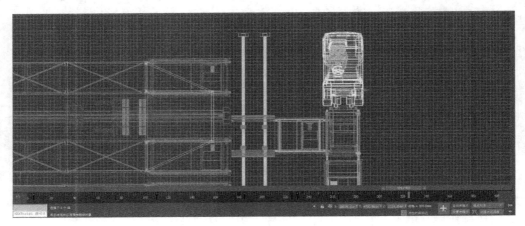

图 9-58　叉车行进至输送机

完成操作后，单击"自动关键点"按钮，关闭自动关键帧。

步骤 12：制作货叉载货下降（将货物放至入库输送机上）动画。

选中货叉，在时间控制栏中输入 265，定位到第 265 帧，单击"设置关键点"按钮 设置关键点 → ，即在第 265 帧处为货叉设置一个手动关键帧。在时间控制栏中输入 325，定位到第 325 帧，单击"自动关键点"按钮 自动关键点 ，打开自动关键帧。在左视图中将货叉沿 Y 轴负方向移动到图 9-59 所示位置。

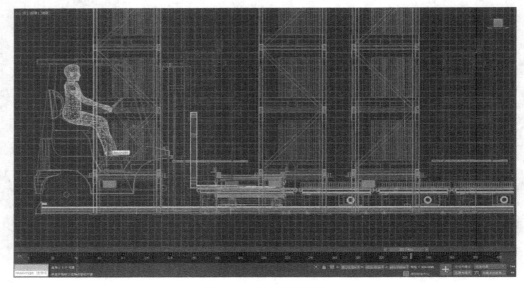

图 9-59　货叉载货下降

第 9 章 物流三维动画制作

完成操作后，单击"自动关键点"按钮，关闭自动关键帧。此时，货叉已经将托盘放置到入库输送机上。

步骤 13：将货物链接至世界。

在 330 帧处，选中货物，在右侧的约束链接面板上单击"链接到世界"按钮，此操作解除了货物与货叉的链接关系，将货物链接到世界。

步骤 14：制作货叉略微下降（离开托盘底面）动画。

选中货叉，在时间控制栏中输入 335，定位到第 335 帧，单击"设置关键点"按钮 设置关键点 → ，即在第 335 帧处为货叉设置一个手动关键帧。在时间控制栏中输入 360，定位到第 360 帧，单击"自动关键点"按钮 自动关键点 ，打开自动关键帧。在左视图中将货叉沿 Y 轴负方向移动到图 9-60 所示位置。

完成操作后，单击"自动关键点"按钮，关闭自动关键帧。

到此为止，叉车已经将货物放在入库输送机上，在后续流程中，货物将在输送机上移动。

图 9-60　货叉略微下降

步骤 15：制作叉车后退归位动画。

选中叉车，在时间控制栏中输入 365，定位到第 365 帧，单击"设置关键点"按钮 设置关键点 → ，即在第 365 帧处为叉车设置一个手动关键帧。在时间控制栏中输入 400，定位到第 400 帧，单击"自动关键点"按钮 自动关键点 ，打开自动关键帧。在顶视图中将叉车沿 Y 轴正方向移动，如图 9-61 所示。

完成操作后，单击"自动关键点"按钮，关闭自动关键帧。

2. 整托入库动画 002

学习目标：制作货物在输送设备上移动，穿梭车接货至堆垛机入库口动画。

物流三维动画设计教程

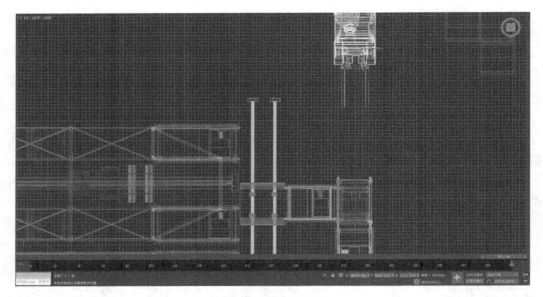

图 9-61　叉车后退归位

打开本章配套电子文件"整托入库动画 002",观察动画效果,了解流程。

步骤 1:打开本章场景文件"入库 002"。

步骤 2:时间配置,设置动画长度为 300 帧。

步骤 3:在第 0 帧时将货物链接到世界。

步骤 4:将货物链接到入库升降输送机升降链上。

步骤 5:制作升降输送机升降链载货上升动画。

选中升降输送机升降链,参照前文所述方法,在第 1 帧处设置关键点,再在第 30 帧处单击"自动关键点"按钮 自动关键点 ,打开自动关键帧。在前视图中将升降链沿 Y 轴正方向略微上升,如图 9-62 所示。

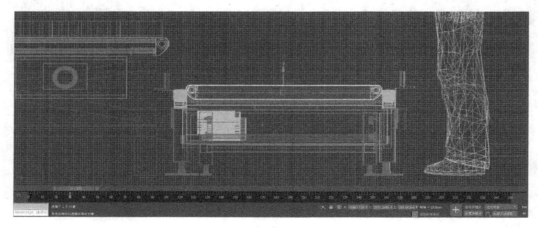

图 9-62　升降输送机升降链载货上升

完成操作后,单击"自动关键点"按钮,关闭自动关键帧。此时链条将货物微微顶起,以便货物移动到升降输送机上。

第9章 物流三维动画制作

注意：在实际工作中，升降链在此时微微上升，将货物顶起，以便为后续转向输送做准备，因此本步骤中升降链不能向上移动太多。

步骤6：制作升降输送机端面下降动画。

选中升降输送机端面，在第35帧处设置关键点，在第85帧处单击"自动关键点"按钮 自动关键点 ，打开自动关键帧。在前视图中将升降输送机端面沿Y轴负方向移动至图9-63所示位置（即从原始高度600mm下降到400mm位置）。

完成操作后，单击"自动关键点"按钮，关闭自动关键帧。

注意：接货输送机高度为400mm，升降输送机可在400～600mm之间升降，其初始位置为600mm，因此需要先将其降至400mm，以便接货。

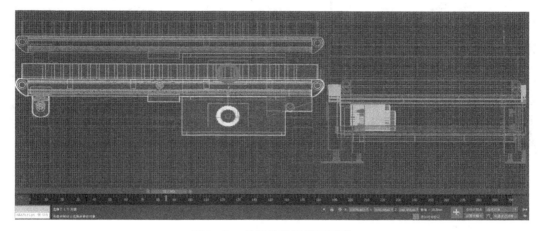

图9-63 升降输送机端面下降

步骤7：移动升降输送机活动杆轴心。

选中升降输送机的一根活动杆，在第35帧处设置关键点，在时间控制栏中输入85，将帧数定位到第85帧，单击"自动关键点"按钮 自动关键点 ，打开自动关键帧。

开启修改面板的"仅影响轴"命令（单击"仅影响轴"按钮），将活动杆轴心移到图9-64所示位置。

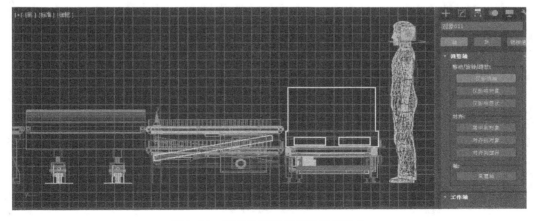

图9-64 移动升降输送机活动杆轴心

物流三维动画设计教程

步骤 8：制作升降输送机活动杆旋转动画。

关闭"仅影响轴"命令，使用"选择并旋转"工具将选中活动杆旋转到图 9-65 所示位置。按同样的方法在同样的时间范围内设置另外一边的活动杆动画。

完成操作后，单击"自动关键点"按钮，关闭自动关键帧。

此步完成后，升降输送机高度将下降到 400mm。

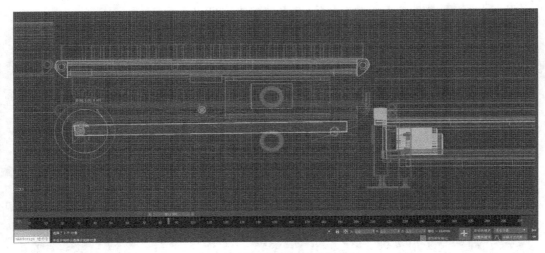

图 9-65　升降输送机活动杆旋转

步骤 9：将货物链接到世界。

在第 87 帧处选中货物并将货物链接到世界。

步骤 10：制作货物沿输送设备移动动画。

选定货物，在第 90 帧处为货物设置一个手动关键帧。在时间控制栏中输入 140，将帧数定位到第 140 帧，单击"自动关键点"按钮，打开自动关键帧。在顶视图中将货物沿 X 轴负方向移动到升降输送机上，如图 9-66 所示。

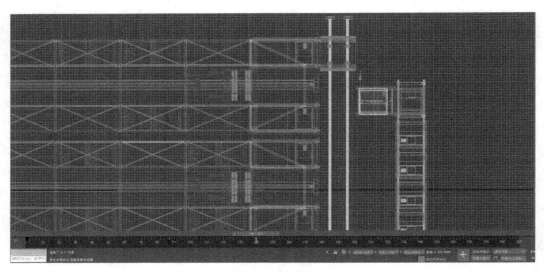

图 9-66　货物沿输送设备移动

第9章 物流三维动画制作

完成操作后,单击"自动关键点"按钮,关闭自动关键帧。

此步骤完成后,货物移动到升降输送机上。接下来,升降输送机需要载货升高,恢复原始高度以便穿梭车接货。

步骤11:将货物链接到升降输送机端面上。

在第142帧处将货物链接到升降输送机端面上。链接后,货物将随着升降输送机端面的升高而升高,实现升降输送机载货归位,如图9-67所示。

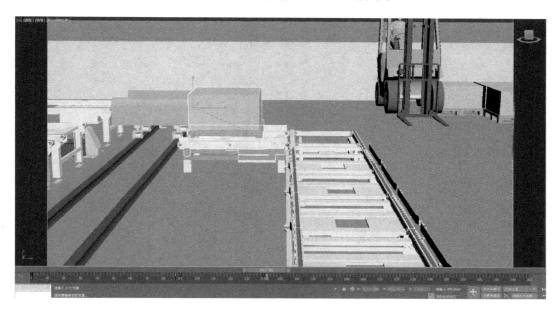

图9-67 将货物链接到升降输送机端面上

步骤12:制作升降输送机载货上升动画。

选定升降输送机端面,在第145帧处为升降输送机端面设置一个手动关键帧。在时间控制栏中输入195,将帧数定位到第195帧,单击"自动关键点"按钮,打开自动关键帧。在前视图中将升降输送机端面沿Y轴正方向移动到图9-68所示位置。

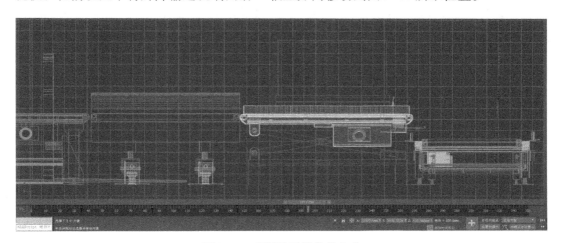

图9-68 升降输送机载货上升

完成操作后,单击"自动关键点"按钮,关闭自动关键帧。

注意:此时升降输送机恢复到600mm高度,与穿梭车同高。

步骤13:移动升降输送机活动杆轴点。

选中升降输送机一根活动杆,在第145帧处为升降输送机选定活动杆设置一个手动关键帧。在时间控制栏中输入195,将帧数定位到第195帧,单击"自动关键点"按钮,打开自动关键帧。开启修改面板中的"仅影响轴"命令,将活动杆轴点移动到图9-69所示位置。

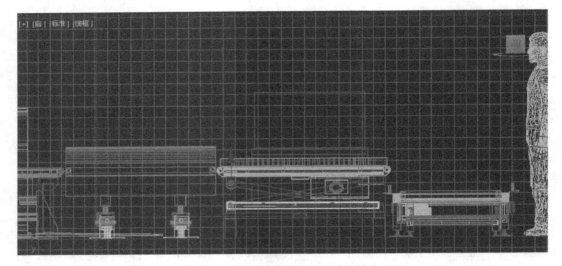

图9-69 移动升降输送机活动杆轴点

步骤14:制作升降输送机活动杆旋转动画。

关闭"仅影响轴"命令,使用"选择并旋转"工具将选中物体旋转到图9-70所示位置。按同样的方法在同样的帧数范围内设置另外一边动画。

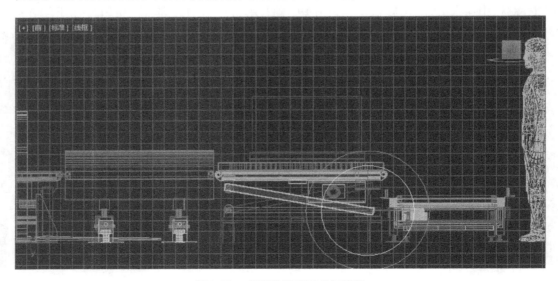

图9-70 升降输送机活动杆旋转

第 9 章 物流三维动画制作

完成操作后，单击"自动关键点"按钮，关闭自动关键帧。

注意：升降输送机归位包含端面上升及活动杆旋转两个动作，因此步骤 12～14 共同完成了升降输送机归位动画制作。

步骤 15：将货物链接到世界。

在 197 帧处选中货物，在右侧面板中单击"链接到世界"按钮，将货物链接到世界。

步骤 16：制作穿梭车接货动画。

选定穿梭车，在第 150 帧处为穿梭车设置一个手动关键帧。在时间控制栏中输入 195，将帧数定位到第 195 帧，单击"自动关键点"按钮，打开自动关键帧。在顶视图中将穿梭车沿 Y 轴负方向移动到图 9-71 所示位置。

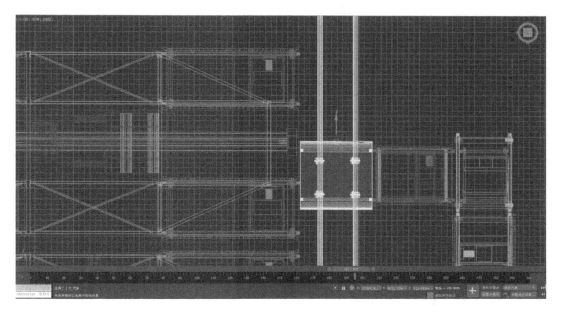

图 9-71 穿梭车接货

步骤 17：制作货物移动到穿梭车上的动画。

选定货物，在第 200 帧处为货物设置一个手动关键帧。在时间控制栏中输入 225，定位到第 225 帧，单击"自动关键点"按钮，打开自动关键帧。在顶视图中将货物沿 X 轴负方向移动到图 9-72 所示位置。

完成操作后，单击"自动关键点"按钮，关闭自动关键帧。

步骤 18：制作升降输送机升降链归位动画

选定升降输送机升降链，在第 200 帧处为升降输送机升降链设置一个手动关键帧。在时间控制栏中输入 225，定位到第 225 帧，单击"自动关键点"按钮，打开自动关键帧。在前视图中将升降链沿 Y 轴负方向移动至图 9-73 所示位置。

完成操作后，单击"自动关键点"按钮，关闭自动关键帧。

步骤 19：将货物链接至穿梭车。

选定货物，将帧数定位到第 230 帧，在右侧约束链接面板中单击"添加链接"按

物流三维动画设计教程

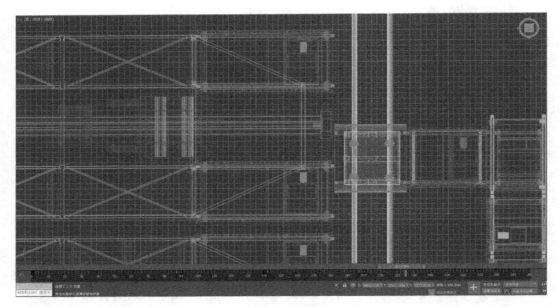

图 9-72　货物移动到穿梭车上

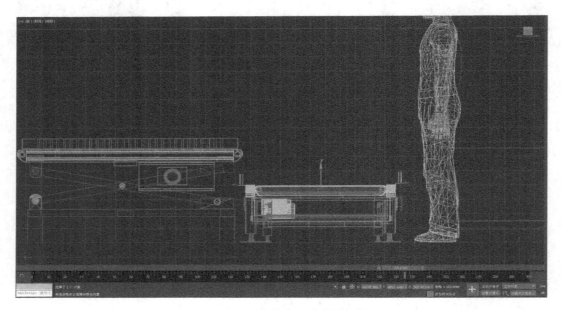

图 9-73　升降输送机升降链归位

钮，将货物链接至穿梭车。

步骤 20：制作穿梭车载货前进动画。

选定穿梭车，在第 235 帧处为穿梭车设置一个手动关键帧。在时间控制栏中输入 285，定位到第 285 帧，单击"自动关键点"按钮，打开自动关键帧。在顶视图中将穿梭车沿 Y 轴负方向移动至堆垛机入库接货口，如图 9-74 所示。

完成操作后，单击"自动关键点"按钮，关闭自动关键帧。

第 9 章 物流三维动画制作

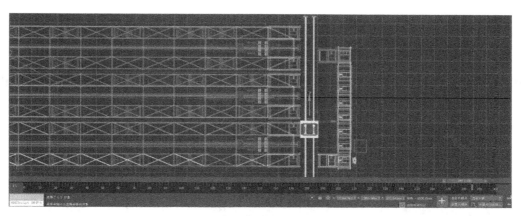

图 9-74 穿梭车载货前进

3. 整托入库动画 003

学习目标：制作穿梭车载货至入库口，堆垛机入库动画。

打开本章配套电子文件"整托入库动画 003"，观察动画效果，了解流程。

步骤 1：打开本章场景文件"入库 003"。

步骤 2：时间配置，设置动画长度为 500 帧。

步骤 3：将货物链接至世界。

在第 0 帧处选中货物，将货物链接至世界或场景中固定不动的物体（如地面、墙壁）上。

步骤 4：在第 0 帧处使用永久链接，分别按顺序将堆垛机载货台大货叉链接至小货叉、将小货叉链接至载货台、将堆垛机载货台链接至堆垛机车体，注意以上顺序不可变更。

步骤 5：制作货物从穿梭车移动到链式输送机的动画。

选中货物，在第 5 帧处为货物设置一个手动关键帧。在时间控制栏中输入 40，将时间定位到第 40 帧，单击"自动关键点"按钮，打开自动关键帧。在顶视图中将货物沿 X 轴负方向移动到图 9-75 所示位置。

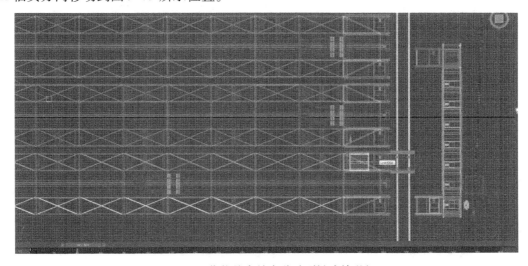

图 9-75 货物从穿梭车移动到链式输送机

完成操作后,单击"自动关键点"按钮,关闭自动关键帧。

步骤6:制作堆垛机行进(到链式输送机)动画。

选中堆垛机立柱,在第 5 帧处为堆垛机设置一个手动关键帧。在时间控制栏中输入 40,将时间定位到第 40 帧,单击"自动关键点"按钮,打开自动关键帧。在顶视图中将堆垛机沿 X 轴正方向移动到图 9-76 所示位置。

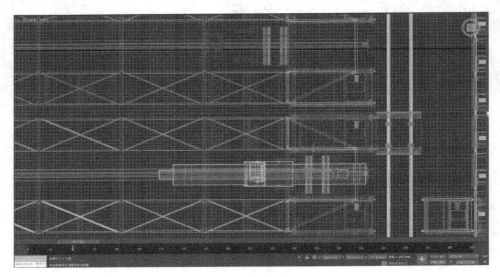

图 9-76 堆垛机行进

完成操作后,单击"自动关键点"按钮,关闭自动关键帧。

步骤7:制作堆垛机大货叉伸叉取货动画。

选中大货叉,在第 45 帧处为大货叉设置一个手动关键帧。在时间控制栏中输入 75,将时间定位到第 75 帧,单击"自动关键点"按钮,打开自动关键帧。在顶视图中将大货叉沿 Y 轴正方向移动到图 9-77 所示位置。

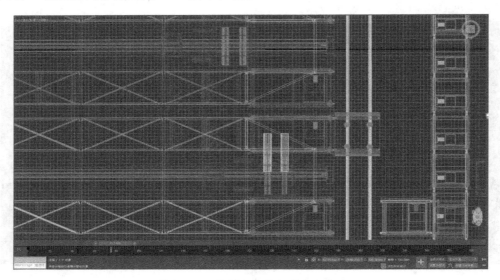

图 9-77 堆垛机大货叉伸叉取货

第 9 章　物流三维动画制作

完成操作后，单击"自动关键点"按钮，关闭自动关键帧。

步骤 8：制作堆垛机小货叉伸叉取货动画。

选中小货叉，在第 75 帧处为小货叉设置一个手动关键帧。在时间控制栏输入 100，定位到第 100 帧，单击"自动关键点"按钮，打开自动关键帧。在顶视图中将小货叉沿 Y 轴正方向移动到图 9-78 所示位置。

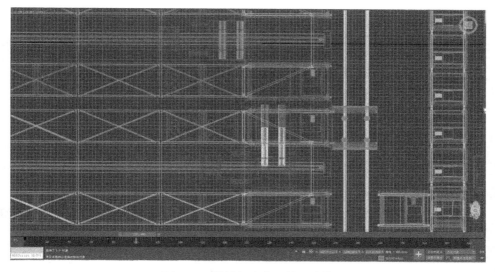

图 9-78　堆垛机小货叉伸叉取货

完成操作后，单击"自动关键点"按钮，关闭自动关键帧。

步骤 9：制作穿梭车归位动画。

选中穿梭车，在第 45 帧处为穿梭车设置一个手动关键帧。在时间控制栏中输 140，将时间定位到第 140 帧，单击"自动关键点"按钮，打开自动关键帧。在顶视图中将穿梭车沿 Y 轴正方向移动到图 9-79 所示位置。

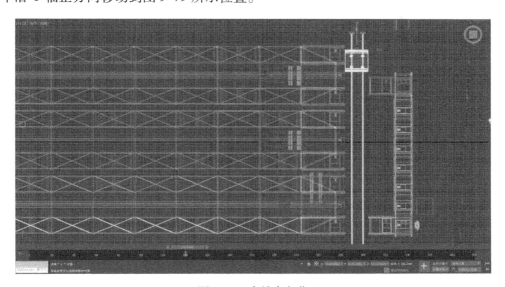

图 9-79　穿梭车归位

物流三维动画设计教程

完成操作后,单击"自动关键点"按钮,关闭自动关键帧。

步骤10:制作堆垛机载货台略微上抬动画。

选中载货台,在第105帧处为载货台设置一个手动关键帧。在时间控制栏中输入130,定位到第130帧,单击"自动关键点"按钮,打开自动关键帧。在前视图中将载货台沿Y轴正方向移动到图9-80所示位置,该位置应该能够使大货叉刚好接触到入库货物的托盘底部。

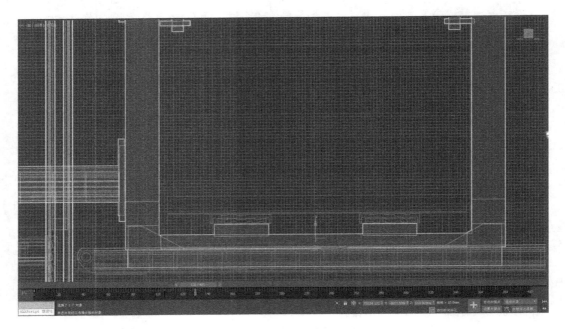

图9-80 堆垛机载货台略微上抬

完成操作后,单击"自动关键点"按钮,关闭自动关键帧。

步骤11:将货物链接到大货叉上。

在第132帧处选中货物,在右侧约束链接面板中单击"添加链接"按钮,将货物链接到大货叉上。

步骤12:制作大货叉收叉动画。

选中大货叉,在第135帧处为大货叉设置一个手动关键帧。在时间控制栏中输入160,将时间定位到第160帧,单击"自动关键点"按钮,打开自动关键帧。在顶视图中将大货叉沿Y轴负方向移动到图9-81所示位置。

完成操作后,单击"自动关键点"按钮,关闭自动关键帧。

步骤13:制作小货叉收叉动画。

选中小货叉,在第165帧处为小货叉设置一个手动关键帧。在时间控制栏中输入190,将时间定位到第190帧,单击"自动关键点"按钮,打开自动关键帧。在顶视图中将小货叉沿Y轴负方向移动到图9-82所示位置。

完成操作后,单击"自动关键点"按钮,关闭自动关键帧。

此时,入库货物已经随大货叉返回载货台,并且大小货叉均已经归位。

第 9 章　物流三维动画制作

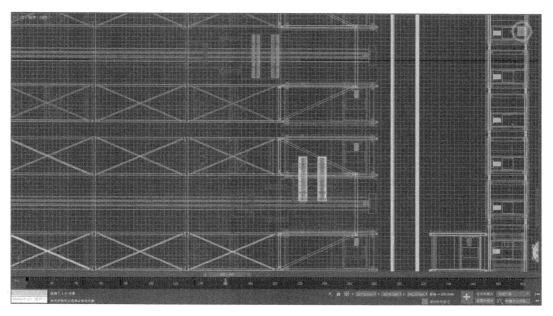

图 9-81　大货叉收叉

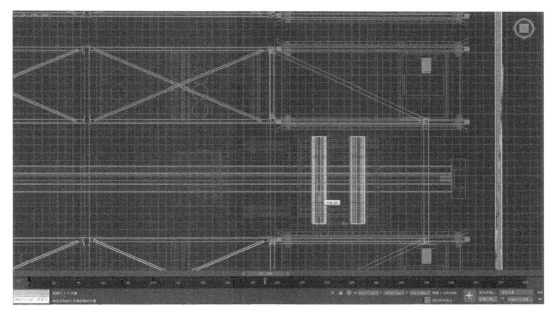

图 9-82　小货叉收叉

步骤 14：制作堆垛机行进动画。

选中堆垛机立柱，在第 195 帧处为堆垛机设置一个手动关键帧。在时间控制栏中输入 230，将时间数定位到第 230 帧，单击"自动关键点"按钮，打开自动关键帧。在顶视图中将堆垛机沿 X 轴负方向移动到图 9-83 所示位置。

完成操作后，单击"自动关键点"按钮，关闭自动关键帧。

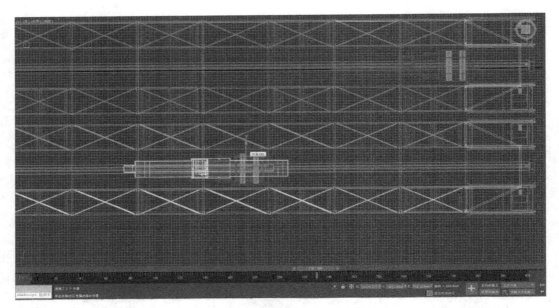

图 9-83　堆垛机载货行进

步骤 15：制作堆垛机载货台上升（升高到入库货位）动画。

选中载货台，在第 195 帧处为载货台设置一个手动关键帧。在时间控制栏中输入 230，将时间定位到第 230 帧，单击"自动关键点"按钮，打开自动关键帧。在前视图中将载货台沿 Y 轴正方向移动到图 9-84 所示位置。

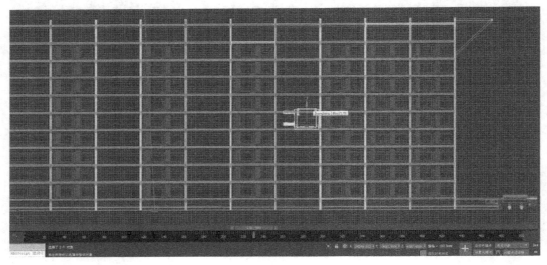

图 9-84　堆垛机载货台上升

完成操作后，单击"自动关键点"按钮，关闭自动关键帧。

步骤 16：制作大货叉伸叉动画。

选中大货叉，在第 235 帧处为大货叉设置一个手动关键帧。在时间控制栏中输入 265，将时间定位到第 265 帧，单击"自动关键点"按钮，打开自动关键帧。在顶视图中将大货叉沿 Y 轴正方向移动到图 9-85 所示位置。

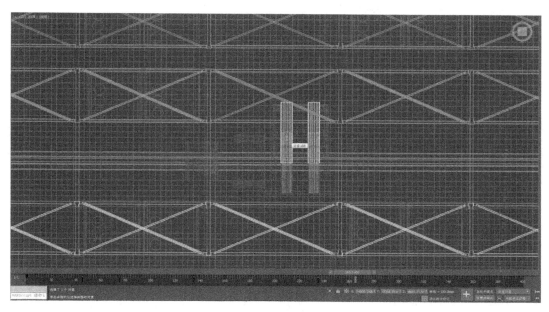

图 9-85　大货叉伸叉

完成操作后，单击"自动关键点"按钮，关闭自动关键帧。

步骤 17：制作小货叉伸叉动画。

选中小货叉，在第 270 帧处为小货叉设置一个手动关键帧。在时间控制栏中输入 295，将时间定位到第 295 帧，单击"自动关键点"按钮，打开自动关键帧。在顶视图中将小货叉沿 Y 轴正方向移动到图 9-86 所示位置。

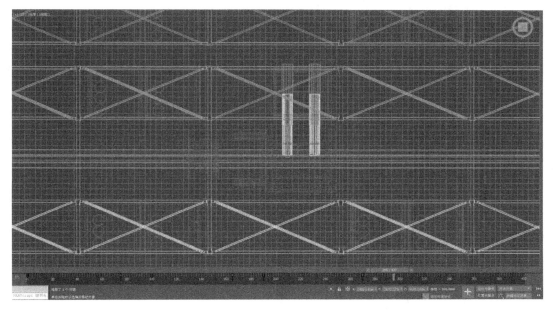

图 9-86　小货叉伸叉

完成操作后，单击"自动关键点"按钮，关闭自动关键帧。

此时，大小货叉伸出，将货物悬停在略高于入库货位横梁的位置。

步骤18：制作载货台略微下降（将货物放在货架上）动画。

选中载货台，在第300帧处为载货台设置一个手动关键帧。在时间控制栏中输入325，将时间定位到第325帧，单击"自动关键点"按钮，打开自动关键帧。在前视图中将载货台沿Y轴负方向移动到图9-87所示位置。

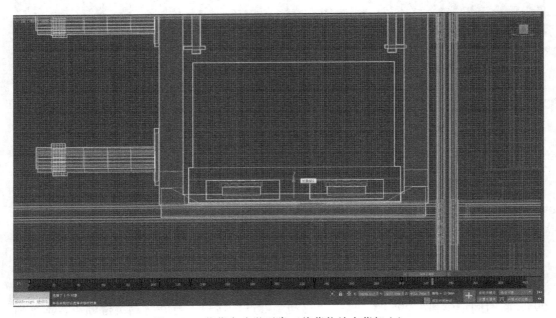

图9-87　载货台略微下降（将货物放在货架上）

完成操作后，单击"自动关键点"按钮，关闭自动关键帧。

此时，货物随载货台下降到托盘底座刚好碰到货架横梁的位置，即货物被放置在了货架上。

步骤19：将货物链接到世界。

在第327帧处选中货物，将货物链接到世界。

步骤20：制作载货台略微下降动画。

当货物被放置到货架上后，载货台大货叉的上表面紧紧贴着入库货物托盘的下表面，因此需要将载货台略微下降，使大货叉与托盘分离，后续堆垛机才能顺利收回货叉，否则实际场景中的入库货物会被往回收货叉的堆垛机带离货架，造成事故。

选中载货台，在第335帧处为载货台设置一个手动关键帧。在时间控制栏中输入360，将时间定位到第360帧，单击"自动关键点"按钮，打开自动关键帧。在前视图中将载货台沿Y轴负方向移动到图9-88所示位置。

完成操作后，单击"自动关键点"按钮，关闭自动关键帧。

步骤21：制作大货叉收叉动画。

选中大货叉，在第365帧处为大货叉设置一个手动关键帧。在时间控制栏中输入390，将时间定位到第390帧，单击"自动关键点"按钮，打开自动关键帧。在顶视图

第 9 章 物流三维动画制作

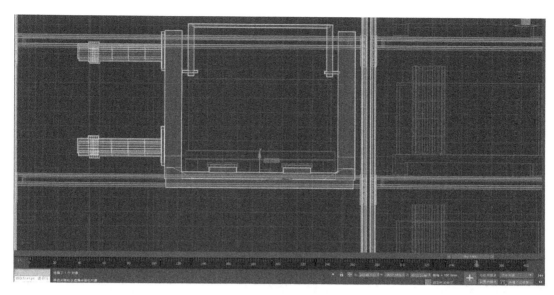

图 9-88 载货台略微下降

中将大货叉沿 Y 轴负方向移动到图 9-89 所示位置。

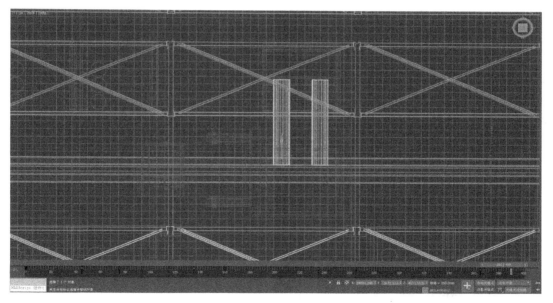

图 9-89 大货叉收叉

完成操作后,单击"自动关键点"按钮,关闭自动关键帧。

步骤 22:制作小货叉收叉动画。

选中小货叉,在第 395 帧处为小货叉设置一个手动关键帧。在时间控制栏中输入 420,将时间定位到第 420 帧,单击"自动关键点"按钮,打开自动关键帧。在顶视图中将小货叉沿 Y 轴负方向移动到图 9-90 所示位置。

完成操作后,单击"自动关键点"按钮,关闭自动关键帧。

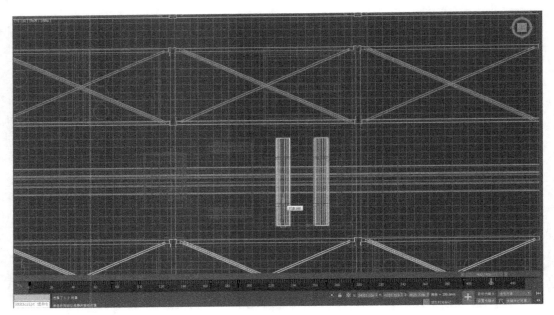

图 9-90　小货叉收叉

步骤 23：制作堆垛机返回入库口动画。

选中堆垛机立柱，在第 425 帧处为堆垛机设置一个手动关键帧。在时间控制栏中输入 460，将时间定位到第 460 帧，单击"自动关键点"按钮，打开自动关键帧。在顶视图中将堆垛机沿 X 轴正方向移动到图 9-91 所示位置。完成操作后，单击"自动关键点"按钮，关闭自动关键帧。至此，入库动画制作完毕。

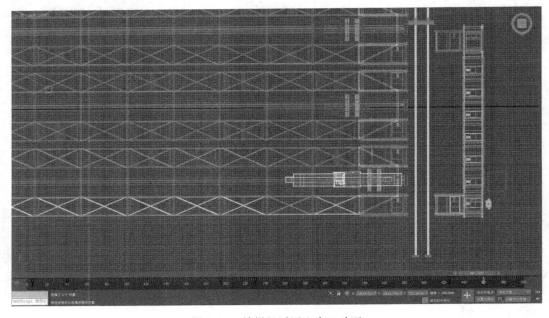

图 9-91　堆垛机返回入库口动画

第 9 章 物流三维动画制作

4. 摄影机动画

学习目标：制作摄影机动画。

以上制作的入库动画的观察视角是不变的，不能随着货物的移动而改换视角，因此需要制作摄影机动画才能使整个场景活动起来，本部分以"整托入库动画003"为例来说明摄影机动画的制作方法。

打开本章配套电子文件"整托入库动画003"，观察动画效果，了解流程。

步骤1：打开本章场景文件"入库003"。

步骤2：激活透视视图，将其最大化。

步骤3：根据接下来动画的运动轨迹，调整好最佳视角。

在本场景中，第一个动画为货物离开穿梭车，所以可设置视角如图9-92所示。

图 9-92　摄影机初始视角

步骤4：单击菜单栏中的"创建"→"摄影机"→"从视图创建标准摄影机"命令，在视图中创建一个基于当前视野的摄影机，所创建摄影机在顶视图中的位置如图9-93所示。

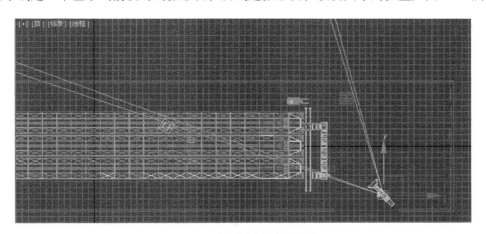

图 9-93　在视图中创建摄影机

步骤5：制作摄影机机位动画。

选中机位，在时间控制栏中输入0，将帧数定位到第0帧，单击"设置关键点"按

钮 设置关键点 → +，即在第 0 帧处为机位设置一个手动关键帧。在时间控制栏中输入 140，将时间定位到第 140 帧，单击"自动关键点"按钮，打开自动关键帧。在顶视图中将机位移动到图 9-94 所示位置。

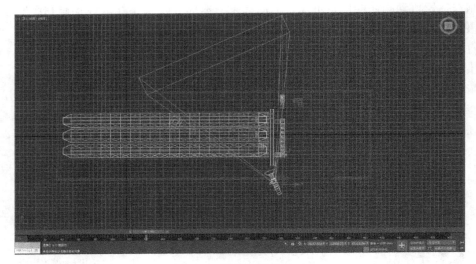

图 9-94　摄影机机位移动

完成操作后，单击"自动关键点"按钮，关闭自动关键帧。

步骤 6：制作摄影机目标点动画。

摄影机相关章节中介绍过摄影机目标点体现摄影机的焦点，即关注的中心点，在动画制作过程中，应该适当移动目标点使得场景的焦点能够变换，以方便观察。

选中目标点，在时间控制栏中输入 0，将帧数定位到第 0 帧，单击"设置关键点"按钮 设置关键点 → +，即在第 0 帧处为目标点设置一个手动关键帧。在时间控制栏中输入 140，将时间定位到第 140 帧，单击"自动关键点"按钮，打开自动关键帧。在顶视图中将目标点沿 X 轴和 Y 轴移动到图 9-95 所示的位置。

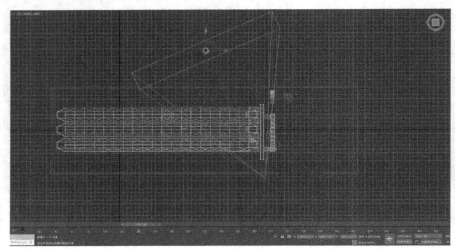

图 9-95　移动摄影机目标点

第9章 物流三维动画制作

完成操作后，单击"自动关键点"按钮，关闭自动关键帧。

步骤7：制作摄影机机位和目标点动画1。

选中机位和目标点，在第195帧处为机位和目标点设置一个手动关键帧。在时间控制栏中输入235，将时间定位到第235帧，单击"自动关键点"按钮，打开自动关键帧。在顶视图中将机位和目标点移动到图9-96所示的位置，在前视图中将机位和目标点移动到图9-97所示位置。

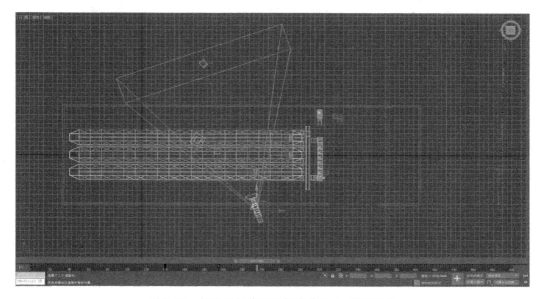

图9-96　摄影机机位和目标点位置1（顶视图）

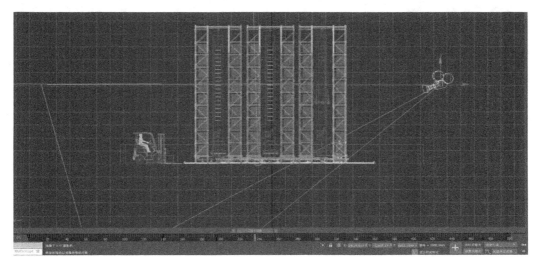

图9-97　摄影机机位和目标点位置1（前视图）

完成操作后，单击"自动关键点"按钮，关闭自动关键帧。

步骤8：制作摄影机机位和目标点动画2。

选中机位和目标点，在第420帧处为机位和目标点设置一个手动关键帧。在时间控

物流三维动画设计教程

制栏中输入470,将时间定位到第470帧,单击"自动关键点"按钮,打开自动关键帧。在顶视图中将机位和目标点移动到图9-98所示位置,在左视图中将机位和目标点移动到图9-99所示位置。

完成操作后,单击"自动关键点"按钮,关闭自动关键帧。

播放动画并观察效果,如果对摄影机视角不够满意,可以继续调整。

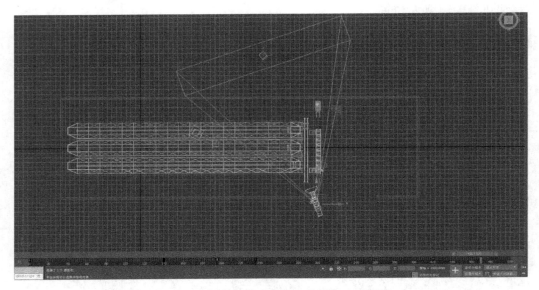

图9-98 摄影机机位和目标点位置2(顶视图)

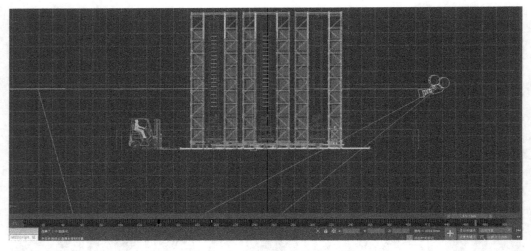

图9-99 摄影机机位和目标点位置2(左视图)

9.3.2 某仓库出库业务三维动画制作

依照9.2.2节部分业务流程描述,本节将某仓库整托出库动画分为三个片段来制作。

1. 整托出库动画001

学习目标:制作堆垛机取货动画。

第9章 物流三维动画制作

打开本章配套电子资源中的实文件"整托出库动画001",观察动画效果,了解流程。

步骤1:将需要出库的货物链接到世界(或场景中任意固定不动的物体)。

步骤2:完成堆垛机部件之间的链接,若在将堆垛机导入场景之前已经完成链接,那么本步骤省略。总之,在进行动画制作之前,必须完成相应设备之间的链接关系设置。

具体链接方法可参照"整托入库动画003"中堆垛机的部件链接。

步骤3:制作堆垛机沿地轨行进动画。

选中堆垛机机身,在第20帧处为堆垛机机身设置一个手动关键帧。在时间控制栏中输入80,将时间定位到第80帧,单击"自动关键点"按钮,打开自动关键帧。在顶视图(见图9-100)中将堆垛机机身沿X轴负方向移动,即将堆垛机机身沿着堆垛机地轨从巷道口移动到第七列货格处。

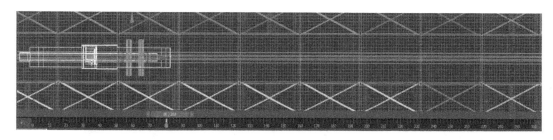

图9-100 堆垛机行进

确定堆垛机停止的位置时,需要保证其载货台正对货物,因此可以通过在前视图中观察堆垛机载货台位置,精确确定堆垛机的停止位置。

堆垛机位置确定无误后,单击"自动关键点"按钮,关闭自动关键帧。

步骤4:制作堆垛机载货台上升动画。

选中堆垛机载货台,在第20帧处为载货台设置一个手动关键帧。在时间控制栏中输入80,将时间定位到第80帧,单击"自动关键点"按钮,打开自动关键帧。在左视图中沿Y轴正方向移动载货台,将载货台从初始位置移动到第五层货格处,如图9-101所示。

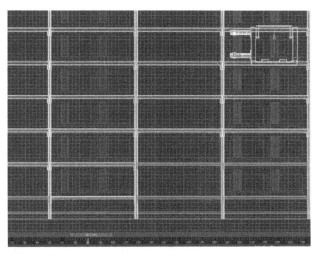

图9-101 堆垛机载货台上升

物流三维动画设计教程

载货台所处的位置应该能确保货叉伸出时能够伸入货架中托盘的进叉口,因此可以在前视图中观察载货台位置并进一步精确调整。

在载货台最终位置调整完毕之后,单击"自动关键点"按钮,关闭自动关键帧。

注意:在调整时,为了保证后续顺利取货,载货台货叉应与托盘底面保持一定的距离。

在堆垛机机身以及载货台到位后,接下来制作货叉取货的动画。

步骤5:制作大货叉伸叉动画。

选中大货叉,在第100帧处为大货叉设置一个手动关键帧。在时间控制栏中输入160,将时间定位到第160帧,单击"自动关键点"按钮,打开自动关键帧。在顶视图中将大货叉沿Y轴负方向移动到图9-102所示位置,最后单击"自动关键点"按钮,关闭自动关键帧。

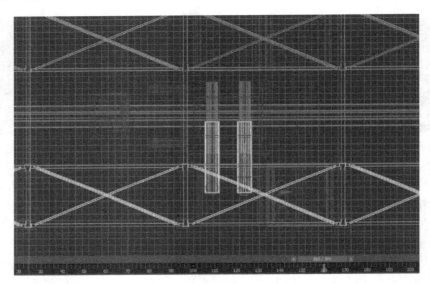

图9-102　大货叉伸叉

步骤6:制作小货叉伸叉动画。

选中小货叉,在第100帧处为小货叉设置一个手动关键帧。在时间控制栏中输入160,将时间定位到第160帧,单击"自动关键点"按钮,打开自动关键帧。在顶视图中将小货叉沿Y轴负方向移动到图9-103所示位置,最后单击"自动关键点"按钮,关闭自动关键帧。

到此为止,堆垛机伸叉的动作完成。接下来堆垛机载货台需要继续向上移动一点距离,以使货叉能够接触到托盘底部。

步骤7:制作载货台继续上升动画。

该步骤目的在于使得载货台在当前位置继续上升,使大货叉顶部能够接触到托盘底部。

选中载货台,在第180帧处为载货台设置一个手动关键帧。在时间控制栏中输入200,将时间定位到第200帧,单击"自动关键点"按钮,打开自动关键帧。在前视图中将载货台沿Y轴正方向移动到大货叉顶部与货物托盘底部接触的位置,最后单击"自动关键点"按钮,关闭自动关键帧,如图9-104所示。

第 9 章 物流三维动画制作

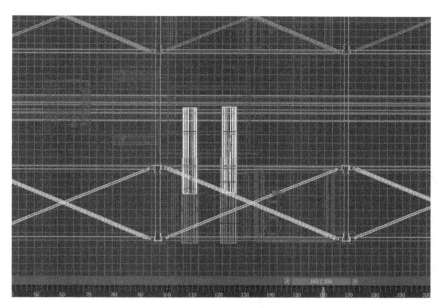

图 9-103 小货叉伸叉

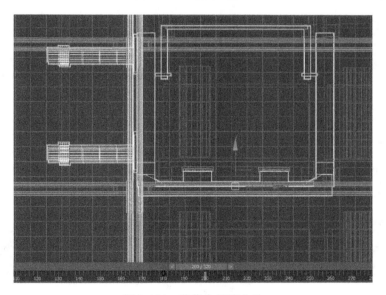

图 9-104 载货台继续上升

步骤 8：将目标货物链接到大货叉上。

为使目标货物能够离开货架跟随堆垛机大货叉移动，需要将其链接到大货叉上。选中出库货物，在第 200 帧处，在右侧约束链接面板中单击"添加链接"按钮，将其链接到大货叉上。

接下来，载货台需要继续向上移动，以便向上托举货物离开货架横梁。

步骤 9：制作载货台载货继续上升动画。

选中载货台，在第 201 帧处为载货台设置一个手动关键帧。在时间控制栏中输入 220，将时间定位到第 220 帧，单击"自动关键点"按钮，打开自动关键帧。右前视图中将载货台沿 Y 轴向上适当移动一定距离，使货叉抬着货物向上移动一定距离离开货架，最后单击"自动关键点"按钮，关闭自动关键帧。

步骤 10：制作小货叉收回动画。

选中小货叉，在第 240 帧处为载货台设置一个手动关键帧。在时间控制栏中输入 300，将时间定位到第 300 帧，单击"自动关键点"按钮，打开自动关键帧。

在顶视图中将小货叉沿 Y 轴正方向收回到载货台上，最后单击"自动关键点"按钮，关闭自动关键帧，如图 9-105 所示。

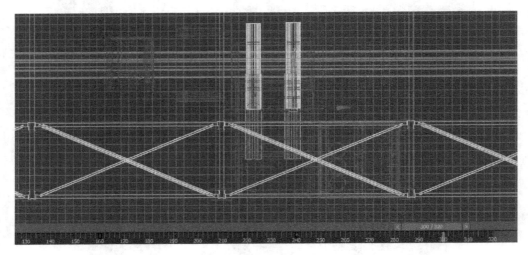

图 9-105　小货叉收回

步骤 11：制作大货叉收回动画。

选中大货叉，在第 240 帧处为载货台设置一个手动关键帧。在时间控制栏中输入 300，将时间定位到第 300 帧，单击"自动关键点"按钮，打开自动关键帧。在顶视图中将大货叉沿 Y 轴正方向收回到载货台上，如图 9-106 所示。

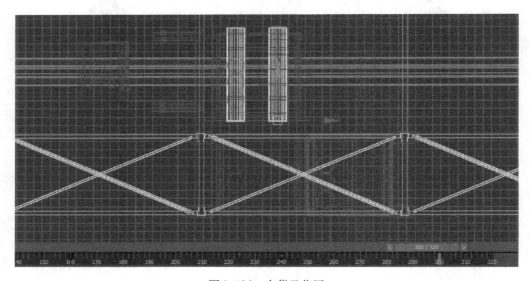

图 9-106　大货叉收回

第9章 物流三维动画制作

最后单击"自动关键点"按钮,关闭自动关键帧。

至此为止,堆垛机取货完毕,货物跟随货叉回到载货台。

2. 整托出库动画 002

学习目标:学习堆垛机取货后回程动画。

打开本章配套电子资源中的实例文件"整托出库动画 002",观察动画效果,了解流程。

步骤 1:制作堆垛机行进动画。

选中堆垛机立柱,在时间控制栏中输入 260,将时间定位到第 260 帧,在第 260 帧处为堆垛机设置一个手动关键帧。在时间控制栏中输入 340,将时间定位到第 340 帧,单击"自动关键点"按钮,打开自动关键帧。在顶视图中将堆垛机机身沿 X 轴正方向移动,并在前视图中观察,保证堆垛机停止时其载货台的位置正对出货口链机,如图 9-107 所示。

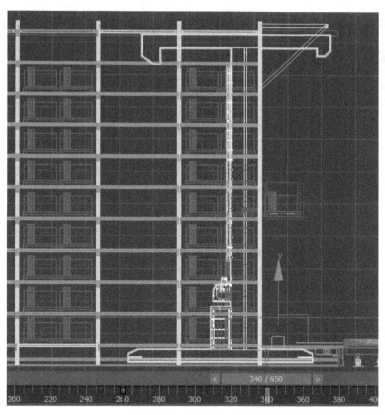

图 9-107 堆垛机行进

最后单击"自动关键点"按钮,关闭自动关键帧。

步骤 2:制作堆垛机载货台下降动画。

选中载货台,在第 260 帧处为载货台设置一个手动关键帧。在时间控制栏中输入 340,将时间定位到第 340 帧,单击"自动关键点"按钮,打开自动关键帧。在左视图中将载货台沿 Y 轴负方向移动,并在前视图中观察(见图 9-108),确保载货台最终停

物流三维动画设计教程

止的位置可保证载货台货叉离链机的上端面有一定距离，以便于后续流程中载货台可以继续下降将货物放至链机上。

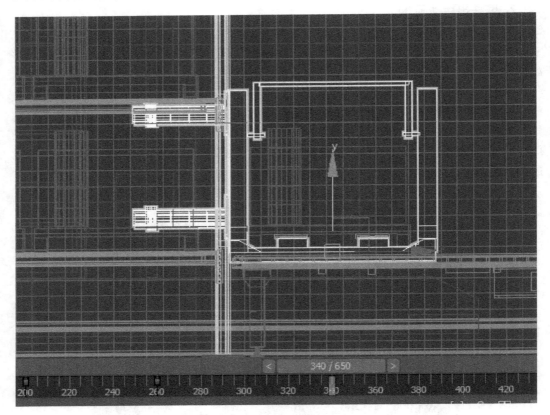

图 9-108　堆垛机载货台下降

最后单击"自动关键点"按钮，关闭自动关键帧。

步骤 3：制作大货叉伸叉动画。

选中大货叉，在第 360 帧处为大货叉设置一个手动关键帧。在时间控制栏中输入 400，将时间定位到第 400 帧，单击"自动关键点"按钮，打开自动关键帧。在顶视图中将大货叉沿 Y 轴负方向移动，移至图 9-109 所示位置。

最后单击"自动关键点"按钮，关闭自动关键帧。

步骤 4：制作小货叉伸叉动画。

选中小货叉，在第 360 帧处为小货叉设置一个手动关键帧。在时间控制栏中输入 400，将时间定位到第 400 帧，单击"自动关键点"按钮，打开自动关键帧。在顶视图中将小货叉沿 Y 轴负方向移动到图 9-110 所示位置。

单击"自动关键点"按钮，关闭自动关键帧。

步骤 5：制作载货台下降（将托盘放到输送机上）动画。

选中载货台，在第 420 帧处为载货台设置一个手动关键帧。在时间控制栏中输入 440，将时间定位到第 440 帧，单击"自动关键点"按钮，打开自动关键帧。在前视图中将载货台沿 Y 轴负方向移动到图 9-111 所示位置（能够将托盘放置到输送机上的位置）。

第 9 章 物流三维动画制作

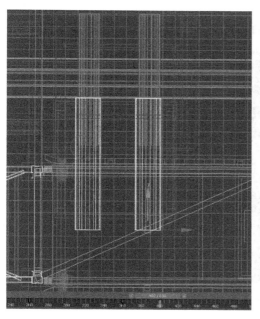

图 9-109 大货叉伸叉

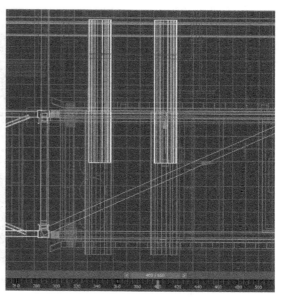

图 9-110 小货叉伸叉

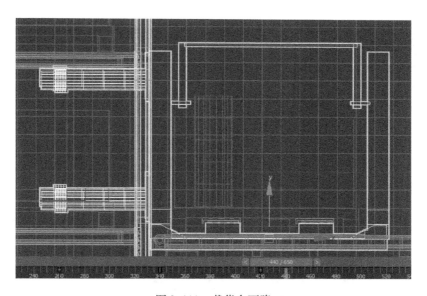

图 9-111 载货台下降

最后单击"自动关键点"按钮,关闭自动关键帧。

至此,货物已经被放置到链机上。为了确保货物不会继续跟着大货叉移动,接下来需要解除货物与大货叉的链接关系。

步骤 6:在第 441 帧处将货物链接到世界。

步骤 7:制作载货台继续下降动画。

选中载货台,在第 442 帧处为载货台设置一个手动关键帧。在时间控制栏中输入

460,将时间定位到第 460 帧,单击"自动关键点"按钮,打开自动关键帧。在前视图中将载货台沿 Y 轴负方向移动到图 9-112 所示位置。

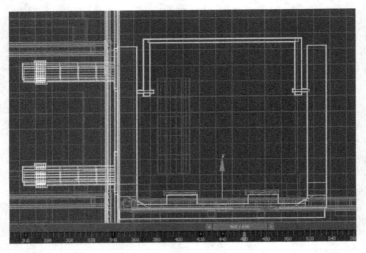

图 9-112 载货台继续下降

最后单击"自动关键点"按钮,关闭自动关键帧。

步骤 8:制作大货叉收回动画。

选中大货叉,在第 480 帧处为载货台设置一个手动关键帧。在时间控制栏中输入 520,将时间定位到第 520 帧,单击"自动关键点"按钮,打开自动关键帧。在顶视图中将大货叉沿 Y 轴正方向移动,如图 9-113 所示。

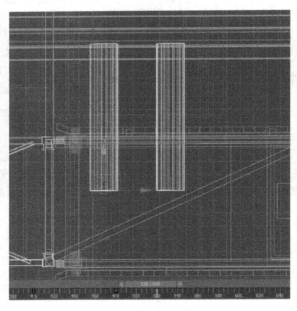

图 9-113 大货叉收回

最后单击"自动关键点"按钮,关闭自动关键帧。

第 9 章　物流三维动画制作

步骤 9：制作小货叉收回动画。

选中小货叉，在第 480 帧处为小货叉设置一个手动关键帧。在时间控制栏中输入 520，将时间定位到第 520 帧，单击"自动关键点"按钮，打开自动关键帧。在顶视图中将小货叉沿 Y 轴正方向移动，移到货叉的初始位置，如图 9-114 所示。

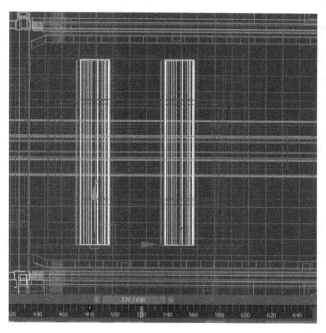

图 9-114　小货叉收回

最后单击"自动关键点"按钮，关闭自动关键帧。至此，货叉收回动画制作完成。

3. 整托出库动画 003

学习目标：制作货物输送出库动画。

打开本章配套电子资源中的实例文件"整托出库动画 003"，观察动画效果，了解流程。

步骤 1：在第 0 帧处选中货物，并将货物链接到世界。

步骤 2：制作货物移动动画。

选中货物，在第 20 帧处为货物设置一个手动关键帧。在时间控制栏中输入 80，将时间定位到第 80 帧，单击"自动关键点"按钮，打开自动关键帧。在顶视图中将货物沿 X 轴正方向移动到图 9-115 所示位置。

最后单击"自动关键点"按钮，关闭自动关键帧。

步骤 3：制作穿梭车行进动画。

选中穿梭车，在第 20 帧处为穿梭车设置一个手动关键帧。在时间控制栏中输入 100，将时间定位到第 100 帧，单击"自动关键点"按钮，打开自动关键帧。在顶视图中将穿梭车车体沿穿梭车轨道移动到与出货链机末端齐平的位置，以便从出货链机处接货，如图 9-116 所示。

最后单击"自动关键点"按钮，关闭自动关键帧。

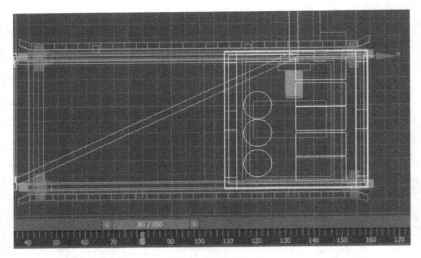

图 9-115 货物移动

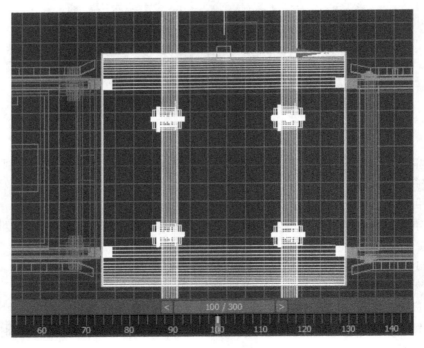

图 9-116 穿梭车行进

步骤 4：制作货物移动到穿梭车动画。

选中货物，在第 110 帧处为货物设置一个手动关键帧。在时间控制栏中输入 150，将时间定位到第 150 帧，单击"自动关键点"按钮，打开自动关键帧。在顶视图中将货物沿 X 轴正方向移动到穿梭车上，如图 9-117 所示。

最后单击"自动关键点"按钮，关闭自动关键帧。

从顶视图上看，此时穿梭车在 Y 轴上的位置已经与升降输送机的 Y 轴位置平齐，

第 9 章 物流三维动画制作

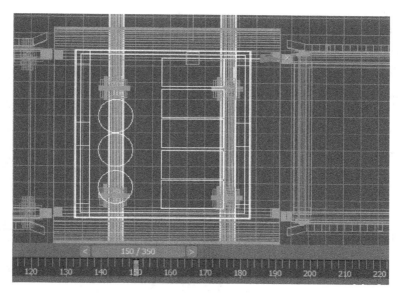

图 9-117 货物移动到穿梭车

穿梭车不需要沿着轨道载货运行,因此货物移动到穿梭车上后可以不需要与货物进行链接。

注意:若穿梭车还需要载货行走,则必须在穿梭车接到货物之后、行走之前的任意一帧处将货物链接到穿梭车上,只有这样,货物才能随着穿梭车的行走而移动。

步骤 5:制作货物移动到升降输送机上的动画。

选中货物,在第 160 帧处为货物设置一个手动关键帧。在时间控制栏中输入 200,将时间定位到第 200 帧,单击"自动关键点"按钮,打开自动关键帧。在顶视图中将货物沿 X 轴正方向移动到图 9-118 所示位置。

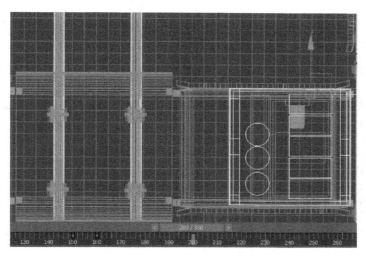

图 9-118 货物移动到升降输送机上

最后单击"自动关键点"按钮,关闭自动关键帧。

步骤6：制作穿梭车卸货后归位动画。

选中穿梭车，在第210帧处为穿梭车设置一个手动关键帧。在时间控制栏中输入300，将时间定位到第300帧，单击"自动关键点"按钮，打开自动关键帧。在顶视图中将穿梭车沿Y轴正方向移动到其初始位置（即穿梭车归位），最后单击"自动关键点"按钮，关闭自动关键帧，如图9-119所示。

步骤7：将货物链接至升降输送机。

在第205帧处选中货物，将货物链接到升降输送机端面。

步骤8：制作升降输送机载货下降动画。

选中升降输送机端面，在第210帧处为升降输送机端面设置一个手动关键帧。在时间控制栏中输入250，将时间定位到第250帧，单击"自动关键点"按钮，打开自动关键帧。在前视图中将升降输送机端面沿Y轴负方向移动到图9-120所示位置。

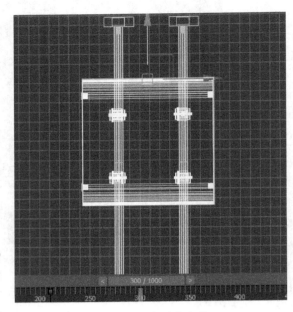

图9-119 穿梭车归位

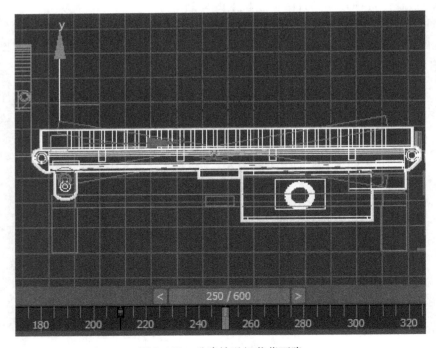

图9-120 升降输送机载货下降

第 9 章 物流三维动画制作

最后单击"自动关键点"按钮,关闭自动关键帧。

注意:本案例中,升降输送机升降范围为 400～600mm,在制作出库动画时,该升降输送机处于初始位置,高度为 600mm。处于外圈的输送机高度为 400mm,因此本步骤中为了货物能够顺利被输送到外圈输送机上,处于初始位置的输送机在接到货物之后,需要载货下降至 400mm 高度。

步骤 9:制作升降输送机活动杆旋转动画。

选中升降输送机的一根活动杆,在第 210 帧处为选中的升降输送机活动杆设置一个手动关键帧。在时间控制栏中输入 250,定位到第 250 帧,单击"自动关键点"按钮,打开自动关键帧。然后单击"选择并旋转"按钮 ,在前视图中将选定活动杆沿 X 轴旋转到图 9-121 所示位置。

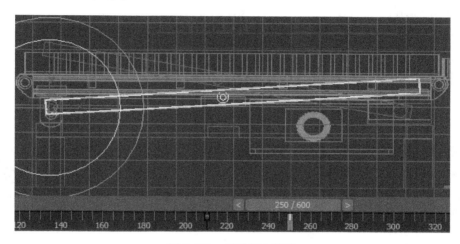

图 9-121 活动杆 1 旋转

最后单击"自动关键点"按钮,关闭自动关键帧。

选中升降输送机的另一根活动杆,在 210 帧处为选中的升降输送机活动杆设置手动关键帧。在时间控制栏中输入 250,将时间定位到第 250 帧,单击"自动关键点"按钮,打开自动关键帧。在前视图中将选定的活动杆沿 X 轴旋转到图 9-122 所示位置。

最后单击"自动关键点"按钮,关闭自动关键帧。

注意:升降输送机两根活动杆旋转的角度应该根据观察端面下降位置确定,两者是匹配的,即整个升降输送机载货下降动画由端面下降动画以及两根活动杆旋转动画构成。

通过步骤 8、9 的操作,升降输送机载货下降动画完成。

步骤 10:制作升降链上升动画。

选中升降链,在第 210 帧处为选中的升降链设置手动关键帧。在时间控制栏中输入 250,将时间定位到第 250 帧,单击"自动关键点"按钮,打开自动关键帧。在前视图中将升降链沿 Y 轴正方向移动,如图 9-123 所示。

最后单击"自动关键点"按钮,关闭自动关键帧。

步骤 11:解除货物与升降输送机的链接关系。

选中货物,在第 255 帧处将货物链接到世界,解除货物与升降输送机的链接关系。

物流三维动画设计教程

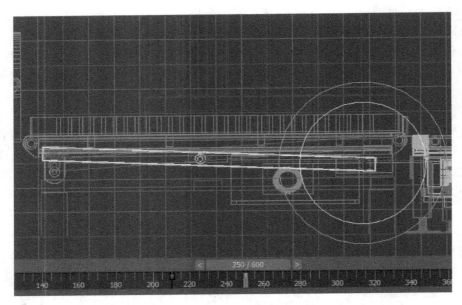

图 9-122　活动杆 2 旋转

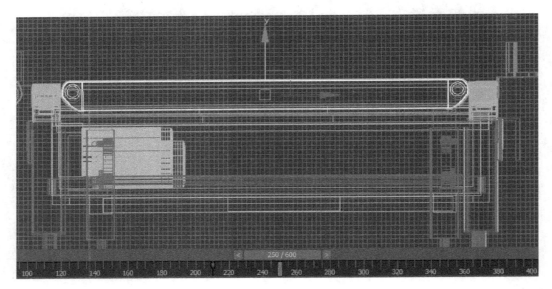

图 9-123　升降链上升动画

解除后，货物不再跟随升降输送机移动。

步骤 12：制作货物移动至升降链上的动画。

选中货物，在第 260 帧处为货物设置一个手动关键帧。在时间控制栏中输入 300，将时间定位到第 300 帧，单击"自动关键点"按钮，打开自动关键帧。在前视图中将货物沿 X 轴正方向移动到图 9-124 所示位置。

最后单击"自动关键点"按钮，关闭自动关键帧。此时，货物已经移动到外圈输送机上。

第 9 章　物流三维动画制作

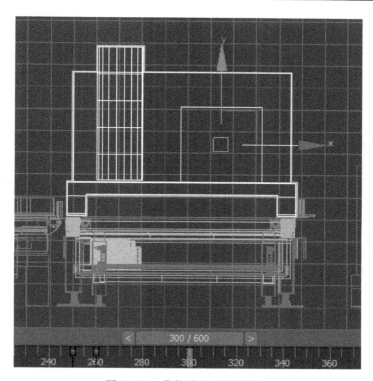

图 9-124　货物移动至升降链上

步骤 13：制作升降输送机归位动画。

选中升降输送机端面，在第 310 帧处为升降输送机设置一个手动关键帧。在时间控制栏中输入 350，将时间定位到第 350 帧，单击"自动关键点"按钮，打开自动关键帧。在前视图中将升降输送机端面沿 Y 轴正方向移动到图 9-125 所示位置。

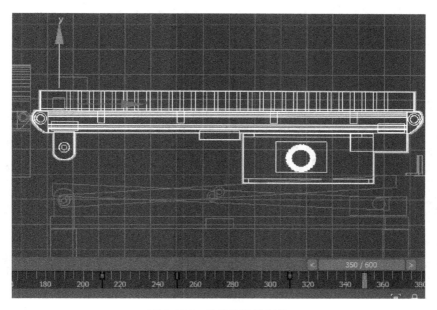

图 9-125　升降输送机归位

物流三维动画设计教程

最后单击"自动关键点"按钮,关闭自动关键帧。

步骤 14:制作升降输送机活动杆旋转动画。

选中升降输送机的一根活动杆,在第 310 帧处为选定活动杆设置手动关键帧。在时间控制栏中输入 350,将时间定位到第 350 帧,单击"自动关键点"按钮,打开自动关键帧。在前视图中将选定活动杆旋转至图 9-126 所示位置。

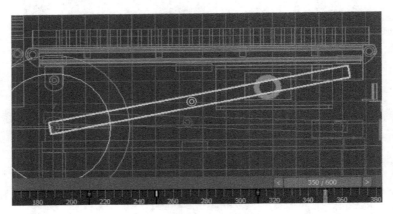

图 9-126　升降输送机活动杆旋转 1

最后单击"自动关键点"按钮,关闭自动关键帧。

选中升降输送机的另一根活动杆,在第 310 帧处为选定活动杆设置手动关键帧。在时间控制栏中输入 350,将时间定位到第 350 帧,单击"自动关键点"按钮,打开自动关键帧。在前视图中将旋转活动杆沿 X 轴旋转至图 9-127 所示位置。

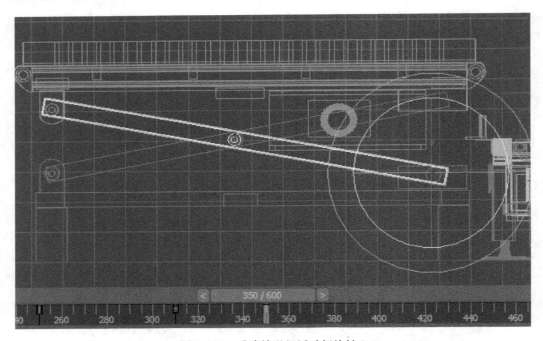

图 9-127　升降输送机活动杆旋转 2

第 9 章 物流三维动画制作

最后单击"自动关键点"按钮,关闭自动关键帧。
步骤 15:将货物链接到输送机升降链。
在 305 帧处,选定货物,将其链接到输送机升降链。
步骤 16:制作输送机升降链下移动画。

选中输送机升降链,在第 310 帧处为输送机升降链设置手动关键帧。在时间控制栏中输入 350,将时间定位到第 350 帧,单击"自动关键点"按钮,打开自动关键帧。在前视图中将输送机升降链沿 Y 轴负方向移动到图 9-128 所示位置。

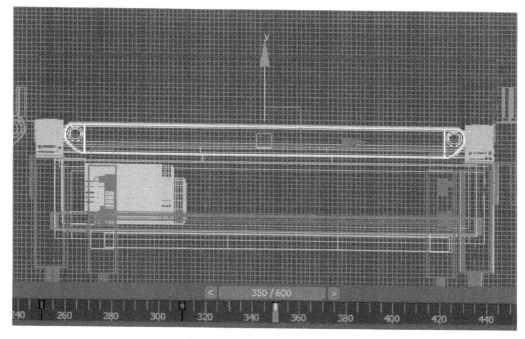

图 9-128 输送机升降链行进

最后单击"自动关键点"按钮,关闭自动关键帧。
步骤 17:将货物链接到世界。
在第 351 帧处选中货物,将货物链接到世界,即解除货物与升降链的链接关系。
步骤 18:制作升降链归位动画。

选中升降链,在第 352 帧处为输送机升降链设置手动关键帧。在时间控制栏中输入 390,将时间定位到第 390 帧,单击"自动关键点"按钮,打开自动关键帧。在前视图中将升降链沿 Y 轴负方向移动到图 9-129 所示位置。

最后单击"自动关键点"按钮,关闭自动关键帧。
步骤 19:制作货物移动动画。

选中货物,在第 355 帧处为货物设置一个手动关键帧。在时间控制栏中输入 500,将时间定位到第 500 帧,单击"自动关键点"按钮,打开自动关键帧。在顶视图中将货物沿 X 轴正方向移动到图 9-130 所示位置。

最后单击"自动关键点"按钮,关闭自动关键帧。至此,货物已经移动到出货口。

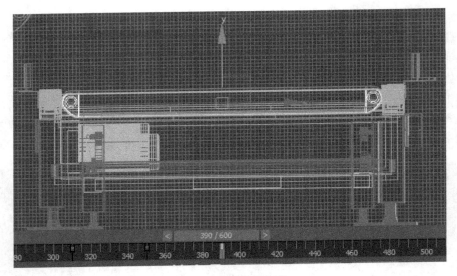

图 9-129　升降链归位

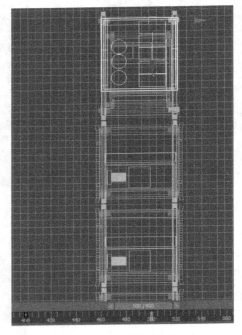

图 9-130　货物移动

复习思考题

1. 如何进行时间配置？
2. 如何使用"自动关键帧"工具制作动画？
3. 如何使用"手动关键帧"工具制作动画？
4. 永久链接和约束链接有何区别？分别应用于何种情况？
5. 删除约束链接时的注意事项是什么？

第 10 章 视频后期制作

本章概述

本章主要介绍使用 Adobe Premiere Pro 软件将渲染图片制作为视频文件的方法。

本章核心知识点

1) 认识 Adobe Premiere Pro 的工作界面。
2) 掌握使用 Adobe Premiere Pro 进行视频合成的步骤。

10.1 Adobe Premiere Pro 简介

在完成物流三维动画制作后,需要渲染动画,形成图片文件,再使用相应软件将图片文件合成为视频文件,并对该视频文件进行后期处理。

在实际项目中,由于 Adobe Premiere Pro 在图片文件处理、视频合成方面具有操作便捷、效果良好的特点,故受到物流动画工程师的青睐。

10.2 使用 Adobe Premiere Pro 合成视频的步骤

在使用 Adobe Premiere Pro 进行视频合成之前,需要首先将之前制作好的物流三维动画渲染为图片文件,此后再将图片文件导入 Adobe Premiere Pro 中进行后续视频合成操作。本节将详细介绍使用 Adobe Premiere 进行视频合成的步骤。

10.2.1 图片渲染

打开需要渲染的动画文件,确保当前文件处于摄影机视图且安全框开启,如图 10-1 所示。

1. 渲染器设置

设置渲染器为 VRay 渲染器。

2. 渲染器公用面板参数设置

在公用面板("公用"选项卡)中设置参数,如图 10-2 所示。

1) 时间输出:"时间输出"选项组的默认设置为"单帧",即只能针对当前帧渲染一张图片。在渲染整个动画文件时,应该选择"范围"单选按钮,输入渲染的起始帧与终止帧。如本案例中渲染的动画文件为"整托出库 001"文件,该动画文件共有 360 帧,因此其范围为 0~360 帧,渲染完成后将产生 361 张图片。

2) 要渲染的区域:设置"要渲染的区域"为"视图"。

物流三维动画设计教程

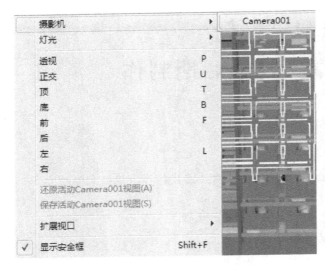

图 10-1　开启安全框

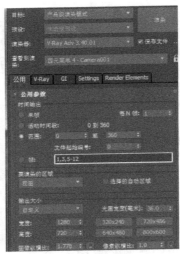

图 10-2　公用面板参数设置

3）输出大小：所渲染图片的输出大小根据实际要求而定，常用尺寸为宽 1280、高 720。

4）渲染图片存储位置：在进行渲染之前，应该事先确定保存渲染图片的位置，建议为每一个动画文件建立一个同名文件夹用于存放该动画文件的全部渲染图片，好处是若后续某些帧的动画需要重新渲染，方便对原有图片进行替换。

本案例中，事先创建一个命名为"整托出库001"的文件夹，然后在"渲染输出"选项组中单击"文件"按钮（图 10-3），在弹出的"渲染输出文件"对话框中选择之前创建的"整托出库001"文件夹，设置渲染图片的文件名和保存类型，单击"保存"按钮，如图 10-4 所示。

图 10-3　创建渲染文件夹

图 10-4　设置渲染图片文件名和保存类型

设置后，动画文件"整托出库001"渲染完成的 361 张图片将全部保存在此文件夹中，并且每一帧的图片将按照"文件名 + 帧顺序"的方式命名，如第 0 帧图片名称为"整托出库0010000"，第 1 帧图片名称为"整托出库0010001"，其余图片依此类推。

第 10 章　视频后期制作

3. 其他面板参数设置

VRay 渲染器其他参数面板常规设置在第 8 章中已有详细阐述，请读者查阅第 8 章。

渲染参数设置完毕，执行渲染过程，单击工具栏中的"渲染"按钮，弹出图 10-5 所示对话框，开始对动画文件进行渲染。在实际项目中，渲染所花费时间较长，为了避免渲染错误，在渲染之前务必确保动画文件没有问题、所有渲染参数设置无误。

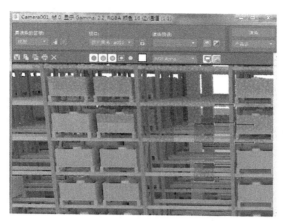

图 10-5　渲染帧窗口

若渲染完毕后发现其中某段动画需要更改，则可以在动画更改后单独渲染相应帧并保存在同一文件夹中，这样新渲染的图片会将原始图片覆盖。

10.2.2　视频合成

1. 启动 Adobe Premiere Pro

启动 Adobe Premiere Pro，出现图 10-6 所示界面。

1）新建项目：单击"新建项目"项可以创建一个新项目。
2）打开项目：单击"打开项目"项可以打开之前已经创建好的项目。

本部分需新建一个项目，单击"新建项目"项，进入"新建项目"对话框，如图 10-7 所示。

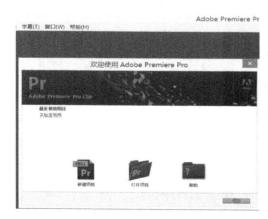

图 10-6　Adobe Premiere Pro 启动界面

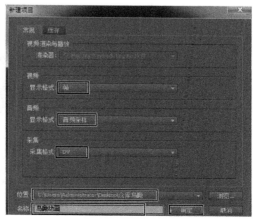

图 10-7　"新建项目"对话框

图 10-7 中,在"常规"选项卡中,视频的"显示格式"为"帧"。单击"位置"后的"浏览"按钮,设置此项目要保存的位置。在"名称"文本框中输入项目名称,最后单击"确定"按钮。

2. "新建序列"对话框参数设置

"常规"选项卡设置完毕后,单击图 10-7 中的"确定"按钮即进入"新建序列"对话框,默认处于"序列预设"选项卡中,切换到"设置"选项卡,按照图 10-8 和图 10-9 所示参数进行设置:

① 设置"编辑模式"为"自定义"。
② 查看"时基"是否为"25.00 帧/秒",若不是,改为"25.00 帧/秒"。
③ 画面大小的"水平""垂直"值要与渲染时设置的图片大小一致,本案例为 1280×720。
④ 设置"像素纵横比"为"方形像素(1.0)"。
⑤ 设置视频"显示格式"为"帧"。
⑥ 设置视频预览中"编码"为"Microsoft RLE"。
⑦ 设置视频预览中的"宽""高"与③中的画面大小值一致。

图 10-8　参数面板 1　　　　图 10-9　参数面板 2

3. Adobe Premiere Pro 视频编辑

(1) 导入渲染图片及视频初步合成

右键单击,选择"新建文件夹"命令,设置文件名为"鸟瞰",如图 10-10 和图 10-11 所示。

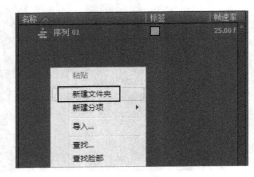 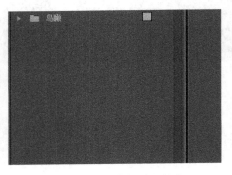

图 10-10　新建文件夹　　　　图 10-11　创建鸟瞰文件夹

第 10 章 视频后期制作

双击"鸟瞰"文件夹，在弹出的对话框中，将鼠标放在空白处，单击右键，在弹出的快捷菜单中选择"导入"命令，如图 10-12 所示。

在弹出的"导入"对话框中打开之前渲染好的存放鸟瞰图片的文件夹，选中第一张图片，勾选左下角"图像序列"复选框，此时所有鸟瞰图片都被选中。单击"打开"按钮，如图 10-13 所示。

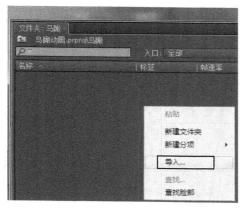

图 10-12　导入操作

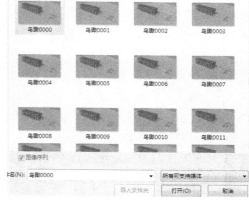

图 10-13　图片导入

导入完成后，软件界面如图 10-14 所示。

将光标悬停在"鸟瞰 0000.jpg"上，按住鼠标左键拖动，此时光标会变成一只小手，将该序列放在"视频 1"轨道上。由于鸟瞰是整个视频的开始，所以确保该序列被放置在了"视频 1"轨道的一开始，即从 0 秒开始，如图 10-15 所示。

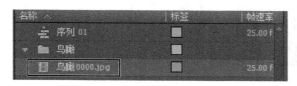

图 10-14　鸟瞰图片导入效果

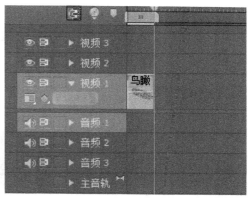

图 10-15　调整鸟瞰片段位置

放开鼠标左键，弹出"素材不匹配警告"对话框（见图 10-16），单击"保持已经存在的设置"按钮。

接下来导入其他动画文件对应的图片。

右键单击对话框左边区域，选择"新建文件夹"命令，新建文件夹，设置文件名为"整托入库"，如图 10-17 所示。双击"整托入库"文件夹，在弹出的对话框中继续导入整托入库动画的所有图片，操作参照"鸟瞰"动画图片的导入。

图 10-16 "素材不匹配警告"对话框

同样将"整托入库"序列拖放到"视频1"轨道上,其位置如图 10-18 所示。

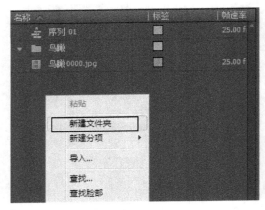

图 10-17 新建文件夹

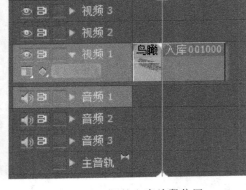

图 10-18 调整入库片段位置

重复之前的操作,将相应动画文件的渲染图片导入并将其按照需要在视频中呈现的顺序放置到"视频1"轨道上,如图 10-19 所示。

(2)添加字幕

右键单击软件左边区域,选择"新建文件夹"命令,设置文件名为"字幕",双击该文件夹,弹出图 10-20 所示对话框。

图 10-19 调整所有片段位置

图 10-20 字幕文件夹

右键单击空白处,在弹出的快捷菜单中选择"新建分项"→"字幕"命令,如图 10-21 所示,弹出图 10-22 所示对话框,将"名称"改为"鸟瞰字幕"。

单击"确定"后进入字幕制作模式,此时移动光标可以移动字幕所在位置。将光标移动到目标位置后单击左键,字幕文本框位置被固定在单击位置处,此时可以在文本框中输入字幕内容。在文本框中输入"鸟瞰",设置字体为"Adobe Kaiti Std",运用右边的菜单栏可以修改字体的位置、颜色和大小,如图 10-23 所示。

第 10 章 视频后期制作

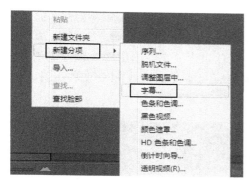

图 10-21 新建字幕

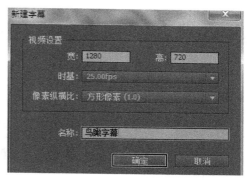

图 10-22 "新建字幕"对话框

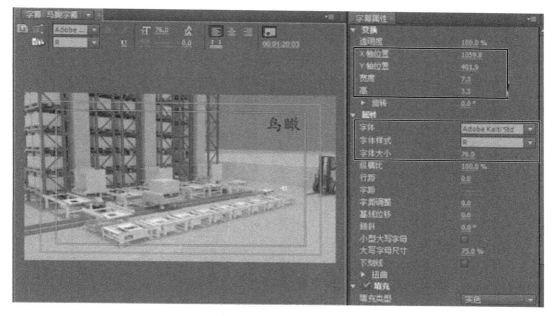

图 10-23 字幕参数设置

修改完毕后,关闭该窗口。将下方时间进度条调至该字幕开始出现的位置,如图 10-24 所示。将光标放在"鸟瞰字幕"上,按住鼠标左键拖动,此时光标会变成一只小手,将该序列放在"视频 2"轨道上,字幕的前端和进度条对齐,以设置字幕出现的时间,如图 10-25 所示。

图 10-24 确定字幕起始时间

图 10-25 将字幕拖入"视频 2"轨道

物流三维动画设计教程

再将时间进度条拖动至该字幕消失的位置,将光标放在字幕的后端,光标变为一个红色的箭头,按住鼠标左键,将字幕后端拖至和进度条对齐,放开鼠标左键,如图10-26所示。

采用同样的方法分别制作"整托入库""整托出库""拣选出库"的字幕并将其移动到"视频2"轨道相应的位置上,确保视频内容与字幕内容匹配,效果如图10-27~图10-29所示。

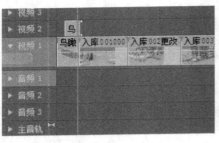

图10-26　设置鸟瞰字幕结束时间点

图10-27　整托入库字幕

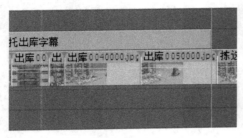

图10-28　整托出库字幕

图10-29　拣选入库字幕

(3) 添加背景音乐

右键单击软件左边区域,选择"新建文件夹"命令,设置文件名为"背景音乐",双击该文件夹,弹出图10-30所示对话框。

右键单击空白处,在弹出的快捷菜单中选择"导入"命令,打开背景音乐文件夹,导入事先准备好的背景音乐(选中背景音乐,单击"打开"按钮),如图10-31所示。

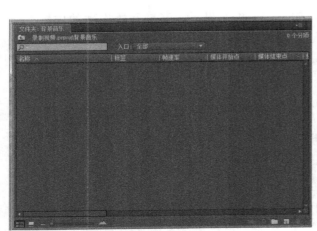

图10-30　背景音乐文件夹

图10-31　导入背景音乐

第 10 章　视频后期制作

将导入的背景音乐拖动到"音频1"上，如图10-32所示。当背景音乐长度与视频长度不匹配时，需要对背景音乐进行剪辑。单击音频左侧"剃刀工具"按钮进行剪辑，如图10-33所示。

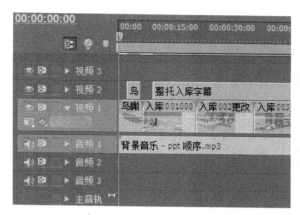 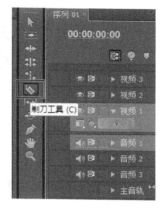

图 10-32　将背景音乐拖入"音频1"轨道　　　图 10-33　剃刀工具

此时光标变为剃刀形状，将光标移动到背景音乐相应位置后单击左键，即可将背景音乐多余的部分剪切掉，如图10-34所示。

单击音频左侧"选择工具"按钮，退出剃刀模式，如图10-35所示。将光标放在要删除的音频上，单击右键，在弹出的快捷菜单中选择"清除"命令，即可将多余音频删除。

 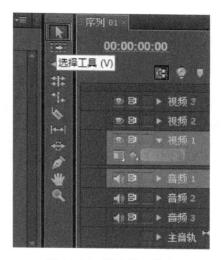

图 10-34　剪辑背景音乐　　　　　图 10-35　退出剃刀模式

（4）视频输出

单击菜单栏中的"文件"→"导出"→"媒体"命令，将该项目导出为视频，如图10-36所示。在弹出的图10-37所示对话框中进行参数设置。

单击"输出名称"后的"背景音乐-ppt顺序.avi"，打开存储视频的位置，根据需要设置视频存储位置以及文件名，单击"保存"按钮。

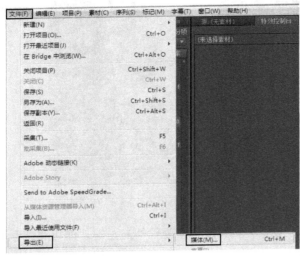

图 10-36　导出视频　　　　　　　　图 10-37　导出设置

其余参数做如下设置：

视频编解码器：None，如图 10-38 所示。

基本视频设置（下拉右侧滚动条）：单击"高度"和"宽度"后的锁定按钮，解除尺寸锁定，如图 10-39 所示。

图 10-38　视频编码器设置　　　　　图 10-39　解除尺寸锁定

将宽度更改为 1280、高度更改为 720，如图 10-40 所示。

继续下拉右侧滚动条，对相关参数按图 10-41 进行修改。

图 10-40　调整输出视频尺寸　　　　图 10-41　其他参数调整

第 10 章 视频后期制作

最后单击"导出"按钮。如果输出的视频较大,可以使用如狸窝全能视频转换器等工具将视频进行压缩。

10.2.3 视频合成实战

打开本章配套电子资源中的实例文件"仓库鸟瞰.max"。

按照本章 10.2.1 内容完成渲染设置并进行渲染,渲染完毕后使用 Adobe Premiere Pro 按照本章介绍步骤进行视频合成。

复习思考题

1. 使用 Adobe Premiere Pro 合成视频的步骤有哪些?
2. 在渲染过程中,发现动画文件某些帧动画需要更改,如何处理?

参 考 文 献

[1] 瞿颖健,曹茂彭. 3ds Max2012 完全自学教程 [M]. 北京:人民邮电出版社,2012.
[2] 唐茜,耿晓武. 3ds Max 2017 从入门到精通 [M]. 北京:中国铁道出版社,2017.
[3] 田蕴琦,张会旺. 3ds Max 2016 完全自学教程 [M]. 北京:中国铁道出版社,2017.
[4] 田蕴琦,张会旺. 3ds Max 2017 完全自学教程 [M]. 北京:中国铁道出版社,2018.
[5] 石卉,艾利克斯,李龙. 3ds Max 2017 中文全彩铂金版案例教程 [M]. 北京:中国青年出版社,2018.
[6] 火星时代. 3ds Max&VRay 室内渲染火星课堂 [M]. 3 版. 北京:人民邮电出版社,2014.
[7] 李娜,李卓. 3ds Max 中文版灯光材质贴图渲染技术完全解密 [M]. 北京:中国青年出版社,2017.